RESEARCH ON FINANCIAL INN
RISKS PREVENTION OF REAL ESTATE IN CHINA

中国房地产金融创新
与风险防范研究

郭连强　著

社会科学文献出版社
SOCIAL SCIENCES ACADEMIC PRESS (CHINA)

郭连强

　　吉林省社会科学院副院长、研究员，经济学博士，《经济纵横》杂志社社长，吉林省社会科学重点领域（吉林省省情）研究基地负责人，吉林财经大学、吉林农业大学客座教授，吉林农村金融研究中心特约研究员。长期从事金融学、产业经济学研究，主持科研项目研究10余项，出版专著、编著5部，在《社会科学战线》《学习与探索》《求是学刊》《社会科学辑刊》等学术期刊发表论文近50篇，研究成果获吉林省哲学社会科学优秀成果一等奖2项。

自　序

　　如果从 1775 年出现在英国的世界上首家开展简单房地产金融业务"克特利住房协会"算起，房地产金融的发展已经有 240 多年的历史。但现代房地产金融是从 20 世纪 30 年代美国建立起类似商业银行管理体制的住房金融体制开始的。伴随着房地产的快速发展，发达国家和少数欠发达国家根据本国的实际，发展了不同特色的房地产金融，形成了以美国为代表的抵押式房地产金融、以德国为代表的互助储蓄式房地产金融、以新加坡为代表的强制性储蓄的公积金房地产金融三种典型模式。

　　20 世纪 70 年代后，美国等发达国家在房地产金融快速发展的基础上加快了房地产金融创新与深化的进程，一些发展中国家的房地产领域也引入了罗纳德·麦金农（R. I. Mckinnon）与爱德华·肖（E. S. Shaw）的金融深化理论。这些国家房地产金融的创新与深化促进了房地产的快速发展，在拉动经济增长方面发挥了重要作用，尤其是美国在网络经济泡沫破灭后，房地产金融的快速发展有力地促进了美国房地产的繁荣发展，进而实现了美国经济较长一段时间的稳定增长。但由于缺乏必要的金融监管，加之金融创新与深化的激进与过度，20 世纪 80 年代拉美债务危机、1997 年亚洲金融危机、2007 年美国次贷危机引发的国际金融危机以及后来的欧债危机，引起了众多学者对金融创新的担忧，他们开始质疑金融创新本身的内在缺陷。对金融创新政策的质疑给中国渐进推进的房地产金融发展进程增加了变数，房地产金融创新进程出现了放缓迹象。从近年来国内的情况看，随着市场化进程推进，我国房地产业、房地产金融及其风险呈现出一些发展态势与特征，主要表现为以下几个方面。

首先，房地产长期稳步发展的大趋势不会改变。2016年中央经济工作会议强调"房子是用来住的，不是用来炒的"，要抑制房地产泡沫和去杠杆，并致力于研究综合运用金融、土地、财税、投资、立法等手段，加快建立符合国情、适应市场规律的基础性制度和长效机制，既抑制房地产泡沫，又防止出现大起大落。党的十九大报告再次明确了这一定位，提出了加快建立多主体供给、多渠道保障、租购并举的住房制度，让全体人民住有所居。可以判断，我国房地产过快发展的势头将会得到有效抑制，但从我国经济社会发展的客观实际出发，随着房地产稳定发展长效机制的建立，房地产长期健康发展的大趋势不会改变。自1998年我国住房体制改革以来，房地产实现了快速发展，在拉动经济增长方面发挥了重要作用。不可否认，我国房地产发展短期内有所波动。例如，2014年就曾出现过下调，但这种下调只是区域性、阶段性的，2015年后，一些一二线城市再次出现房价过快上涨的势头，其背后与投资性、投机性资金涌入楼市直接相关。为抑制房地产市场的投机行为，2016年的中央经济工作会议明确提出，2017年要在宏观上管住货币，微观信贷政策要支持合理自住购房，严格限制信贷支持投资性和投机性购房。在国家房地产宏观调控政策的推动下，2017年以来，一些热点城市相继出台具体举措，部分房价上涨过快的城市对楼市调控再次加码，自2016年9月以来，从限购、限贷、限价、限售、限商的"五限"到"购租并举""租售同权"，超百城市发布150余次楼市调控政策，以一线城市为代表的全国热点城市房价持续降温。房地产市场的合理降温并不意味房地产市场进入低迷发展阶段，城镇化发展的规律表明，城镇化发展与房地产业的发展高度关联，只要城镇化的进程没有结束，房地产快速发展的态势就不会改变。当前，中国城镇化正处于不断加速推进的进程之中，城镇将成为承载大量农村人口转移与集聚的重要载体。国家统计局信息显示，截至 2016 年末，中国城市数量达到 657 个，常住人口城镇化率已经达到 57.4%，比 2012 年末提高 4.8 个百分点。自 1978 年至 2016 年，经过近 40 年的发展，中国城市化率已从 20% 以下上升到 57.4%，但与国外发达国家 70% 以上的城镇化水平相比，差距还比较明显，发展的空间非常广阔，按照党的十八大以来城镇化 1.2% 的年均增速，达到发达国家城镇化水平还需要相当长一段时期。党的十八大与 2012 年中央经济工作会议对推进新型城镇化、充分发挥城镇化拉动内需方面的作用提出新要求，城镇化将进入快速发展期。快速发展的城镇化趋势必将形成巨大的房地产市场需求。同时我国经济进入新常态后的稳定性会进一步增强，经济长期向好的稳定预期决定了房地产市场尽管存在一定的短期波动性但不会出现大波折或者危机，更不可能崩盘，房地产在国民经济中的重要产业地位与稳定发展的大趋势一段时间内不会发生改变。

其次，房地产金融创新长期推进的稳步性与短期波动性相伴生。随着房地产市场化改革进程的推进，我国房地产金融呈现出快速发展的势头，房地产信托、房地产投资基金、住房公积金、房地产贷款证券化、房地产互助储蓄都实现了快速发展。但由于市场开放程度提高，国内经济受国外宏观经济形势变化的影响越来越大，加之金融制度还处于发展完善之中，还不是很成熟，房地产金融创新很容易受到国外金融动荡因素的影响。例如，自 2008 年以来，受美国次贷危机引发国际金融危机的影响，为防范房地产金融风险，我国的房地产金融创新进程有所放缓，房地产信托、住房互助银行、住房贷款证券化甚至出现了萎缩的状况，房地产金融呈现出自 1998 年启动到之后的快速发展与 2008 年后有所放缓的较大波动性。近年来，随着金融创新加快，金融业日益繁荣，我国金融业增加值占 GDP 的比重由 2007 年的 5.6% 增加至 2016 年的 8.35%，比美国金融业增加值占 GDP 的比重高出 1.05 个百分点。在金融业快速发展的同时，也出现了一定的问题，资金套利与空转问题严重，脱离真实需求进行自我创新、体内循环，一定规模的资金投入房地产、资本市场等领域，造成房地产泡沫膨胀等问题，实体经济发展融资成本上涨过快，金融泡沫与金融系统自身风险开始上升。2016 年，中央经济工作会议提出，要把防控金融风险放到更加重要的位置，确保不发生系统性金融风险。受以上形势与国家政策的影响，2017 年以来，各层面的房地产融资受到限制，但房地产金融创新并没有止步。例如，2017 年 6 月，房地产企业各类贷款全面收紧，但创新融资有所发展，超短期融资券、债权转让、融资租赁等创新融资方式所筹集的资金量占 6 月上市房地产企业融资总额的一半以上。因此，从中国房地产发展的大趋势及城镇化长期推进的大背景分析，快速发展的房地产从生产、流通及消费等多个环节对房地产金融的依赖度大大增加，房地产与金融业之间的关系日趋紧密，房地产金融创新需求增加的态势不会改变，短期的波动性不会影响长期稳定创新发展的大趋势。

再次，房地产金融创新处于从金融抑制状态向金融深化状态过渡的阶段性特征比较明显。近年来，中国房地产金融发展较快，房地产金融发展也取得了很大成效，但房地产金融发展呈现出规模扩张的数量型增长特征，在质量提升方面还存在一定的问题。由于房地产金融对银行信贷的依赖度过高，从而使房地产金融风险主要集中在商业银行上。以规模扩张与主要以商业银行信贷业务创新为特征的房地产金融创新正处于从金融抑制状态向金融深化状态过渡的金融创新阶段，房地产金融风险的集聚不是源于金融深化，而是源于金融抑制。

最后，高度依赖商业银行的房地产金融已出现阶段性金融风险苗头。中国房地产金融创新正处于起步阶段，房地产金融高度依赖商业银行，房地产市场整体上持续繁荣背后所蕴藏的金融风险过于集中。受美国次贷危机的影响，2008 年以来，中国房地产市场曾出现局部下调的现象，少数前期房价上涨过快的城市出现了一些断贷行为，个别银行房贷的违约率达到了 1.6%，突破了银行业公认的 1% 警戒线，房地产高速发展背后积蓄的金融风险有所显现。由于中国应对国际金融危机政策制定及时，房地产市场下行压力逐步减缓，少数城市的房地产金融风险也随着国家刺激房地产发展政策的实施逐步被释放。但过于集中的房地产金融风险苗头已有所显现，如 2014 年等个别年份甚至表现得比较突出，金融风险防范问题应该引起重视。为应对美国金融危机，中国的房地产金融政策有所放松，房地产市场短期低迷后快速上扬。为防范房价过快上涨而带来的风险，央行实行了从严的房贷政策，并收到了预期效果，但随着房地产市场的下调，过于集中在商业银行的房地产金融风险开始再次显现。2014 年，中国房地产市场的结构性低迷演进为全局性的萎缩。国家统计局公布的数据显示，2014 年 9 月，全国 70 个大中城市房价环比无一上涨，其中下跌的城市有 69 个，仅有厦门 1 个城市持平。这也是继 2012 年 1 月后，再次出现 70 个大中城市房价全部停涨的局面。从同比看，70 个大中城市房价上涨的仅有 10 个，持平的城市有 2 个，房价下降的城市则多达 58 个。32 个月以来，再次出现 70 个大中城市房价环比全部停止上涨，说明房地产市场的结构性低迷演进为全局性的萎缩，再次增加了房地产信贷等违约风险。另外，在个别年份房地产苗头性风险有所显现的同时，结构性的房地产金融风险也不能忽视。2017 年以来，在国家与各地区房地产调控政策的影响下，房地产市场过热的势头得到有效遏制。国家统计局公布的数据显示，2016 年 9 月，全国 70 个大中城市新建商品住宅价格环比涨幅超过 1% 的有 50 多个，超过 4% 的多达 11 个；同比涨幅超过 20% 的城市有 12 个。2017 年 8 月，全国 70 个大中城市住宅销售价格显示，环比涨幅超 1% 的仅桂林一地，已没有同比涨幅超过 20% 的城市。总体房价得到有效控制的同时，但房地产市场也出现了结构性变化，一二线城市房地产调控初现成效，但三四线城市成为房价上涨的主力，部分城市甚至成为新的投资与投机热点，"消费贷"等暗中为楼市配资的问题比较突出，稀释了房地产宏观调控效应，房地产金融风险也出现了新的变化：一二线城市具有投资性质的高点介入房地产的资金风险问题再次显现，三四线城市房地产非正规金融的过度发展问题使房地产金融风险苗头再次显现，苗头性风险转化为常态化风险的可能性有所增强，必须引起重视。

综上所述，自 1998 年中国市场化的住房体制改革以来，伴随着房地产业的快速发展，房地产金融在推进房地产发展中的作用日益显现，在调节房地产市场运行、保持金融市场稳定、促进宏观经济发展等方面也发挥了越来越重要的作用。由于中国的房地产金融具有一定的金融抑制特征，房地产的发展对推进房地产金融深化的要求日趋强烈。2007 年的美国次贷危机引发的国际金融危机引起了人们对金融深化理论的反思。结合国内房地产金融发展的现状，笔者认为，房地产金融创新对金融风险的影响具有一定的复杂性与不确定性，对不同经济体的影响也存在较大差异，二者之间到底是一种什么关系，这是一个悬而未决、值得进一步深入研究的课题。美国次贷危机爆发的根源不能简单归结为金融深化，而是多重复杂因素相互交织与叠加的结果，如果说美国次贷危机爆发与金融深化有关，也只能说是过度金融深化的结果，不能成为我们简单停止或放缓房地产金融创新与深化进程的理由。与此同时，我们也要高度重视房地产金融创新与深化可能带来的金融风险，未雨绸缪，防范房地产金融风险给中国宏观经济带来的负面影响。从这一意义上讲，当前需要把房地产金融创新与房地产金融风险防范结合起来进行研究。有序推进房地产金融创新，促进房地产的健康稳定增长，并防范金融风险，已经成为我们必须面对的重要课题。

为此，厘清房地产金融创新的理论渊源，把握好房地产金融创新的突出特征，通过理论分析与实证验证，辩证地理解房地产金融创新与金融风险的关系，在规避金融风险的同时，提出有序地推进房地产金融创新的对策，成为本书出版的主要目的。

郭连强

2017 年 11 月

目　录

绪　论

第一节　研究目标与研究意义

一　研究目标

第一，通过对金融深化理论及金融创新理论演进脉络及房地产金融创新与风险防范研究文献的梳理，追溯房地产金融创新实践的理论渊源与理论依据，明确房地产金融创新与金融风险的内涵。

第二，通过对局部均衡模型的构造，给出房地产金融创新与金融风险之间关联的规范形式分析，力图展现房地产金融创新与金融风险之间的一般逻辑关系。

第三，在准确把握中国房地产金融创新状况的基础上，厘清房地产金融有序创新面临的问题与突出特征。

第四，结合国内外关于金融创新与金融风险的计量指标研究现状，借鉴已有的成熟研究成果，在充分分析中国房地产发展及房地产金融发展特殊性的基础上，试图设立适合中国国情的房地产金融创新与金融风险的计量指标，通过实证研究重点考察中国房地产金融创新与金融风险之间的关系。

第五，结合中国房地产发展及经济社会发展的客观实际，探讨房地产金融从金融抑制到金融约束进而实现适度创新的对策，并提出金融风险的防范对策。

二　研究意义

(一) 理论意义

第一，以房地产金融创新为切入点，研究金融创新理论在具体产业方面的应用实践，这对拓宽金融创新理论的应用范围、促进金融创新理论的发展与创新实践起到一定的推动作用。

第二，改革开放以来，随着中国经济社会的发展，金融学与房地产经济学实现了快速发展，但由于房地产金融发展相对滞后，中国的房地产金融学没有发展起来，加强中国房地产金融创新问题研究，有利于建立与发展中国的房地产金融学。

第三，结合国内外关于金融创新的计量指标体系研究前沿，借鉴已有的成熟研究成果，在充分分析中国房地产发展及房地产金融发展特殊性的基础上，尝试设立适合中国国情的房地产金融创新与金融风险的度量指标，能够为中国房地产金融风险的判断和防范奠定理论基础。

(二) 现实意义

第一，美国次贷危机对处于金融创新初级阶段的中国房地产金融业影响深远，对房地产金融创新的方向与路径提出了新要求。在这一背景下，充分认识房地产金融创新的功能和过度创新的负面影响，探讨如何有序、适度地推进房地产金融创新具有深远的现实意义。

第二，由于中国房地产金融创新程度较低，作为重要的房地产宏观调控政策的金融调控政策主要以调节住房贷款量、贷款利率为核心工具，调控手段过于单一，调控的节奏与力度不好把握。本项研究可以为政府合理利用房地产金融工具来调控房地产市场提供参考，丰富房地产金融调控政策内容。

第三，房地产作为支撑社会经济发展的重要产业之一，其健康发展关系金融体系和国民经济体系的稳定。中国真正的房地产市场发展较晚，房地产金融也刚刚起步，加之国外并没有一套完整的、可直接借鉴的成熟理论，因此结合中国的实际探索适合中国国情的房地产金融创新的战略与风险防范对策，对防范房地产泡沫与金融风险、推动中国房地产经济健康与稳定发展以及推动经济社会的持续增长具有一定的现实意义。

第二节　研究方法、研究内容与创新之处

一　研究方法

从方法论的角度，本文将力图结合研究目标的理论性与研究成果的现实针对性，综合使用归纳总结与逻辑演绎相结合的方法论体系。从具体研究方法上，一是使用定性分析法，对中国房地产金融创新与金融风险的概念与内涵进行界定，并对国内外相关理论研究的现状进行分析。二是使用归纳总结与逻辑演绎的方法，分析中国房地产市场快速发展和高度金融化的背景下，房地产金融创新的阶段性特征，以及房地产金融风险的一般化与个性化特征。三是利用数理建模方法进行理论抽象，一般性地探讨房地产金融创新与金融风险之间的内在逻辑关系。四是利用实证分析方法，对中国房地产金融创新情况进行全面的实证分析。通过采用单位根检验、Johansen协整检验和系统 GMM 模型分析等计量经济学方法，利用自己结合实际建立的房地产金融创新与金融风险衡量指标，以相关统计数据为基础，对中国房地产金融创新与金融风险之间的关系进行检验。五是使用比较分析法，对几个典型国家房地产金融创新与风险防范的

实践进行比较,为中国房地产金融创新与风险防范提供有益启示。

从研究设计的角度看,问题的选取与方法的设定具有可行性。一是学界对房地产金融创新与金融风险的研究具有较长的研究历史,研究思路也一脉相承。这为本研究在其基础上引申出新的思路与观点提供了扎实的理论框架支持。二是根据房地产金融研究的主流发展趋势,基于理性决策的市场均衡模型框架具有良好的理论基础。本文建立的局部均衡模型符合理论研究的主流方法,具有较好的理论完整性和拓展性。三是近年来金融实证研究技术的发展主要在非平稳时间序列数据模型等领域,如单位根检验、协整检验及系统 GMM 模型分析等技术,此类方法体系基本成熟,可以为本文提供良好的支持。

二 研究内容

绪论主要介绍本书的研究背景与意义、研究目标与内容、研究方法与创新之处。

第一章房地产金融创新与风险防范的理论演进。对房地产金融创新与风险防范的理论演进脉络进行系统梳理。受金融发展理论与金融创新理论的影响,一些发展中国家和地区纷纷出台金融创新举措,并根据本国本地区的实际,发展出不同特色的房地产金融。同时,金融风险理论为房地产金融风险研究提供了理论基础,从而有助于对房地产金融风险的形成、影响因素以及风险防范对策进行深入探究。

第二章房地产金融创新与风险防范的文献述评。在梳理房地产金融创新与金融风险防范国内外研究文献基础上,阐明现有研究的不足,指出论文研究的重点问题,如房地产金融创新与房地产金融风险的内涵界定问题,房地产金融创新与金融风险之间辩证关系问题,定性分析与定量分析的有机结合问题,国外房地产金融创新、风险防范经验与中国实际相结合问题。

第三章房地产金融创新与金融风险关系的模型分析。通过局部均衡模型的构造，论证了房地产金融创新与金融风险之间的非线性关系，有序、适度推进房地产金融创新，能够分散过于集中的房地产金融风险，脱离实体经济需要与超出金融市场承载能力的过度房地产金融创新，将催生新的系统性风险。

第四章中国房地产金融创新现状及特征。深入分析了中国房地产信贷、房地产公积金、房地产抵押贷款证券化、房地产信托投资、住房储蓄银行在中国的发展状况，总结了中国房地产金融创新的特征，如房地产金融创新长期推进的稳步性与短期波动性相伴生；房地产金融创新深度依赖商业银行房贷业务创新；房地产金融创新处于从金融抑制状态向金融深化状态过渡的阶段等。

第五章中国房地产金融风险与特征。深入分析了中国房地产金融的利率风险、汇率风险、信用风险、流动性风险、政策性风险，总结了中国房地产金融风险的特征，如房地产金融风险具有周期性、高传导性和系统性、隐蔽性和可控性；房地产金融风险贯穿于中国工业化和城镇化的过程中；房地产金融创新进程个别时段苗头性金融风险演化为全局性风险的可能性有所增加；传统金融机构与非正规金融支撑的房地产金融，其风险的形成具有一定的集中性、潜在性；房地产金融风险成为系统性风险的重要来源；房地产金融风险高度集中，增加了系统性风险爆发的可能性；房地产金融风险与金融市场发展滞后关系密切等。

第六章中国房地产金融创新与金融风险关系实证分析。通过协整模型分析与基于 16 家上市银行面板数据的系统 GMM 模型分析，实证研究了中国房地产金融创新与金融风险之间的逻辑关系。对中国而言，尤为重要的是银行风险与房地产金融创新之间究竟是何种关系。实证结果将作为后文对策建议的依据。在样本数据选取中，笔者分别选取美国和中国有关房地产金融的相关数据进行实证研究，以期通过中美横向实证对比得到这种复杂的双重关系。具体而言，本文的结构安排如下：首先，结合已有相关研究选取与设计银行风险、房地产金融创新与金融风险等指标。其次，以美国为研究对象，考察美国房地产金融创新与金融风险之间的关系。再次，分别通过协整方法和系统 GMM 模型开展实证分析，包括设定控制变量、说明数据来源、建立实证分析模型及对结果进行检验。最后，根据实证研究结果明确中国房地产金融创新与房地产金融风险的关系。一方面，过度的房地产金融创新将导致金融风险加大，原因在于房地产金融创新将拉长金融链条，进而增加信用风险；房地产金融创新并增加杠杆效应，进而扩大局部金融风险爆发的破坏力。另一方面，适度的房地产金融创新能够降低系统性金融风险，原因在于适度的房地产金融创新能够分散过度集中在银行体系的金融风险，适度的房地产金融创新能够提高抵御金融风险的能力。研究结果显示，中国房地产金融的适度创新有利于高度集中在商业银行体系内房地产金融风险的分散和控制，降低金融体系中系统性风险，增强经济体抵御金融风险的能力。

第七章国外房地产金融创新与风险防范经验及对中国的启示。中国房地产金融创新正处于起步阶段，远没有达到适度的标准。这就意味着在今后很长一段时间内，中国房地产金融创新还需要进一步推进。为了给中国房地产金融创新与风险防范提供参考，本章对三个典型国家房地产金融创新与风险防范的做法进行比较研究。具体而言，本章内容一共包括四个部分：第一部分是美国房地产金融创新及风险防范，主要总结了美国房地产金融创新的进程、特点和风险防范的具体措施；第二部分是德国房地产金融创新及风险防范，主要总结了德国房地产金融创新的进程、特点和风险防范的具体措施；第三部分是新加坡房地产金融创新及风险防范，主要总结了新加坡房地产金融创新的进程、特点和风险防范的具体措施；第四部分是美、德、新三国房地产金融创新及风险防范的比较和启示，主要对比分析了美、德、新三国房地产金融创新和风险防范的异同之处，并在此基础上提出几点启示：一是房地产金融市场调节与政府调控相结合；二是根据具体国情确定房地产金融模式；三是房地产金融模式多样化；四是房地产金融创新与风险防范并重；五是注重房地产金融法规的建设与完善；六是注意房地产金融创新的适度性。

第八章中国房地产金融创新与风险防范的对策。本章的研究重点是根据中国房地产金融创新的实际，结合局部均衡模型论证与实证研究结论，从适度推进中国房地产金融创新与强化对过度金融创新可能导致的金融风险防范两个方面提出对策。在适度推进中国房地产金融创新方面：一是分层推进房地产金融产品创新；二是建立多元的房地产金融机构体系；三是推进房地产金融一级与二级市场协调创新；四是创新房地产金融制度与政策；五是实现四个层面创新的同步推进与协调运行；六是建立与完善相关法律法规；七是结合实际科学构建指标体系。在强化对过度金融创新可能导致的金融风险防范方面：一是强化风险的多主体分担摊薄系统性金融风险；二是注重过度创新风险预警扼杀系统性金融风险苗头；三是加强过度创新双层管控防范系统性金融风险累积；四是通过分类施策与分城施策有针对性地化解金融风险；五是完善信用评级机制把好金融创新市场准入关。

三　创新之处

第一，通过局部均衡模型的构造，对房地产金融创新与金融风险之间关联进行规范分析，论证房地产金融创新与金融风险的一般逻辑关系：房地产金融创新与金融风险的关系呈现比较复杂的非线性关系，有序、适度地推进房地产金融创新，能够有效地分散过于集中的房地产金融风险，提高金融创新主体抵御风险的能力，降低整个金融体系中的系统性风险；脱离实体经济需要与超出金融市场承载能力的过度房地产金融创新，将导致过多资金向房地产市场集聚，进而催生新的金融风险，甚至形成危及整个市场的系统性风险。

第二，通过对中国房地产金融创新状况的深入研究，指出中国房地产金融正处于从金融抑制状态向金融深化状态过渡的创新阶段，房地产金融风险的局部集聚不是源于金融创新，而是源于金融抑制。为分散与化解过度集中于商业银行的房地产金融风险，不能简单地因为美国次贷危机引发金融风险而减缓创新的步伐，而要在限制投资性和投机性资金过多流入房地产市场、防范房地产泡沫化金融风险的基础上，适度推进房地产金融创新，这是中国房地产健康、稳定发展的内在要求。

第三，结合国内外关于金融创新与金融风险的计量指标研究前沿，借鉴已有的成熟研究成果，在充分分析中国房地产金融发展特殊性的基础上，设立适合中国国情的房地产金融创新与金融风险的计量指标。本书通过协整模型分析与基于 16 家上市银行面板数据的系统 GMM 模型分析，实证研究了中国房地产金融创新与金融风险之间的逻辑关系。研究结果显示，处于从金融抑制状态向金融深化状态过渡的中国房地产金融的适度创新，有利于高度集中在商业银行体系内房地产金融风险的分散和控制，进而减少系统性金融风险发生的可能性。

第四，将房地产金融创新与房地产金融风险防范结合起来进行研究，为防止房地产金融抑制风险走向金融深化风险，提出要根据具体的经济发展阶段、市场条件完善程度与金融监管水平来合理确定房地产金融创新的节奏与力度，在有序、适度推进创新过程中做好金融风险的防范工作。

第一章

房地产金融创新与风险防范的理论演进

2007 年美国次贷危机引发的国际金融危机加深了我们对房地产金融的认识，房地产金融创新与风险防范等相关问题不仅成为金融部门关注的焦点，也成为广大金融学者研究的焦点，这也是本书研究的一个重要出发点。为了更加深入地研究房地产金融创新及风险防范问题，本文将对房地产金融创新与风险防范的理论演进脉络进行系统梳理。

第一节　金融发展理论与金融创新理论的发展

金融与经济的关系作为金融理论发展和创新的主线，始终是国内外学术研究和聚焦的热点问题。当金融全球化和经济金融化成为世界经济的发展趋势，金融在推动经济增长方面承担的责任越来越多，促使各经济学家纷纷关注金融要素的作用，即金融不仅仅是经济的媒介，而逐渐演变为经济发展的内生变量，金融发展与金融创新理论从而产生并发展。在经济金融化的条件下，以金融发展与金融创新的理论指导为基础，房地产也逐步与金融建立起高度的关联性。房地产金融创新开始在一些发达国家不断推进，对促进这些国家的房地产行业、金融行业和国民经济的发展发挥了重要的推动作用。

一 金融发展理论的演进与发展

(一) 金融发展理论的萌芽

随着金融在经济发展中的作用日益凸显，人们在对经济增长的研究过程中逐渐由强调银行在经济增长的重要地位转变到研究金融发展与经济增长的关系，寻求最大限度促进金融和经济发展的路径——优化金融体系（包括金融中介和金融市场）与金融政策的组合结构。

金融发展理论的研究可追溯于 19 世纪 70 年代，以巴杰特（Bagehot）为代表，他较早全面的考察了金融在第一次工业革命中对经济发展的推动作用。对金融发展理论有开创性贡献的是约翰·格利、爱德华·肖，两位学者从 20 世纪 50 年代开始关注金融发展与经济增长之间的关系，通过对金融中介在促进投资方面的效应研究，证明了金融发展的作用，并进一步说明这种促进作用发挥的程度会随着经济发展程度的提高而相应增强，为深化理论的进一步发展提出了依据。20 世纪 60 年代，约翰·格利与爱德华·肖的论著《金融理论中的货币》问世。他们在这本书中提出了货币只是各种金融资产的一种，多样化的金融资产在促进经济增长方面的重要作用。除了间接融资市场的投资主体外，其他非货币金融中介在投资中也扮演着重要角色，整个金融体系的合理运转有利于将分散性储蓄转变为集中性投资，促进生产性投资水平的提高，进而推动经济的增长。[①] 1966 年，帕特里克（Patrick）在《欠发达国家的金融发展和经济增长》一文中，提出了金融需求论与金融供给论，他认为在经济发展到一定水平后，经济发展对金融产生了需求，这种通过需求

---

① 〔美〕约翰·G. 格利、爱德华·S. 肖：《金融理论中的货币》，贝多广译，上海人民出版社，2006。

推动的金融发展理论就是金融需求论。帕特里克同时指出，金融供给在金融需求产生之前应有所发展，金融发展是主动和超前的。

戈德史密斯首次提出的金融结构理论为金融发展理论提供了新的视角。他于 1969 年在《金融结构与金融发展》一书中指出，"金融资源和传递渠道对经济增长的速度和性质有影响"，他认为金融发展加速了经济增长速度，提高了经济活动能力，经济发展的不同阶段呈现出不同的金融结构模式，金融发展与经济增长密切相关，并构建了一个国家金融发展水平与金融深化程度的衡量指标体系。[①] 其中，金融相关比率（FIR）是重要指标之一。金融相关比率是某一时点一国金融资产总额占对外净资产与实物资产总额之和的比重。利用自己建立的指标体系，通过实证研究，戈德史密斯发现 FIR 有提高的趋势，但在 FIR 达到某一阈值后，该比率趋于平稳。金融相关比率的提出为金融深化程度的实证研究提供了基础。

（二）金融发展理论的确立

上述研究为金融发展理论的确立奠定了基础。自 20 世纪 60 年代以来，一些发展中国家主权独立后，为尽快提高国内居民收入和经济发展水平，制定了农业国家向工业国家转变的发展战略，同时采取了指令性计划的工业发展思路与战略。指令性计划的工发展战略在实施初期发挥了一定的作用，但随着经济社会的发展，由于金融体系在优化资源配置方面的独立性不强，金融市场中的利率管制与信贷计划性供给破坏了金融资产价格的形成机制，金融体系长期处于金融抑制状态，经济增长也因此缺乏活力。罗纳德·麦金农（Mckinnon）与爱德华·肖（Shaw）针对发展中国家金融抑制与经济增长乏力问题展开深入研究，指出这些发展中国家经济发展水平不高与其金融体系受抑制有关。金融体系的抑制会人为地导致金融

---

① 〔美〕戈德史密斯:《金融结构与金融发展》，周朔等译，上海三联书店，1990。

资产不能得到优化配置，不利于提高经济增长的效率与水平。为此，罗纳德·麦金农阐明了金融深化理论，认为减少政府对金融体系的直接管制，让利率能够真正反映资金供求状况，让有限资金进入高效益、高回报的项目，以此提高经济增长效率与发展水平。[①]

20 世纪中叶，凯恩斯主义迎合了各国政策制定的需要，占据了经济学主流地位，但是这导致多数发展中国家采取国家干预经济的政策，人为地扭曲了资本和外汇的价格，金融长期处于受抑制状态。到了 20 世纪 70 年代，多数发达国家采取凯恩斯主义的政府干预、刺激投资等做法遇到了困境，部分国家经济陷入滞胀。随着全球经济滞胀的持续，唤起人们对凯恩斯主义的反思，强调自由主义的货币主义学派开始兴起。以弗里德曼为代表的一批经济学家开始反思凯恩斯主义，强调自由主义、反对政府干预。同时，一些发展中国家金融抑制问题并没有得到根本改善，金融抑制措施不但不能促进农业社会向工业社会转变，而且限制了竞争机制，扭曲了金融资产价格形成机制，导致经济低效增长、通货膨胀日趋严重的势头长期得不到扭转。在这一背景下，罗纳德·麦金农、爱德华·肖、约翰·格利和雷蒙德·戈德史密斯等学者更加坚信金融发展与深化理论的科学性，金融抑制、金融发展理论得以确立，并得到各界的普遍认可。

发展中国家利用金融管制控制金融市场，以歧视性信贷政策进行资金融通，牺牲金融发展以换取经济的快速发展，导致金融体系不健全、资源配置不当、经济运行效率低下，麦金农把这种现象称为金融抑制。罗纳德·麦金农和爱德华·肖认为，金融抑制会导致经济的恶性循环，阻碍发展中国家的长期发展。麦金农提出，发展中国家要改革现有的金融制度，放松管制、减少对金融领域的过多干预，推进利率、汇率的市场化，让其真实反映资金供求与外汇供

① 张培丽、姜伟：《国外关于金融自由化对经济增长影响研究的新进展》，《经济研究参考》2013 年第 59 期，第 39～53 页。

求状况，有效降低对外资的依赖程度，合理发挥国内金融资源的作用，增加人们的储蓄和投资，提高资金的配置效率，活跃金融市场，充分发挥金融在促进经济增长中的作用。① 金融深化的实质是金融自由化，其中最关键的是利率自由化。② 金融发展理论是一般均衡思想在金融领域的应用，主张减少政府干预，利用市场机制提高金融市场效率。③

（三）金融发展理论的演进

20 世纪 70 年代末，卡普、马西森、加尔比斯、弗莱的研究致力于金融发展理论的实证和扩充方面。巴桑特·卡普（1975）与唐纳德·马西森（1980）研究和阐述了发展中国家的货币金融、经济增长与经济稳定之间的定量关系。卡普补充了麦金农关于实际货币与实物资本的"互补性"假说，通过实证分析了银行体系向生产企业供应流动资本的过程，并说明了货币金融对实际经济增长的影响。④加尔比斯（1977）发表的《欠发达国家的金融中介与经济增长：一种理论的探讨》一文与弗莱的金融发展模型在吸收当时经济学最新研究成果的基础上，扩大了金融发展理论的研究框架，对金融深化测量理论的发展与完善做出了贡献。⑤

在金融自由化的引导下，各国相继进行了自由化改革，对经济发展虽然起到了一定的推动作用，但与理论结果相差很大，金融自由化并没有通过增加储蓄和投资使金融与经济发展形成良性互动。在 20 世纪 80 年代，实施金融自由化改革的一些拉美国家相继发生

① 〔美〕麦金农：《经济发展中的货币与资本》，卢骢译，上海三联书店，1988。
② 吕剑：《金融约束理论：中国转轨时期金融改革的思考》，《中国物价》2010 年第 11 期，第 48～51 页。
③ 金中夏：《爱德华·肖和罗纳德·麦金农的金融深化理论的贡献与不足》，《世界经济》1988 年第 6 期，第 74～79 页。
④ 施兵超：《卡普——马西森金融发展模型评析》，《财经研究》1996 年第 6 期，第 47～52 页。
⑤ 张明艳、孙晓飞：《金融发展影响收入分配的理论争论》，《商业时代》2013 年第 6 期，第 13～15 页。

了严重的金融危机，金融一度陷入混乱局面。这一现象引起了一些金融发展理论倡导者的重视。针对金融发展理论在这些国家实践过程中产生的突出问题，长期从事金融发展理论研究的麦金农和马克威尔·弗莱等学者开始对以前的金融发展理论进行反思，开始探寻渐进的金融自由化之路，并在 20 世纪 90 年代初期提出了金融深化次序理论，对传统的金融发展理论进行了修正与完善。麦金农在《经济自由化的顺序——向市场经济过渡中的金融控制》一书中创建了金融深化次序推进理论。① 麦金农指出，金融深化遵循一定的规律，有其固有的先后顺序，一国在金融深化过程中如果遵循了次序推进的原则，金融深化在促进经济发展的同时，能够保证经济增长的稳定性。金融深化次序推进理论指出，金融深化首先要实现中央政府的财政平衡，这是金融深化的前提；其次，要放开国内资本市场，让利率回归真实水平，并充分反映资金供求状况；最后，要在经常项目自由化后，逐步推进外汇与资本项目自由化、国际化。金融深化次序推进理论为发展中国家提供了金融深化发展路径的新选择。在罗纳德·麦金农和爱德华·肖进一步完善金融发展理论后，弗莱、史密斯、卡普、卢卡斯、格林·伍德等也都进行了相关理论研究和实证分析，不断将国际金融政策协调、金融危机理论、资本市场发展理论等纳入金融发展理论研究框架，并吸收了金融工具衍生理论、产权经济学等经济学理论研究的新成果，为金融发展理论的研究开辟了新的研究方向，进一步丰富和发展了金融发展理论。

随后，金融发展理论的研究逐渐深入，尤其是将信息经济研究应用到政府行为的分析中，这为金融发展理论的研究构筑了微观基础。②

---

① 〔美〕麦金农：《经济自由化的顺序——向市场经济过渡中的金融控制》，李若谷、吴红卫译，中国金融出版社，1993。
② 米军、黄轩雯、刘彦君：《金融发展理论研究进展述评》，《国外社会科学》2012 年第 6 期，第 94～100 页。

1996年，赫尔曼（Hellman）、穆尔多克（Murdock）、斯蒂格利茨（Stiglitz）等经济学家在罗纳德·麦金农和爱德华·肖的理论基础上，从信息不对称角度提出了金融约束理论（见表1-1）。[①] 他们认为，罗纳德·麦金农和爱德华·肖的金融发展理论是以瓦尔拉斯均衡为假设前提的，而在现实中这种均衡条件很难实现，而且经济中普遍存在信息不对称等问题，不能完全实现社会资金的最优配置，因此需要进行适当的政府干预。金融约束论认为，政府对金融部门的选择性干预有助于金融深化，而不是阻碍金融深化。政府凭借其强制约束力，通过对存贷利率、市场竞争等加以控制，为金融部门和生产部门等创造租金机会，从而为他们提供有效的激励机制，鼓励金融部门吸收存款、提高贷款质量，鼓励生产部门加大生产投资，进而促进金融与经济的良性互动。罗纳德·麦金农、爱德华·肖和赫尔曼等都强调通过利率管制或信贷配给创造租金，但在金融抑制状态下，政府从民间攫取租金，而在金融约束状态下，政府有计划为民间部门创造租金，但自身没有得到任何租金。[②] 金融约束理论虽然考虑了信息不对称、道德风险等因素，但使其真正发挥作用也要有一定的前提条件，如宏观经济环境稳定、通货膨胀率较低且可控、实际利率为正等。

表1-1　主要金融发展理论的比较

金融发展理论	理论主张	假设条件	研究方法/理论模型	政策建议
金融结构论	首次提出金融结构的概念；金融发展与经济增长密切相关	FTR指标代表金融与经济的关系	建立指标体系；实证研究	调整与优化金融结构

①　陈柳钦：《金融发展理论与我国金融改革的选择》，《国家行政学院学报》2003年第6期，第51～54页。

②　王晋斌：《金融控制、风险化解与经济增长》，《经济研究》2000年第4期，第11～18页。

续表

金融发展理论	理论主张	假设条件	研究方法/理论模型	政策建议
金融抑制论	金融管制代替市场机制，通过信贷政策进行资金融通	瓦尔拉斯均衡的市场条件	凯恩斯主义理论模型	政府对利率和汇率管制
金融深化论	研究金融与经济增长的长期关系	完全竞争，信息完全	新古典理论模型	金融自由化，政府放松利率管制
金融约束论	金融抑制与金融自由化均不利于金融发展	信息不对称等因素；发展中国家宏观环境稳定，通货膨胀率较低，实际利率为正	新凯恩斯主义理论模型	金融约束，政府适当干预

　　金融约束是介于金融抑制和金融自由化之间的一种状态，他们之间并不存在本质上的矛盾。金融抑制和金融自由化可看作两种极端的货币政策，一种为紧缩型的货币政策，一种为扩张型的货币政策。金融约束和金融自由化是用于实现金融深化的政策工具，而金融抑制同时具有政策和工具两层含义。①金融抑制强调政府对金融的主动干预；金融约束并不完全否定政府干预，而是进行选择性地适度干预；金融自由化主张消除政府干预，在金融领域完全市场化。金融深化次序推进理论和金融约束理论为以后金融发展理论的进一步完善奠定了基础。随着内生增长理论以及数学模型的不断拓展，学者们将金融发展理论与法学、社会学、政治学等学科相结合，进一步拓宽了金融发展理论的研究广度。

二　金融创新理论的主要流派

　　金融创新的定义始于熊彼特（1912）在《金融发展理论》中对

　　① 仇娟东、何风隽、艾永梅：《金融抑制、金融约束、金融自由化与金融深化的互动关系探讨》，《天津财经大学学报》2011年第6期，第55~63页。

创新的描述：创新是建立一种新的生产函数，即企业对生产要素或生产条件在生产体系中的重新组合。熊彼特认为创新涵盖五层含义，新产品、新的生产方法、新的市场、新的原材料供应和新的组织形式。在熊彼特建立创新理论之后，创新理论开始与各个领域结合。到 20 世纪 70 年代，有些学者将创新理论与金融理论相结合，将其用于金融理论的研究，形成了不同派别的金融创新理论。本书将主要介绍其中具有代表性和较大影响力的四个理论流派（见表 1-2）。

表 1-2　代表性金融创新理论的比较

金融创新理论	理论核心	优势	局限性	代表人物
约束诱导理论	企业追求利润→内外部约束→躲避约束→创新行为	重视内外部环境因素；利润是动力	仅限金融企业；仅限内外部环境引起的金融创新	西尔柏
制度改革理论	经济制度管制→创新行为	重视制度创新因素；金融创新内涵丰富	金融管制也会阻碍创新，关键区分金融管制与金融深化	诺斯、塞拉、戴维斯
规避管制理论	企业追求利润→规避政府管制→创新行为	重视外部环境因素；综合上述两种理论，范围广	规避与创新联系联系绝对，忽视其他因素	凯恩
交易成本创新理论	技术进步→降低交易成本→创新行为	重视降低交易成本	将科技进步作为降低交易成本的源泉，具有一定的片面性	尼汉斯、希克斯

（一）约束诱导创新理论

美国经济学家西尔柏（Silber）在 1983 年提出了约束诱导创新理论（Constraint induced Innovation Theorem）。他在《金融创新的发展》一文中阐述了金融创新理论。从供给角度，西尔柏指出，金融创新就是金融企业为实现企业利润的最大化、缓解金融压制所实施的自我保护行动。西尔柏以金融业务和工具创新为重点研究金融创新的成因具有重要的理论意义。

金融企业为了回避或摆脱金融压制而进行金融创新，发明了新的金融工具、新的交易方式、新的金融服务种类等。而这种金融压制来自两个方面，一是外部约束，一个是内部约束。其中，外部约束即政府等监管机构的管理控制，该约束降低了金融企业的经营效率，使其付出的机会成本加大；内部约束即金融企业自身强加的约束或限制，如流动比率、资产负债比率、利润率等约束指标。这些约束虽然增加了金融企业乃至金融市场的安全性、稳健性，能使其避免部分风险，但为了追求利润最大化，金融企业必须进行金融创新，创造新的金融工具、产品等来应对外部和内部约束，而这就是"约束诱导"。[①]

（二）制度改革理论

制度改革理论的主要代表人物是诺斯（North），另外，塞拉（Sylla）、戴维斯（Davies）等学者对制度改革理论发展的贡献也较大。在金融发展方面，制度改革理论认为，经济制度的改革与金融创新之间关系密切，由于经济制度的改革而导致的金融体系变革都可以看作金融创新。由此，制度改革理论扩展了金融工具创新、金融业务创新等金融创新的内涵，把制度变革也作为金融创新的一种形式。金融制度创新是金融工具创新、金融业务创新等微观层次创新发展到一定阶段的产物，它为金融创新提供了良好的外部条件，使得金融创新能在一个更广阔的平台顺利开展。[②]

金融创新与经济制度联系紧密，但在管制严格的计划经济制度下以及完全自由的市场经济制度下，金融创新尤其是金融制度创新

---

① 崔光华：《西方金融创新理论综述》，《中国商情·经济理论研究》2005 年第 4 期，第 40 ~ 42 页。

② 龙志强、周伟英：《浅析金融创新理论与金融体系创新》，《商业经济》2006 年第 7 期，第 67 ~ 69 页。

程度较低。在计划经济制度下，由于存在集中统一的计划和管理，使得可进行金融创新的空间较小，仅有某些因素诱发的部分金融创新；在完全自由的市场经济制度下，经济活动均由市场规律决定，不再有制度约束，从而制度层面的金融创新作用很小。因此，制度改革理论指出，金融创新作用的发挥是受宏观经济环境约束的，在受管制的经济制度环境下能够发挥较大作用。

（三）规避管制理论

美国经济学家凯恩（Kane）在 1984 年提出了规避管制金融创新理论（Circumventive Innovation Theorem）。凯恩认为，金融创新是各金融机构为获取最大化利润而规避政府金融管制的主要手段。[①] 政府为稳定金融市场、维持宏观经济的平稳运行，有必要针对金融机构的经营状况制定相关的规章制度，例如对银行存款准备金的要求、投资的限制、机构开设条件等规定，这些对金融机构产生一定的约束。凯恩将政府管制看作一种隐性税收，它在某些方面阻碍金融机构追求利润最大化，影响金融机构从事营利性活动，并导致金融机构丧失了管制以外的盈利机会。然而，作为追求利润最大化的金融机构主体必将寻求各种方法和手段，绕开政府管制，从而引发了规避管制型的金融创新。

政府的金融管制与规避管制型金融创新之间相互作用、相互促进，通过两者相互博弈的过程，促进了金融市场的发展与完善。个别金融机构为了规避政府管制而成功探索规避型金融创新，会吸引更多的金融机构通过创新规避监管，进而推动金融创新的广泛开展。过度的金融创新可能会增加金融市场风险，导致市场波动，影响政策目标的实现，因此政府会采取更为严格的管制措施。由于金融机

---

① Edward Kane, "Accelerating inflation, technological innovation, and the decreasing effectiveness of banking regulation," *The Journal of Finance* 2 (1981), pp. 355 – 367.

构对政府管制有较强的适应能力，新的管制措施将激发金融机构进行新的创新，两者相互交替推动，形成"管制→创新→再管制→再创新"的动态博弈过程。在某种角度上，规避管制理论可视为约束诱导理论和制度改革理论的综合，但规避管制理论涵盖的范围更广，它不仅分析了金融创新的动因即规避管制，还研究了金融创新与制度创新两者的动态过程。

（四）交易成本创新理论

交易成本创新理论的主要代表人物是尼汉斯（Niehans）和希克斯（Hicks），他们的主要观点是：降低企业交易成本是金融创新的主要出发点。其中，所谓交易成本主要是指金融资产在交易中的直接费用。尼汉斯认为，随着市场竞争强度的不断提升，金融机构利润的持续提高严重依赖交易成本的降低，而技术进步为降低成本提供了有利条件，所以依靠新的科学技术、管理模式削减企业交易成本成为金融创新的主要手段。[①] 另外，希克斯在研究中还将交易成本、货币需求与金融创新紧密联系起来，认为三者之间存在着一定的因果关系：货币需求受企业交易成本大小的影响，企业交易成本大小决定经济个体的需求预期，并对货币需求产生重要影响；技术进步导致的交易成本降低趋势会诱导货币形态向更高级形态不断演化，形成新的金融工具与交易媒介；交易成本降低能够推进金融创新并提高金融服务水平，反过来，金融创新又会降低交易成本，二者之间是一种互为因果的关系。

西尔柏、诺斯等经济学家对金融创新理论的发展做出了巨大的贡献，他们从不同角度研究金融创新的动因，各有侧重。同时，随着金融创新理论研究的深入，学术界还产生了技术推进理论、财富

---

① Niehans J. , "Financial innovation, multinational banking, and monetary policy," *Journal of banking & Finance* 4 (1983), pp. 537 – 551.

增长理论、金融中介理论、不完全市场理论、理性效率假说和群体压力假说理论等众多金融创新理论流派。有的学者也将金融创新理论归结为顺应需求动因、顺应供给动因和规避管制动因三类理论。然而，上述金融创新理论也存在一定的缺陷。金融创新的动因是多方面、多层次的，比较复杂，单独考虑某一动因具有一定的局限性。但各金融创新理论用于研究金融创新中的一些具体问题，仍不失为一个良好的分析方法。

受金融发展理论与金融创新理论的影响，一些发展中国家纷纷出台金融创新举措，同时发达国家也逐渐放松了金融监管，掀起了一股金融改革浪潮。同时，在金融发展理论与金融创新理论的影响下，伴随着房地产的快速发展，一些发达国家（地区）和少数发展中国家根据本国的实际，发展出不同特色的房地产金融，形成了分别以美国、德国和新加坡为代表的抵押式房地产金融、互助储蓄式房地产金融和强制性储蓄的公积金房地产金融三种典型模式。

第二节　金融风险理论的演进与发展

房地产金融风险理论来源于金融风险理论，因此，研究金融风险理论尤其是金融风险形成理论对房地产金融风险防范措施的制定具有积极的意义。目前，关于金融风险形成原因的理论主要有货币主义金融风险理论、金融周期理论、不完全信息理论和金融资产价格波动理论四种。

一　货币主义金融风险理论

以弗里德曼为主要代表人物的货币主义金融风险理论认为，货币的供给在促进经济增长的同时，也增加了经济活动的波动性。假设货币的供给不是过度的，就不太可能出现金融体系的过大动荡。

金融体系动荡的根源是货币政策的失误，并增加了金融风险累积的可能性，如果金融风险累积到一定程度就会导致极小的金融不稳定因素演化为严重的金融危机。施瓦茨在定义金融危机时，甚至把货币数量是否发生显著变化作为金融危机的最重要判断标准。由此可以看出，货币主义金融风险理论将金融风险与货币数量联系起来，并将金融风险的爆发归结为货币政策的失误。在宽松的货币政策背景下，货币资金充裕，在货币流通的过程中金融管制也较为宽松，货币供给与需求基本平衡，金融机构也呈现良好的营运状态，金融风险因素较弱，从而金融风险也处于低水平；在紧缩的货币政策背景下，货币管制加强，资金供给方和需求方的矛盾逐渐加剧，供需平衡局面打破，影响金融机构安全性的风险因素也在不断加强，金融风险则相应加大。

货币主义金融风险理论对房地产金融风险也给予一定程度的解释。房地产业属于资金密集型产业，货币供给量与资金成本直接关系房地产业的繁荣与发展。如果货币政策变化，金融机构减少对房地产业的货币供给量或者提高融资成本，房地产业很可能出现资金流断裂，资金约束下的偿贷危机就会不断向金融机构转嫁并引发金融体系的危机。货币主义金融风险理论对房地产金融风险的解释并不全面，因为这种分析没有深入分析房地产金融风险产生的其他原因，更没有充分考虑非货币因素对房地产金融风险的影响。

二　金融周期理论

金融周期理论的主要代表是海曼·明斯基在资本主义长波理论基础上，认为金融机构存在着周期性陷入危机的可能。长波理论认为，在资本主义经济上升时期，资本投资过度，长波上升的同时信用扩张，并伴随着金融风险的增加。明斯基依据长波理论指出，由于信用的放大，商业银行等金融机构受利益最大化的驱使，使得自己周期性陷入危机困境，通过金融市场机制，这些金融机构的困境会逐渐被传递给其他经济活动主体，进而导致金融的周期性波动与危机。

海曼·明斯基根据贷款企业的性质与特点将他们划分为三种类型：一是抵补性企业。这种类型的企业根据未来现金流的预期适当进行抵补性融资，因此这类企业的融资不会给金融机构带来太大的金融风险。二是投机性企业。这类企业依据企业未来的资金规模和流通时间来决定融资额度，这类融资相对第一类融资风险较大。三是高风险的借款企业。这类企业把从金融机构的贷款主要用于长期项目投资，没有办法通过短期项目投资的收益还本付息，只能通过不断的动态融资来支付利息，一旦资金链断裂，无法偿还本息的风险将会转嫁给金融机构。

银行等金融机构作为金融中介，负债结构较为特殊，它要同时面对借款人和存款人的资金需求，从而有着与生俱来的脆弱性。房地产行业的融资一般具有周期长、规模大的特点，其信贷资金大部分来自银行等金融机构。然而，房地产企业作为第三类借款人具有较高的风险，尤其是在经济萧条期，房地产企业资金周转出现问题，必将拖累金融机构，加重金融体系的脆弱性，金融风险随之上升。

三　不完全信息理论

施蒂格勒于 1961 年在《信息经济学》一书中首次将信息问题引入经济学领域，提出了不完全信息理论，打破了传统经济学理论界的基础假设——完全信息。不完全信息理论突破了传统的完全信息假设，在非对称、不完全信息条件下，研究不同当事人间怎样制定合同与契约，以及如何规范当事人行为等问题。不完全信息理论认为，金融风险产生的主要原因在于信息不对称、信息不完全，该理论从微观行为的角度更深刻地解释了金融风险。[①]

不完全信息理论认为，发生房地产金融风险的关键原因是信息不对称、不完全，大致分为两种：第一种是发生在签订合同之前，与参与者行为无关，具有先天性，这类信息导致逆向选择。第二种是在签订合同之后，直接与参与者有关，这类信息会导致道德风险。以房地产业为例，对于逆向选择的问题，银行和房地产开发企业分别是间接融资市场的借贷双方，在正式确立借贷关系前，银行无法掌握项目的投资风险成本高低，因此只能凭借不同开发企业风险的平均风险状况决定贷款利率，在此情况下，面对借贷成本过高的低风险开发企业从市场退出。而那些为了谋求高利润，不惜以高利率偿还贷款的企业却具有高风险性，这种状况会提高贷款风险的平均水平，银行收益降低，呆账状况增多，容易滋生金融风险。对于道德风险，它存在于以信用为基础的金融行为中，在银行和房地产开发企业签订借贷合同后，开发企业贷款在投机下的行为选择是隐瞒资金的真实信息，银行可能会承受开发企业对它转移的风险。目前实施的对房地产个人按揭与开发企业的信用评估，实际上就是依据不完全信息理论对房地产金融风险的一种解释。因为房地产金融市场同样存在信息的不对称、不完全问题，这就需要专门的中介机构发挥职能作用，以减少或消除房地产金融市场中交易双方存在的信息不对称问题，进而消除由此引发的逆向选择与道德风险问题。

四 金融资产价格波动理论

金融资产价格波动论认为，金融风险形成的原因是金融资产价格存在一定的波动性。利率、汇率、股票价格等指标是金融体系稳

---

① 施马尔尼斯：《施蒂格勒对经济学的贡献》，崔大沪译，《现代外国哲学社会科学文摘》1984 年第 2 期，第 37~39 页。

定与否的主要衡量指标，金融资产价格的大幅波动是导致金融危机的重要原因。例如，在外汇市场上，每一个国家一般是尽量使本国的货币汇率保持相对稳定或在一定可控范围内适度波动，以防止外汇市场上的参与主体对本国货币保持当前汇率水平失去信心而抛售货币，进而导致的汇率市场动荡与货币危机。造成对本国货币保持稳定水平失去信心的根源是本国货币汇率偏离宏观经济发展水平而没有得到及时纠正。又如，主张金融资产价格波动论的经济学家普遍认为，过度投机导致股票价格动荡起伏。克瑞普斯以股票市场为例指出，股票市场具有内在的投机性，股票价格不稳定具有绝对性。由于投机性获利的示范性，股票市场上投资个体的不理性投机行为能够引发股票市场的周期性危机。克瑞普斯还指出，股票市场存在着一定的"乐队车"效应，当宏观经济稳定发展带动股票价格不断上升时，不理性的投资者就会在股票价格还会继续上涨的预期下不断涌向"乐队车"，推动股票价格更快上涨；当股票价格上涨到严重偏离经济基础面时，股票价格上涨的预期就会发生扭转，出现大量的恐慌性抛售，股票价格急剧下跌，金融市场也将面临崩溃的危险。

按照金融资产价格波动理论的解释，房地产市场的价格波动将增加房地产金融风险。房地产市场的价格存在固有的波动性，当房价脱离经济发展水平的制约不断攀升，将使人们虚拟财富增加，并相应地增加消费和投资支出，使房地产市场的价格泡沫不断膨胀。由于经济发展条件的限制，房地产资产价格最终将回归至正常水平。但在这一过程中，房地产市场泡沫可能破灭，从而导致价格急剧收缩，金融风险也随之加大，进而影响宏观经济的稳定性。

上述四种金融风险理论从不同角度对金融风险的形成机制进行了分析，具有一定的借鉴意义（见表1-3）。金融风险理论为本文

的房地产金融风险研究提供了理论基础，从而有助于对房地产金融
风险的形成、影响因素以及风险防范对策进行深入探究。

表 1 - 3　主要金融风险理论的比较及启示

理论名称	理论主张	风险衡量标准	房地产金融风险的实际体现	政策建议
货币主义金融风险理论	金融风险与货币数量相关联	货币数量的变化，货币政策是否失误	货币政策变化→货币供给减少→房地产业现金链断裂→风险	采取适度的货币政策
金融周期理论	金融机构存在周期性危机	金融机构借款人的特性（客观存在）	银行脆弱性→周期性波动→金融中介→宏观经济危机	加强金融监管
不完全信息理论	金融风险产生的关键因素是信息不对称	借贷双方存在的信息不对称	信息不对称→逆向选择和道德风险→金融风险	建立抵押贷款机制、完善的信息披露机制
金融资产价格波动理论	金融风险形成的原因是资产价格的大幅波动	利率、汇率、股票价格等指标	消费和投资增加→房地产市场价格泡沫→泡沫破灭→金融风险	稳定金融市场

第二章

房地产金融创新与风险防范的文献述评

近年来，随着房地产业的迅猛发展，尤其是随着房地产金融模式的不断创新，房地产金融对房地产业及经济增长的贡献率也在不断提升，这也吸引了国内外众多学者对房地产金融创新和房地产金融风险等问题的广泛关注。而美国次贷危机之后，对房地产金融问题的讨论更是甚嚣尘上，研究内容更加深入，视角更加广阔。本章根据已有研究内容，从房地产金融创新和房地产金融风险两个方面对相关文献进行了梳理。主要内容是：第一节回顾了国内外关于房地产金融创新的相关研究文献，第二节回顾了国内外关于房地产金融风险防范的相关研究文献，最后对关于房地产金融创新与风险防范的现有研究成果进行了评述。

第一节　房地产金融创新文献综述

在当今经济金融化、金融全球化的时代背景下，不能简单地把房地产金融创新置于金融理论或创新理论的范畴，房地产金融也不单单是金融工具或金融业务的一项内容。为增加科学性与系统性，应该从房地产金融的基本含义、房地产金融创新的意义、房地产金融创新具备的主要功能、房地产金融创新面临的问题、房地产金融创新的对策等问题进行的全面系统的研究。

一 房地产金融创新的内涵

准确把握房地产金融创新的内涵需要从房地产金融和金融创新两个维度展开。关于房地产金融的内涵，不但要厘清房地产的相关概念，也要从房地产的金融属性这一关键点出发，揭示房地产与金融的特殊关联性。

(一) 房地产经济的相关概念

房地产在经济范畴内将房产和地产视为统一的整体，包括土地及土地上的建筑物、此建筑物所体现的相关属性及由此派生的经济利益和各种权利。学术界对房地产业内涵的研究十分丰富，李嘉陵（1995）依据联合国制定的《国际标准行业分类》和国家计委、国家统计局颁布的《国民经济行业分类和代码》两种统计口径，认为房地产业虽独立于建筑业，却与其联系密切，通过比较房地产业与建筑业的联系与区别，指出房地产业的内涵应有广义和狭义之分。从广义上看，"房地产业包括生产、流通、分配和消费全过程"，此时建筑业属于房地产业范畴。从狭义上看，房地产业只包括除生产之外的三个环节，建筑业不包含在内。[1]

卢立明（2002）从理论界定、统计类别等角度分析比较中国与欧美房地产的差异，指出欧美国家的房地产概念只有房地产流通服务，而投资和开发等内容没有在房地产业统计范畴之内。[2] 按照国内理论界与官方统计的概念，房地产业是有关土地和房屋的投资、开发、经营、管理和服务的经济活动，产业关联性较高，是国民经济的支柱产业（张然，2016）。[3]

---

[1] 李嘉陵：《房地产业界说及房地产统计》，《重庆工业管理学院学报》1995 年第 2 期，第 9～11 页。

[2] 卢立明：《西方住宅与房地产统计研究》，《城市开发》2002 年第 1 期，第 44～45 页。

[3] 张然：《新常态下房地产经济对中国国民经济增长的作用分析》，《财经界》（学术版）2016 年第 6 期，第 37 页。

（二）房地产经济的特殊性

房地产经济的特殊性体现在除自身拥有的自然属性外，房地产业与金融有很强的关联性。随着中国城镇化的推进和金融的不断深化，房地产业与金融业的耦合性也不断增强，二者相互促进，共同发展，房地产业已经成为金融服务的重要对象和内容，同时金融业的发展也需要房地产业为其提供广阔的发展空间与机会。房地产经济与金融的特殊关联性是房地产的自然属性和经济特性相结合的结果（李志锋，2014）。[①] 从房地产本身呈现的自然属性看，房地产具有不可移动性和固定性，兼具保值和增值的特性，因此成为银行信贷业务和融资的主要抵押物和担保资产，同时也符合银行遵循的流动性、营利性、和安全性的经营原则。从房地产的经济特性来看，房地产具有资金密集性的特点（李媛媛等，2017），[②] 这是由于房地产业的对象是土地和房屋，该经济活动的整个过程都对金融资金有大量的需求，从土地开发到生产建设、再到消费环节无不体现对金融的强吸纳性和高依赖性，产业的金融特征十分明显。由于地产是房地产的重要内容，土地资源的有限性与不可再生性决定了地产产品的稀缺性，这种供不应求的市场状态引起了房地产价格长期上涨的趋势，因此房地产还具有投资属性（刘金娥等，2013）。[③] 加上人口的自然增长、城镇化带来的农村人口向城市大量迁移形成的住房刚需，共同形成了消费者对房地产的投资冲动和需求。于是房地产行业对土地占有而带来的高利润成为信托、基金等非银行金融机构争相追逐的对象。从金融创新的角度来看，房地产的经济属性与金

[①] 李志锋：《房地产金融理论研究的方法论创新——复杂性科学的方法论对房地产金融理论研究的影响》，《经济问题》2014 年第 5 期。

[②] 李媛媛、尚朝辉、金浩：《金融创新与房地产业动态耦合协调发展》，《经济与管理研究》2017 年第 6 期，第 35 ~ 43 页。

[③] 刘金娥、陈国进：《房地产市场与金融市场间的溢出效应研究》，《武汉金融》2013 年第 12 期，第 43 ~ 46 页。

融的特殊关联性，以及对金融市场的渗透性，使房地产成为信托与资产证券化的主要载体，有利于构建完善的房地产金融体系。由此可见，只有厘清房地产的经济特性和金融属性，才能更准确地把握房地产金融的内涵。

（三）房地产金融的概念界定

David Gamett 等学者在 20 世纪 90 年代初指出，房地产金融是各类住宅的建设、购买、改善、租赁、维护以及维修的货币信贷运行制度。Terrence M. Clauretie 和 G. Stacy Sirmans 的房地产金融研究涉及面更广，涵盖了房地产金融多个领域，认为房地产金融包含房产金融与地产金融两部分。国内关于房地产金融的早期成果主要包括住房金融和住宅金融两部分。例如，董寿昆（1992）主要研究了住宅金融的内涵，认为住宅金融是以住宅信贷为主体的住宅信用资金的交易和再交易，是以住宅基金为核心的住宅市场、住宅金融体系及机制的总称，住宅金融相关主体主要有建筑企业、普通居民、政府、金融机构。董寿昆对房地产金融所下的定义较早，因而没有真正将住宅金融与住房金融完全区分开。曾国安（2004）从狭义与广义两个角度重点研究了住房金融，认为狭义的住房金融是只与居民或消费性的非营利住房机构的住房建设、消费、管理等经济活动相关的货币信用、货币流通、保险以及货币结算等各项资金融通活动的总称；广义住房金融是与住房建设、消费、管理等所有的活动相关的货币信用、货币流通、保险以及货币结算等各项资金融通活动的总称。① 从上述研究来看，大部分学者研究的房地产金融是指在涉及土地和房屋建筑物开发、建造、消费等一系列环节中，资金供给方与需求方所具有的所有形式金融活动的总称。也有学者认为房地产金融应该不仅被看作金融的构成部分或者是金融的类型，它还是

---

① 曾国安：《住房金融：理论、实务与政策》，中国金融出版社，2004，第 1 页。

一个复杂的系统。李志锋（2014）基于复杂性理论的观点，指出"房地产金融不是一个被动的金融工具或封闭狭窄的概念，它是以房地产为载体，囊括金融、经济、社会和生态的一个复杂而巨大的系统。

（四）金融创新的概念界定

关于金融创新的定义，目前学术界并没有形成统一认识，研究成果大多来自熊彼特的创新理论。各学者从不同角度诠释金融创新的内涵，主要从广义的金融行为、金融创新构成要素、金融创新主体、金融制度创新和金融创新工具等视角。从广义的金融行为来看，何德旭等（2008）认为金融创新是金融领域内重新优化组合和金融资源的再次配置，包括金融产品、交易方式、金融机构、金融市场等一切金融行为的创新和改革。[1] 有学者基于金融创新构成要素的视角对此进行研究，陈岱孙和厉以宁（1991）认为，金融创新实质上是在金融领域内重新建立一个生产函数，这个新的生产函数是金融体系中各个金融要素的重组。[2] 在金融创新主体视角中，不少文献将商业银行作为研究对象。2006 年，中国银监会将金融创新定义为"商业银行为适应经济发展的要求，通过引入新技术、采用新方法、开辟新市场、构建新组织，在战略决策、制度安排、机构设置、人员准备、管理模式、业务流程和金融产品等方面开展的各种新活动"。[3] 制度改革深刻地影响金融创新的进程，曹永琴（2013）从制度因素视角出发，认为制度与金融创新关系密切，金融创新应

---

[1] 何德旭、郑联盛：《从美国次贷危机看金融创新与金融安全》，《国外社会科学》2008 年第 6 期，第 21~31 页。
[2] 陈岱孙、厉以宁：《国际金融学说史》，中国金融出版社，1991，第 125 页。
[3] 中国银监会：《商业银行金融创新指引》，中国银监会网站，http://www.cbrc.gov.cn/chinese/home/docView/2893.html。

包括金融市场结构和金融制度创新。① 还有学者从金融工具微观角度出发，十国集团中央银行研究小组（1986）认为，金融创新是将具有不同性质的金融工具重新整合，从而创造出新金融工具的过程。②

（五）房地产金融创新的概念界定

金融创新在房地产业发展过程中扮演着关键的角色，房地产业在对房地产金融和金融创新进行研究同时，金融创新在房地产金融体系中的内涵被越来越多的学者广泛关注，并形成了许多研究成果。一些学者从创新内容的不同方面对房地产金融创新的内涵进行了总结，认为房地产金融创新主要是关于房地产金融制度、业务、工具及市场的创新。③ 还有一些学者主要从房地产创新的角度对房地产金融创新进行了界定，认为房地产金融工具创新是房地产金融创新的核心。④ 值得一提的是，关于房地产金融工具创新，国内多数学者将研究主要集中在 REITs（房地产投资信托基金）和住房抵押贷款证券化方面。张长全和罗莉（2009）则从美国次贷危机与房地产金融创新的关系出发，认为"房地产金融创新是由系统内部的金融业务创新、组织结构演变、监管制度优化、创新环境变化引起的一项系统创新"⑤。总的来看，目前学术界对于房地产金融创新的界定还没有完全达成共识，不同的学者从不同的视角给予不同的界定。

---

① 曹永琴：《金融创新、金融中介效率与金融体制改革》，《商业研究》2013 年第 4 期，第 97～104 页。
② 载十国集团中央银行研究小组《国际金融与业务创新》，汪竹松译，上海译文出版社，1990，第 54～62 页。
③ 李志远：《论我国房地产金融创新》，《经济问题探索》2001 年第 12 期，第 33～35 页。
④ 张建斌、张楠楠：《房地产金融工具创新问题的探讨》，《中国房地产金融》2001 年第 2 期，第 32～34 页。
⑤ 张长全、罗莉：《我国房地产金融创新的路径探讨——基于次贷危机爆发后的思考 区域金融研究》2009 年第 1 期，第 37～39 页。

二 房地产金融创新对经济增长的宏观意义

房地产经济在我国国民经济中占有举足轻重的地位，房地产业作为国民经济的支柱产业在促进国民经济的健康发展方面扮演着关键性的角色。房地产行业与其他行业的关联度较高，特别是金融业、建筑业等，不随时间和国别的变化而变化（刘水杏，2004）。[①] 房地产业在带动其他产业协调发展、提高人民的日常生活水平和保障社会的稳定发展方面具有重要意义。目前，学术界对于房地产金融创新的意义也进行了大量研究，相关研究从宏观层面揭示了房地产金融创新的重要意义。总的来看，已有研究主要包括三类视角：一是从房地产金融发展的角度来探讨房地产金融创新的意义，二是从房地产业发展的角度来探讨房地产金融创新的意义，三是从拉动经济增长的角度来探讨房地产金融创新的意义。

（一）对房地产金融发展的意义

房地产金融创新促使金融机构在市场中竞相推出新的金融产品与金融工具，从证券产品、股权产品到衍生产品，金融产品的种类与服务更加丰富，多元化的金融产品增加了投资者的选择机会，满足了投资者不同的投资需求，活跃了房地产金融市场，有效的补充与完善房地产金融体系和金融制度，更进一步推动房地产金融的发展。陆却非和葛丰（2011）结合房地产信托投资基金的发展阐明了房地产金融创新的意义，指出作为房地产金融创新的重要成果的REITs，可以通过提升投资效率、缓解信贷歧视、提供收益参照、增进居民福利等多重正外部效应的发挥，带动房地产金融的发展。[②] 束

---

① 刘水杏：《房地产业与相关产业关联度的国际比较》，《财贸经济》2004 年第 4 期，第 81～87 页。

② 陆却非、葛丰：《基于房地产投资信托基金的我国金融深化的预期效应分析》，《系统管理学报》2011 年第 2 期，第 249 页。

庆年（2008）从促进房地产业融资、提高融资效率、提高金融资产流动性、增进社会福利、促进房地产金融市场发展等角度，论证了房地产金融创新的重要作用，这些作用的充分发挥，将推动整个房地产金融业的快速发展。[①]

（二）对房地产业发展的意义

房地产金融创新凭借其雄厚的融资实力，一方面为房地产企业拓宽了广阔的融资渠道，有效地提供了资金保障，为房地产企业的可持续发展起到强有力的支撑；另一方面也为购房者提供住房消费贷款，在刺激消费的同时也相应地促进房地产业的发展。杨巧（2005）认为，住房再生产的进行需要巨额资金，住房金融的发展可以发挥"蓄水池"作用，把游离于社会再生产之外的资本不断聚集到房地产业，促进房地产业的快速发展。[②] 卢立宇（2006）认为，房地产发展资金需求量较大，离不开房地产金融的全程支持。与其他产业相比房地产投资表现出的不同特征决定房地产金融创新在房地产发展中有着举足轻重的作用。吴霞（2005）指出，房地产金融的创新能够促进居民居住水平的提高、加快住房自有化进程、推动金融业的发展、提高居民购置住房的能力、提高居民的购房倾向、有利于城镇住房体制改革，进而带动房地产业的发展。[③] 田金信等（2007）认为，随着宏观经济条件的改善和房地产业的不断发展，房地产金融自然要进入一个不断创新的过程，并且房地产金融也会为房地产业的发展提供更为有力的支撑。[④] 因此，有人曾这样比喻，房

---

① 束庆年：《对次贷危机爆发后中国房地产金融创新的思考》，《南方金融》2008 年第 9 期，第 12~13、10~14 页。

② 杨巧：《住房金融深化中的住房再生产分析》，《湖北大学成人教育学院学报》2005 年第 1 期，第 56 页。

③ 吴霞：《住房金融的国际比较与我国的发展对策》，河北大学硕士学位论文，2005。

④ 田金信、胡乃鹏、杨英杰：《基于优势分析原理的房地产金融深化研究》，载于中国管理科学学会《第九届中国管理科学学术年会论文集》，2007，第 258~267 页。

地产金融创新为推动房地产经济的发展输送"血液",为房地产企业供给了"营养"。

(三) 对拉动经济增长的意义

Merton (1992) 从经济增长和金融体系发展的关系出发,认为金融创新在促进实体经济的过程中扮演着"引擎"角色。[①] 陶恒喜 (1999) 指出,房地产金融作为金融体系的组成部分,其发展程度和水平即房地产业金融创新水平,必然对推动房地产业的发展进而带动整个国民经济的增长产生积极影响。[②] 何红 (2010) 结合中国实际认为,只有促进房地产金融创新,才能使实体经济增长获得新的动力。[③] 许建华 (2013) 从经济发展与城市化进程的关系的角度分析,指出城镇化是转变经济增长方式的重要内容,并以恒大地产积极探索融资渠道为例,如恒大地产通过与信托公司等非银机构的合作,有效地解决了城市"三旧改造"与保障房建设方面的资金供给问题,在一定程度上推动了城镇化的进程,为此类问题的解决提供了成功的范例,进而促进了经济增长方式的转变。[④]

三 房地产金融创新在经济增长中的微观功能

在经济全球化和经济金融化的时代背景下,随着金融业的快速演进与日益成熟,房地产金融的功能性在经济活动中的地位不断提高,日益显著。特别是各类金融创新工具的大量出现,更加凸显了房地产金融创新所具备的功能在经济中的重要作用。根据学者们的

[①] R. C. Merton, "Financial Innovation andEconomic Performance," *Journal of Applied Corporate Finance* 4 (1992).

[②] 陶恒喜:《金融深化与房地产金融的完善和发展》,《中国房地产金融》1999 年第 11 期,第 3 页。

[③] 何红:《房地产金融创新与风险防范》,《黑龙江对外经贸》2010 年第 4 期,第 123 ~ 124 页。

[④] 许建华:《房地产金融创新与加快经济发展方式转变》,《银行家》2013 年第 1 期,第 98 ~ 99 页。

研究成果，房地产金融创新的功能主要包括三个方面，分别是促进资金流通功能、增加社会福利功能、风险转移及风险分散功能，通过这三个主要功能，在微观层面对经济增长产生影响。

（一）促进资金流通功能

促进资金流通是房地产金融创新最重要的功能之一。廖勤翔（2008）指出，发展房地产金融创新有助于促进房地产金融市场的健康发展，培育和健全资本市场，进而增加资金流动性。[①] 对此，国际货币基金组织（IMF）（2010）做了更为详尽的解析。IMF 将金融创新认定为是从低杠杆机制到高杠杆机制的转变。显然，房地产金融创新从金融产品与金融工具层面增加了房地产投资者的投资选择，从房地产金融体系与金融市场层面扩展了投资者的投资渠道，从房地产金融制度层面放松了对投资者的资金限制。通过以上三个层面的创新，推动着房地产金融不断从低杠杆机制到高杠杆机制转变，使房地产投资者能够以更少的资金、更低的投资成本获取更多的回报，进而提高了投资者的投资热情，促进了资金的高效流通。

（二）增加社会福利功能

增加社会福利成为房地产金融创新的另一重要功能。这一观点也得到了大量理论和实证研究的支持。如 Frame 和 White（2004）认为，金融创新作为一种新生事物，它能为消费者提供更多的产品种类及优质服务，[②] 这为房地产金融创新增加社会福利的论断提供了理论支持。Erbas 和 Nothaft（2005）以中东和北非国家的住房抵押贷款市场为研究对象，得出房地产金融创新能够减轻购房者的经济压力、

---

① 廖勤翔：《房地产投资信托基金研究》，《宏观经济管理》2008 年第 3 期，第 63 ~ 65 页。

② W. Scott Frame, Lawrence J. White, "Empirical Studies of Financial Innovation: Lots of Talk, Little Action?" *Journal of Economic Literature* 1（2004），pp. 116 – 144.

增强其购房能力、缓解贫困的结论。[①] Takashi Yamashita（2007）也认为，通过住房抵押贷款证券化进行融资，能有效提高金融头寸，降低购房者的月偿付金额，减轻其家庭压力，从而带动消费、增加社会福利。[②] Mitchell 和 Piggott（2004）主要研究了日本的反向抵押贷款（RMs），认为反向抵押贷款可以释放日本住房权益，是促进消费、减少公共养老金负担以及减缓日本长期护理设施需求压力的一种机制。[③] 正是这种社会福利功能的存在，许多国家与地区都十分重视房地产金融创新，尤其是 21 世纪以来，世界各国房地产金融创新的进程不断加快。尽管受美国次贷危机的影响，房地产金融创新短期内也受到一定影响，但长期看房地产金融创新不断推进的大趋势不会逆转。

（三）风险转移和风险分散功能

对于房地产金融创新的风险转移和风险分散功能，学者们存在着较大分歧。支持者以国际清算银行为代表，如国际清算银行（1986）认为，金融创新能使价格风险、信用风险等金融风险得以有效转移。[④] 马雪彬和李磊（2007）认为，资产证券化作为一种金融创新应用于房地产行业，将有助于降低银行系统的整体风险，提高宏观调控有效性，并且在克服其发展障碍后，资产证券化将成为摆脱房地产行业宏观调控窘境的创新手段。[⑤] 缪燕燕（2010）认为，房地产信托投资基金（REITs）不仅能分流房地产市场的投资性需

---

① S. Nuri Erbas, Frank E. Nothaft, "Mortgage markets in Middle East and North African countries: Market development, poverty reduction, and growth," *Journalof Housing Economics* 3 (2005), pp. 212 – 241.

② Takashi Yamashita, "House price appreciation, liquidity constraints, and second mortgages," *Journal of Urban Economics* 3 (2007), pp. 424 – 440.

③ Olivia S. Mitchell, John Piggott, "Unlocking housing equity in Japan," *Journal of the Japanese and International Economies* 18 (2004), pp. 466 – 505.

④ BIS, "Recent Innovation in International Banking," BIS Report (1986).

⑤ 马雪彬、李磊：《资产证券化——摆脱房地产行业宏观调控窘境的金融创新》，《开发研究》2007 年第 2 期，第 130～132 页。

求，还能为房地产供给提供直接融资，减少银行的信贷风险。① 从以上学者的观点看，适度房地产金融创新有利于降低和分散金融风险。

美国次贷危机爆发后，一些学者开始反思房地产金融创新问题。如 Reinhart 等（2008）认为，房地产金融创新的过度使用导致房地产信贷资产泡沫和负债的急剧增加，并增加了风险。② 但也有学者认为，房地产金融创新和金融风险的关系需要辩证地看待。Elmendorf（2008）指出，金融创新到底是增大经济波动还是减小经济波动是一个不好回答的问题，不能用一句简单的话来说明，金融创新放大了某些经济波动的影响，同时也抑制了其他波动的影响。在整个资金链条中，不同经济主体所处的位置不同，房地产金融创新给其带来的风险也就不同。因此，对于房地产金融创新是否导致金融风险扩大也需要辩证地理解。③

从以上研究看，房地产金融创新的促进资金流通和扩大社会福利等功能已经得到学者们广泛认可。但是，对于房地产金融创新与金融风险之间的关系问题，仍然存在较大分歧。但如果考虑到房地产金融创新的程度与次序问题，可以认定适度与按一定次序推进的房地产金融创新具有降低与分散金融风险的功能。

四　房地产金融创新的方向

房地产金融创新是房地产业发展和市场化的必然要求，尽管众多学者都认为房地产金融创新包括房地产金融工具、业务、市场和

---

① 缪燕燕：《房价过快上涨背景下的房地产金融创新》，《新金融》2010 年第 7 期，第 50 ~ 53 页。

② Reinhart, Carmen M. and Kenneth S. Rogoff, "This Time is Different: A Panoramic View of Eight Centuries of Financial Crises," *Annals of Economics and Finance* 2 (2008).

③ Douglas W. Elmendorf, "Financial Innovation and Housing: Implications for Monetary Policy", The Brookings Institution (2008).

制度创新（蒋志宏和卜俐引，2010）。[①] 但实际上，房地产金融工具或产品创新是房地产金融创新的核心，其中房地产抵押贷款证券化与投资信托基金作为金融创新的主要内容。多数学者的研究也以房地产金融工具或产品的创新为重点，以适应房地产市场化的需要。

Carballo – Huerta 等（2008）以墨西哥为样本，从金融监管体系及金融机构、筹资来源、住房金融产品三个角度介绍了抵押贷款市场的金融创新。[②] Chomsisengphet 和 Murphy（2008）基于国家层面数据，分析了房地产金融创新中可调整利率贷款、混合利率贷款、仅付息贷款、非分期偿付贷款以及漂浮式贷款等不同次级贷款类型。[③] Chambers 等（2009）介绍了不同形式的抵押贷款，如固定利率或固定支付抵押贷款、仅付息贷款（本金到期一次偿还）、等额本金偿还抵押贷款。[④] Ebrahim 等（2011）建立了参与抵押贷款（PMs）的三种基本框架，包括分享增值抵押贷款（SAMs）、分享收益抵押贷款（SIMs）和分享权益抵押贷款（SEMs）。他们认为，PMs 更能降低借款人偿付和收入限制，同时不会将房地产投资的风险转移至金融机构。通过建立良好的风险分担机制，PMs 提供了一种加强金融体系有效性和弹性的新方式。[⑤] 我国的研究主要关注发展抵押贷款在我国的适用性问题，郑毅（2005）在对中国资产证券化现状和具体实践分析后，认为证券化的资产类型选择十分关键，对现金流、违约风

① 蒋志宏、卜俐引：《探讨我国房地产金融创新之路》，《现代商业》2010 年第 18 期，第 33 页。
② Jazmin Carballo – Huerta, Juan Pedro González – Ibarra, "Financial innovations and developments in housing finance in Mexico," *IFC Bulletin* 31（2008）.
③ Souphala Chomsisengphet, Timothy Murphy, "Product Innovation & Mortgage Selection in the Subprime Era," SSRN（2008）.
④ Matthew S. Chambers, Carlos Garriga, Don Schlagenhauf, "The loan structure and housing tenure decisions in an equilibrium model of mortgage choice," *Review of Economic Dynamics* 12 （2009）, pp. 444 – 468.
⑤ M. Shahid Ebrahim, Mark B. Shackleton, Rafal M. Wojakowski, "Participating mortgages and the efficiency of financial intermediation," *Journal of Banking & Finance* 35（2011）, pp. 3042 – 3054.

险、抵押物、合同条款、债务人特征等条件有严格的限制，他指出住房抵押贷款证券化可以成为我国资产证券化的发展方向，达到既能满足资产条件的要求又能提供示范与经验的平衡。[①] 谢渡和郑浩（2007）总结国际上目前资产证券化的两种模式，分别是美国模式和德国模式，指出信托型的美国模式应当成为我国住房抵押贷款的设计模式，而德国的住房抵押贷款模式在我国并不适用。[②]

Topuz 和 Isik（2008）对美国 20 世纪 90 年代以来信托基金的发展历史进行了客观介绍。[③] Wang、Chan 和 Erickson 等学者对美国相对成熟的 REITs 的结构、债权政策、规模、发行程序以及绩效评估等多个方面进行了深入研究。Liow 和 Addae – Dapaah（2010）分析了 1988～2008 年美国的两个 REITs 具体发展情况。[④] 之后 Liow 进一步利用翔实的数据深入研究了亚洲房地产信托基金的发展状况。这些研究成果从不同角度对不同国家发展房地产信托基金的经验进行了分析，有利于房地产金融创新的重要产品——房地产信托投资基金在其他国家的推广与发展。柏宝春（2013）认为，加快建设以房地产投资信托基金和房地产证券化为两翼的新型房地产金融市场体系，提高房地产证券市场和信托市场的资金配置效率，提高市场流动性，是当前中国房地产金融的新趋势。[⑤] 万容（2010）分析指出，

---

① 郑毅：《住房抵押贷款证券化——我国资产证券化的理性选择》，《社会科学家》2005 年第 4 期，第 73～75 页。

② 谢渡、郑浩：《我国住房抵押贷款证券化模式研究》，《经济与管理研究》2007 年第 11 期，第 27～33 页。

③ John C. Topuz and Ihsan Isik, "Structural Changes, Market Growth and Productivity Gains of the US Real Estate Investment Trusts in the 1990s," *Journal of Economics and Finance* 3 (2008), pp. 211–214.

④ Kim Hiang Liow, Kwame Addae – Dapaah, "Idiosyncratic risk, market risk and correlation dynamics in the US real estate investment trusts," *Journal of Housing Economics* 19 (2010), pp. 205–218.

⑤ 柏宝春：《我国房地产投资信托基金发展问题研究》，《中国房地产金融》2013 年第 1 期，第 10～13 页。

中国发展房地产投资信托基金具有一定的可行性。[1] 陈柳钦（2004）[2]、武岩（2006）[3]、王孟夏（2010）[4] 结合我国投资环境，借鉴美国和德国等成熟资本市场的经验与模式，为我国发展房地产投资信托基金提出模式设计与政策建议。

五　中国房地产金融创新面临的问题

目前中国房地产业发展迅速，势头正猛，房地产金融也相应蓬勃发展，但是中国的房地产金融只经历了30多年的发展时间，其创新进程并非一帆风顺，在具有中国特色的金融体系和房地产改革的经济背景下，我国房地产金融展现了独具特色的金融特征，探索出特殊的发展轨迹。但是在探索房地产金融创新的道路中仍会在宏观经济层面和自身层面等方面受到限制，面临各式各样的问题。房地产金融在我国发展时间虽然不长，但发展特征与变迁历程仍为许多学者提供了珍贵的研究资料与研究依据。不少学者纷纷关注房地产金融创新存在的问题并形成了大量有价值的研究成果。

（一）宏观层面存在的问题

宏观层面主要面临金融市场体系不完善、中介市场发育不足、相关政策和法规缺位、金融监管缺位、创新人才不足等问题。我国房地产金融体系虽然基本完成，但仍然存在两级市场发展不平衡的状况，与国外相比仍有较大差距。我国房地产金融体系分为一级和二级两个市场，一级市场的主体是商业银行，二级市场主要是专业

---

① 万容：《构建中国房地产业的新型融资方式——房地产投资信托基金探析》，《经济问题》2010年第3期，第105~109页。

② 陈柳钦：《美国房地产投资信托基金（REITs）发展与启示》，《建筑经济》2004年第11期，第77~81页。

③ 武岩：《在我国发展房地产投资信托基金的研究》，对外经济贸易大学硕士学位论文，2006。

④ 王孟夏：《我国房地产信托投资基金（REITs）发展环境研究》，首都经济贸易大学硕士学位论文，2010。

性的非银行金融机构，如信托投资机构、抵押贷款机构等。目前存在的主要问题是一级市场发展较快，二级市场发展不充分。李宛聪（2016）指出我国房地产金融二级市场发展不充分，市场空间狭小，发展程度较低，无法满足房地产市场中庞大的投资与消费需求，严重阻碍了房地产金融创新的进程。[①] 崔满红和李志锋（2014）将房地产金融创新与国家经济命脉紧紧相连，认为发展房地产金融是一种战略性选择，对中国的金融稳定和经济可持续发展十分关键。他们认为房地产金融创新与宏观调控体系的协调发展还需完善。[②] 有学者还关注中介组织机构缺失问题，如李健飞和王晶（2005）指出，由于专业信用合作中介机构的缺失，影响了房地产金融创新的推进。[③] 曲世军（2008）指出，缺乏独立、有效的房地产金融市场中介服务体系是中国房地产金融创新面临的重要问题。有的学者从政策、法规及监管角度对此进行了研究，田金信（2007）认为，中国房地产金融创新过程中促进房地产金融创新和市场化改革的政策、法规缺位；政府监管缺失，这些都是房地产金融创新面临的重要问题。王娟等（2007）认为法律法规体系的不完善之处主要表现为：一是现有的法律法规部分规定不适应房地产金融创新的发展要求，需要补充和修改；二是现有的法律法规限制了政府在房地产金融应该承担的责任与职能的发挥；三是缺乏相关专业性的法律法规，如关于资产证券化、房地产证券化等，在操作等方面无迹可寻，使金融创新难以有效开展。金融监管在中国房地产金融创新的进程中是

---

① 李宛聪：《房地产金融创新面临的突出问题与对策探讨》，《住宅与房地产》2016 年第 18 期，第 19 页。

② 崔满红、李志峰：《房地产金融战略研究的整体思路——金融理论研究的一个视角》，《经济研究参考》2014 年第 29 期，第 60～62 页。

③ 李健飞、王晶：《宏观调控背景下的房地产金融创新》，《宏观经济研究》2005 年第 3 期，第 42～44 页。

十分必要的。① 鲁丹（2013）指出与之相关的监管制度建设落后，关于执行的配套法规缺位，对房地产金融的监管难以做到有法可依。尽管《金融监督管理法》《中国人民银行法》都授予各级监管权力机构的监管权，但对权力如何执行的规范尚不明确，十分笼统，严重影响了监管的有效开展。② 关于创新人才方面的问题，王晓霞（2017）指出房地产金融创新缺乏高素质人才，缺少专业化和强力度的人才培养机制。

（二）微观层面存在的问题

微观层面存在的问题主要是直接融资渠道狭窄且过分依赖间接融资、信贷形式单一、房地产金融创新性不足等问题。李健飞（2005）指出，中国房地产金融市场化运行程度还不够高，由银行房地产信贷构成的房地产金融是阻碍房地产金融创新的主要问题，业务形式单一。曾龙（2010）认为，中国住房金融创新面临的主要问题表现为：住房金融的市场工具种类严重不足；住房金融的融资渠道单一；房地产信贷资金过多依赖于银行贷款。盛增雄（2017）认为直接融资规模过小，我国房地产金融企业在狭窄的直接融资渠道中举步维艰；中小型企业对股权式的融资标准高不可攀，而债券融资相对较低的利率水平对投资者的吸引力不够，建立和运作投资基金的形式又缺乏专业的法律法规和正确的行业引导，使直接融资渠道的作用大打折扣。而在间接融资方面又几乎完全依赖银行信贷，使银行的不良贷款风险度提高。王娟和王进（2007）指出，商住房贷款作为主要的住房信贷，形式单一，条件限制较为严格，降低了购房者选择住房贷款的自由性与灵活性。房地产金融创新不足主要体现在创新工具和产品发展滞后、种类不足、创新能力低等。务孟

---

① 王娟、王进：《我国房地产金融面临的若干问题与对策分析》，《金融与经济》2007 年第 9 期，第 24~26 页。
② 鲁丹：《我国房地产金融的制度创新研究》，武汉理工大学硕士学位论文，2013。

站认为中国房地产金融创新产品数量虽多，但具有独特性和创新性的产品乏善可陈，多数产品的设计并不科学，用途小。王丽卓（2016）指出房地产金融领域的创新主动性不强，创而不新的情况时常发生。田金信、胡乃鹏和杨英杰（2007）指出，目前中国的房地产金融创新以创新的数量增长为主，创新的质量不高，房地产金融中银行信贷和民间非正规金融比重较大，而股票、信托、债券等金融工具的作用不足。①

多数学者认为中国的房地产金融创新与发达国家的房地产金融创新程度相比还有很大差距，中国目前尚未建立协调有效的房地产两级市场联动体系，尚未形成符合国际惯例的、多层次的房地产金融市场体系，尚未形成独立、有效的房地产金融市场中介服务体系，尚未形成一整套科学的房地产金融制度法规体系，尚未形成制度化和细致化的金融监管体系，尚未形成完备的金融创新人才培养体系，尚未形成完善的房地产金融产品创新体系，尚未形成可供贷款需求者选择的住房金融产品链，尚未形成完善的房地产金融业务创新体系，尚未形成房产金融和土地金融相融合的房地产金融体系，尚未形成保障房、公共租赁房的金融服务支持体系，尚未真正形成满足不同客户需求的流程管理模式。

六 房地产金融创新的对策

对于房地产金融创新的研究，学者们不仅仅分析其面临的问题，还针对这些问题进行了大量的对策性研究，为推动房地产金融创新提供了有价值的对策建议。

（一）建立完善的房地产金融市场与创新体系

王洪卫（2001）认为，只有解决两个基本问题才能确保住房地

---

① 田金信、胡乃鹏、杨英杰：《基于优势分析原理的房地产金融深化研究》，载于中国管理科学学会《第九届中国管理科学学术年会论文集》，2007，第258~267页。

产金融创新的健康发展：一是良好的资金筹措机制，二是健全的风险防范机制。[①] 郑印霞和邵四华（2011）认为，推进房地产金融创新的重点是建立一个有效的房地产金融体系，通过种类繁多的房地产金融产品的提供，来满足借款者和消费者多样化、差别化需求。[②] Liow 等（2008）研究了房地产证券融资和股票融资的相关性。他们的研究成果显示，房地金融的发展与创新同房地产企业的发展、资本市场的完善之间有一定的正相关性。因此，推进房地产金融的发展，首先要加快房地产企业与资本市场的发展与完善。[③]

（二）建立有效的房地产金融监管体系

王明国和王春梅（2009）认为，中国只有在金融发展理论不断完善与指引下，积极推进金融产权制度的深入改革、不断完善金融监管体系、开发与创新房地产金融产品，才能有效促进房地产金融、房地产业以及宏观经济的发展。[④] 刘扬（2011）认为，中国应该借鉴国际上发展房地产金融的经验，保证房地产金融监管的手段和措施不断完善。同时监管机构也应有明晰的监管标准和方法，明确监管职责，加强对房地产金融的多方位实时管理。[⑤]

（三）建立多元化的房地产金融产品创新体系

刘哲婧（2007）从产品创新的视角提出了房地产金融创新的对策，认为中国房地产金融产品的创新要以房地产信托产品创新、房

---

① 王洪卫：《中国住房金融：资金筹措与风险防范机制》，上海财经大学出版社，2001。
② 郑印霞、邵四华：《我国房地产金融发展趋势与创新研究》，《中国房地产金融》2011 年第 2 期，第 6～9 页。
③ Kim Hiang Liow, Kim Hin David Ho, Muhammad Faishal Ibrahim, etal, "Correlation and Volatility Dynamics in International Real Estate Securities Markets," *The Journal of Real Estate Finance and Economics* 5 （2008）, pp. 108 – 115.
④ 王明国、王春梅：《基于金融发展理论的我国房地产金融体系的改革与完善》，《北京工商大学学报》（社会科学版）2009 年第 4 期，第 35～36 页。
⑤ 刘扬：《次贷危机后现代房地产金融创新的路径选择》，《中国城市经济》2011 年第 5 期，第 38～39 页。

地产抵押贷款证券化、完善房地产投资基金三个方面重点展开。① 霍夏芳（2012）指出，推进中国房地产金融的创新，需要拓宽直接融资渠道，实现资金来源多元化。②

（四）建立专业化的金融人才培养体系

王傲（2015）指出，只有拥有好的金融创新人才队伍，房地产金融创新才能有效开展。对于队伍的建设，他强调人才的集聚与合理的分配，专业知识的培养，金融研究所的组建，先进、科学的管理方法的采用等，都为金融人才的培养与房地产金融创新的发展奠定了坚实的基础。③ 刘明康（2008）作为银监会的主席，关注对投资者的教育问题，与专业投资者相比，普通的投资者在金融市场中的风险意识较弱，容易盲从。因此建立完善的投资者教育体系十分必要，有助于减少非理性投资，增强自我保护能力，对大众投资者的教育是中国银监会的主要任务之一。④

第二节　房地产金融风险文献综述

房地产业的发展离不开金融支持，同时房地产业也深深影响金融体系的稳定，而且房地产业波动较为频繁，有较强的带动效应，一旦发生较大的经济波动就会破坏金融体系的稳定导致金融风险，影响一国经济的稳定发展。在当今世界经济一体化的时代背景下，一个国家金融系统的震荡极有可能使全球经济陷入金融危机与经济

① 刘哲婧：《我国房地产金融产品创新的对策研究》，《经济论坛》2007 年第 11 期，第 107 ~ 110 页。
② 霍夏芳：《探析中国房地产金融发展问题及对策》，《北方经济》2012 年第 8 期，第 64 ~ 66 页。
③ 王傲：《浅谈我国房地产企业金融发展趋势与创新》，《商》2015 年第 42 期，第 166 ~ 167 页。
④ 刘明康：《从美国次级房贷的教训看我国金融创新和开放》，《国际金融》2008 年第 1 期，第 4 ~ 9 页。

衰退的淖泥中。例如，美国次贷危机的爆发深刻揭示了房地产金融风险，引起了人们对风险防范与金融监管的反思与重视。因此有关房地产金融风险防范问题一直是学术界关注的焦点。已有的研究主要涉及以下内容：一是房地产金融风险的相关内涵，二是房地产金融风险的成因，三是房地产金融风险的传导，四是房地产金融风险防范的对策。

一　房地产金融风险的相关内涵

(一) 金融风险

风险一词在日常生活中对于人们并不陌生，在经济领域，风险是从事经济活动的主体由于各种不确定因素产生的变化而遭受损失的可能性，这种不确定因素是由于信息的不完全和不对称导致的。金融风险的内涵也因国内外学者研究视角的不同而存在差异。Crockett (1997) 表示，金融风险是由于资产价格的异常波动、金融机构面临的资产负债形势严峻和债务负担严重而产生的，在这种冲击下金融机构异常脆弱，对经济的正常运行也极其不利。[1] 张亦春、徐文彬 (2002) 认为，"金融风险是经济风险的集中体现"。两位学者在文中分别指出了金融风险在理论领域和真实的经济现象中的表现。理论上金融风险是由于信息不对称或者不完全，无法令决策主体对当前和未来价格产生确知和判断，从而遭受损失的可能性。真实的经济现象主要表现为四个方面：金融机构具有内在脆弱性；金融市场的某些个体行为具有投机性，可能成为金融市场风险加剧的导火索；金融资产价格过度波动；金融风险具有普遍性。[2] 李盛 (2011)

---

[1]　Andrew Crockett, "The Theory and Practice of Financial Stability," *Princeton Essays in International Economics* 4 (1997).

[2]　张亦春、许文彬：《风险与金融风险的经济学再考察》，《金融研究》2002 年第 3 期，第 65~73 页。

总结出金融风险的四个特点：它是金融活动的内在属性；与"损失"几乎等同；金融活动的参与方是风险承担者；具有不确定性。[①]

（二）房地产金融风险

房地产金融风险有狭义和广义之分：狭义仅指金融机构在提供房地产金融服务时面临的金融风险，但不包涵金融机构在开展非房地产金融业务过程中出现的不确定性。例如，中国工商银行上海市分行管理信息部课题组（2010）研究认为，房地产金融风险是银行等金融机构在为房地产业提供资金融通等金融服务时，由于受一些不确定因素影响，使银行面临经济损失的可能性。[②] 广义则比较宽泛，认为房地产金融风险除直接风险以外，还涵盖给金融机构以及金融体系带来的间接风险。卢立宇（2006）指出，房地产金融风险是整体金融风险的一部分。由于房地产相对于一般产业具有的个性化特征，如资产的虚拟性、发展的周期性、资金的密集性以及与国民经济周期密切相关等，决定了房地产金融风险除了具备一般金融风险的特征外，还具有短期潜在性、长期积累性、较强破坏性和向外扩展性等特点，因此房地产金融风险的内涵可以理解为涉及房地产金融服务业务的所有金融主体，因为宏观与微观经济环境的不确定性或者金融市场上信息不对称而面临损失的可能性。[③] 曲世军（2009）也认为，房地产金融风险的内涵较为宽泛，不仅包括房地产金融单项业务风险，也包括单个金融机构面临的风险，同时还包括整个房地产金融体系的风险。此外，国内外学者倾向将房地产金融风险分类，常见的分类有房地产信贷风险、房地产市场风险、政府政策性风险等。中国工商银行上海市分行管理信息部课题组（2010）

---

① 李盛：《广东省宏观金融风险研究》，武汉大学硕士学位论文，2011。

② 中国工商银行上海市分行管理信息部课题组：《房地产金融风险影响宏观经济安全的相关研究——兼论我国房地产金融潜在风险及政策建议》，《金融论坛》2010 年第 3 期，第 13～20 页。

③ 卢立宇：《中美房地产融资比较研究》，重庆大学硕士学位论文，2006。

认为，目前我国房地产金融风险表现在房地产信贷风险、房地产市场风险、个人住房贷款违约风险、土地储备贷款风险和房地产金融信用风险五个方面，其中主要表现为信用风险。[①] 曾龙（2010）的研究认为，从中国住房金融发展的实际看，住房金融风险主要表现为信用风险、流动性风险、系统性风险、利率风险、通货膨胀风险以及住房金融业务自身所蕴含的风险，针对上述风险，必须要重视并做好防范工作。[②]

二　房地产金融风险的成因

房地产金融风险的形成可归因于经济系统内和非经济系统，非经济系统的原因包括自然灾害、战争、政局不稳和人性恶等因素。这里我们只考虑经济层面的因素，按照前文总结的金融风险形成原因的理论基础，从国内外研究关于房地产金融风险形成的文献来看，研究一般性房地产金融风险的成因主要有三个视角。第一个视角是金融视角，也是大多数文献关注的视角，主要从信息不对称、房地产市场价格波动、流动性供给等金融视角研究；第二个视角是利益主体视角，主要研究银行、政府、开发商和投资者、买房者供求双方间的利益博弈引起房地产金融风险和房地产金融创新风险的可能性；第三个视角是宏观视角，主要从金融机构经营、宏观经济因素、制度性因素和金融政策等层面研究。

（一）一般性房地产金融风险的成因

1. 金融视角

按照相关金融风险理论的观点，房地产金融风险的形成与房地

[①] 中国工商银行上海市分行管理信息部课题组：《房地产金融风险影响宏观经济安全的相关研究——兼论我国房地产金融潜在风险及政策建议》，《金融论坛》2010年第3期，第13～20页。

[②] 曾龙：《中国住房金融风险分析及防范机制研究》，武汉大学博士学位论文，2010年。

产市场价格和金融系统流动性供给的关系密不可分。金融机构的信贷供给量决定了房地产市场价格，金融系统对房地产行业的风险定价决定了流动性供给。由于房地产市场中不对称信息和不完全信息的存在，银行体系对风险的定价并不准确，造成流动性供给过剩。因此信息和流动性两种视角是研究房地产金融风险中金融视角的关键。

信息不对称视角是房地产金融风险成因的重要分析视角，徐建斌和林观彪（2003）从房地产金融创新相关主体的信息不对称视角分析了房地产贷款风险的微观机理。[1] 唐平（2007）从融资渠道、信贷管理、政策法规、企业内部管理等视角分析了房地产金融风险生成的原因。[2] 李兰英和李伟（2012）指出，房地产金融风险的形成源自信息不对称，存在开发商与商业银行、消费者经济主体之间、房地产市场发展不平衡、房地产市场本身具有缺陷等问题。[3] 黄佳军和蒋海（2010）认为，金融聚集和信息缺陷是房地产金融风险形成的主要因素，信息缺陷包括信息不对称和信息不完全；进而提出金融集聚可以有效弱化信息缺陷，有利于更好的防范金融风险。[4]

流动性供给也是可能诱发金融风险甚至爆发金融危机的关键因素之一。中国工商银行上海市分行管理信息部课题组（2011）认为流动性过剩不容忽视，追根溯源，它几乎是美、日两国爆发金融危机的始作俑者。处于经济高速发展的国家，出口与投资、消费领域都呈现繁荣的面貌，如果加上政府大力推行刺激经济的政策和外部资金的大量涌入，不可避免地会产生流动性过剩问题，对金融风险

---

① 徐建斌、林观彪：《房地产信贷风险形成的微观机制》，《浙江金融》2003 年第 7 期，第 15 ~ 17 页。
② 唐平：《中国房地产金融风险分析》，《经济体制改革》2007 年第 2 期，第 140 页。
③ 李兰英、李伟：《我国房地产金融风险向土地财政风险传导的博弈机制分析》，《现代财经》（天津财经大学学报）2012 年第 7 期，第 59 ~ 68 页。
④ 黄佳军、蒋海：《金融集聚、信息缺陷与金融风险形成机制分析》，《南方金融》2010 年第 11 期，第 31 ~ 35 页。

的形成有潜在危害性。

2. 利益主体视角

从银行信贷的视角来看，银行在众多房地产金融风险形成原因中的地位不能小觑。Hilbers 等（2001）指出房地产市场存在信息不对称、缺乏供给弹性、交易成本过高等缺陷，这些特征促使银行信贷风险流向房地产市场，反映了银行体系是房地产金融风险的重要来源。[①] 李建飞、史晨昱（2005）对我国 1994～2003 年房地产价格波动与银行信贷的变化趋势进行了研究，揭示了银行体系的健全性对抵抗房地产信贷风险的重要作用。[②] 刘宇坤（2016）指出，商业银行是我国房地产金融风险的主要承担者，银行体系承载的风险越大，越能加速房地产风险的爆发。[③] 还有学者关注银行体系自身的经济管理问题在一般性房地产金融风险形成中的作用，如曲世军（2008）指出，房地产投资的市场风险和融资信用风险高度集中于商业银行，部分商业银行和其他金融机构存在经营行为不理性和不规范问题。[④] 汪春燕（2011）同样认为，中国金融机构存在经营行为本身不理性、不科学、不规范等问题。[⑤]

关于政府对房地产泡沫的影响亦有研究，易宪容（2005）指出地方政府的支持者在房地产价格形成的博弈中充当了高房价的利益代表，通过土地垄断等方式使房价攀升。说明政府在中国的房地产利益格局中处于垄断地位，没有实现完全意义的市场化运行，这样极易

---

① P. Hilbers, Q. Lei and L. Zacho, "Real estate market developments and financial sector soundness," IMF Working Paper（2001）.

② 李健飞、史晨昱：《我国银行信贷对房地产价格波动的影响》，《上海财经大学学报》2005年第2期，第26～32页。

③ 刘宇坤：《银行体制、资本市场与房地产金融风险》，《时代金融》2016年第14期，第272～273页。

④ 曲世军：《中国房地产金融风险判断及防范体系架构研究》，东北师范大学博士学位论文，2008。

⑤ 汪春燕：《浅析我国房地产金融创新》，《当代经济》2011年第18期，第102～103页。

产生房地产泡沫，当房地产泡沫破裂时，经济将会面临巨大风险。①

有学者从房地产市场供需利益主体的博弈进行分析。杨建荣和孙斌艺（2004）利用博弈工具，在供给和需求层面建立了政府、开发商与消费者三方参与的博弈模型，得出了房地产商对供给预期过度乐观与购房者对消费预期悲观的结构性矛盾是中国房地产市场结构失衡的根本原因，而政府在房地产金融信贷的管理中有时滞性，调控政策成效并不显著，使房地产市场的结构性矛盾更加凸显，矛盾的累积势必会产生金融风险。②

3. 宏观视角

有学者关注房地产金融体系的完整性对房地产信贷风险的影响，如李健飞和王晶（2005）指出，由于专业信用合作中介机构，尤其是担保、信用保险、抵押和估价机构的缺失，使得房地产信贷风险不能得到有效分散。③ 张伟和安启雷（2009）也强调，房地产开发企业自有资金严重不足，高负债经营现象严重。一旦房地产业信贷资金链条的某一环节断开，就会引发连锁反应。④

有学者探寻宏观经济因素和制度性因素对房地产金融风险的影响，如陈洪波和王震（2006）将汇率因素作为宏观经济中的重要变量，指出汇率的变动与房地产金融风险关联性较强；两位学者还指出目前中国房地产金融的法律法规缺失，例如抵押制度的不完善对金融风险化解不利。⑤ 刘学成（2001）从周期性视角探讨房地产价

---

① 易宪容：《中国房地产市场过热与风险预警》，《财贸经济》2005 年第 5 期，第 14 ~ 21 页。
② 杨建荣、孙斌艺：《政策因素与中国房地产市场发展路径——政府、开发商、消费者三方博弈分析》，《财经研究》2004 年第 4 期，第 130 ~ 139 页。
③ 李健飞、王晶：《宏观调控背景下的房地产金融创新》，《宏观经济研究》2005 年第 3 期，第 42 ~ 44 页。
④ 张伟、安启雷：《应关注我国房地产业发展中的金融风险》，《中国税务》2009 年第 11 期，第 33 ~ 34 页。
⑤ 陈洪波、王震：《我国房地产宏观金融风险研究》，《财贸经济》2006 年第 5 期，第 11 ~ 16 页。

格波动，指出金融危机与房地产周期波动具有很强的关联性。[①]

（二）房地产金融创新风险的成因

1. 金融产品创新视角

有学者认为，金融创新带来的证券化是房地产金融创新风险扩大的重要原因。Mian 和 Sufi（2009）指出，证券化加剧信贷扩张与房价泡沫最终破灭有关。[②] Diamond 和 Rajan（2009）认为，过度的金融创新通过证券化导致房地产业资本配置不合理，从而加剧利率变动给房地产市场带来的影响。虽然证券化在传导利率对房地产市场的冲击中具有重要作用，证券化使银行可以将风险分散到其资产负债表以外，但这也导致了银行风险偏好的增加。[③] Keys 等（2010）发现证券化导致贷款人怠于对借款人的筛选。[④] Agarwal 等（2011）认为，证券化对信贷市场的某些方面具有积极效果。[⑤] 李兰英和李伟（2012）在研究中对部分学者认为"推动房地产贷款资产证券化对分散和预防房地产风险有益"这一解释持怀疑态度。他们以美国次贷危机为例，认为资产证券化具有双刃性，既能分散房地产金融风险，也能通过金融创新的渠道将金融风险范围扩散。Khandani 等（2013）分析了抵押贷款市场中再融资业务增加、利率下降、资产价值上升的相互作用导致家庭杠杆增加的棘轮效应。这三种趋势单独考虑时，在系统上是中立或正向的，但当它们同时出现时，结果会显著不同。在房价上升、利率下降期间，以及随着再融资市场的竞

---

① 刘学成：《国外房地产周期研究综述》，《中国房地产》2001 年第 4 期，第 9～12 页。

② Mian A., Sufi A., "The consequences of mortgage credit expansion: Evidence from the US mortgage default crisis," *The Quarterly Journal of Economics* 4 (2009), pp. 1449 – 1496.

③ Diamond D. W., Rajan R., "The credit crisis: Conjectures about causes and remedies," National Bureau of Economic Research (2009).

④ Keys B. J., Mukherjee T., Seru A., et al., "Did securitization lead to lax screening? Evidence from subprime loans," *The Quarterly Journal of Economics* 1 (2010), pp. 307 – 362.

⑤ Sumit Agarwal, Gene Amronmin, Itzhak Ben – David, et al., "The role of securitization in mortgage renegotiation," *Journal of Financial Economics* 102 (2011), pp. 559 – 578.

争和效率不断增加，现金不足再融资就像个棘轮，它随着房地产价格的上升而逐渐增加了家庭的杠杆，而没有相应地增加房地产价格下降时杠杆降低的能力。这种棘轮效应是金融体系中新类型的系统性风险，它不取决于任何功能失调行为。[①] 束庆年（2008）认为，房地产金融创新风险是由系统内金融业务创新、监管制度老化、组织结构演进与创新环境变化等因素共同引起的。[②] 杨涛（2007）指出，在金融产品创新领域中存在的两类问题容易带来风险膨胀，一是金融创新的基础资产质量差，二是金融创新技术滥用，即过度复杂化和脱离实际的风险收益。[③]

2. 金融创新的发展引发新的金融风险

也有学者指出，房地产金融创新会引发一些新的金融风险。房地产金融创新带来的风险也不容忽视，美国次贷危机就是一个最为典型的例子。美国次贷危机爆发后，众多学者开始反思房地产金融创新与金融风险之间的关系问题，对房地产金融创新的表现指责之声不断扩大。如 Reinhart 等（2008）认为，房地产金融创新的过度导致房地产信贷资产泡沫和负债急剧增加，并扩大了风险。[④] 雷良海和魏遥（2009）认为，美国次贷危机是由信用风险不断累积成的信用危机和国际资产价格下跌导致的资产价格危机共同组成。其中以资产证券化为代表的金融创新工具滥用成为加速风险聚集并最终导致风险的"帮凶"。[⑤] 汪小燕（2009）指出，衍生产品的创新与结构

① Amir E. Khandani, Andrew W. Lo, Robert C., "Merton. Systemic risk and the refinancing ratchet effect," *Journal of Financial Economics*108（2013），pp. 29 - 45.

② 束庆年:《对次贷危机爆发后中国房地产金融创新的思考》,《南方金融》2008 年第 9 期,第 10 ~ 14 页。

③ 杨涛:《所有金融危机背后都有金融创新影子》,《上海证券报》2007 年 12 月 6 日。

④ Reinhart, Carmen M and Kenneth S. Rogoff, "This Time is Different: A Panoramic View of Eight Centuries of Financial Crises," *Annals of Economics and Finance* 2（2008），pp. 1065 - 1188.

⑤ 雷良海、魏遥:《美国次贷危机的传导机制》,《世界经济研究》2009 年第 1 期,第 24 ~ 31 页。

性金融产品的创新使信用风险在资本市场、信贷市场之间转移与扩散。[①] 任伟等（2008）认为，金融创新可以在微观层面上分散和降低风险，在宏观上只能将风险从避险方转嫁给风险偏好方，只是重新组合风险与收益，没有将系统内的风险消除；金融市场不可避免地存在投机行为，衍生产品的两大优势——较高的流动性与杠杆效应使金融市场受到更大的波动与冲击。[②]

三　房地产金融风险的传导

国内外对房地产金融风险的传导研究主要涉及两个方面：一是房地产金融风险的传导路径，二是房地产金融风险的传导领域。

（一）房地产金融风险的传导路径

何德旭和郑盛联（2008）认为，金融危机通过信息渠道和流动性渠道传导至一个行业、经济体及其他地区。[③] 张明（2007）在分析美国次贷危机的传导路径时发现，金融风险从金融市场传导至实体经济，是因为资产价格的泡沫破灭通过消费和投资两个渠道严重阻碍了美国经济的增长。[④] 李蕾和魏岗（2013）把房地产金融风险的传导描述为从房地产资产价格下降→借款人资产缩水→抵押产品出现风险→银行资产质量下降→银行体系流动性风险→系统性金融风险的过程。[⑤] 邹瑾（2010）通过研究发现，我国房地产金融风险的传导与国外相比有一定的特殊性，除了一般性的房地产风险向银行风险的直接传导外，政府在房地产市场中扮演着负债的角色，容

[①] 汪小燕：《金融创新工具风险的形成及其防范》，华东师范大学硕士学位论文，2009。

[②] 任伟、唐丽丽：《浅析金融创新条件下的金融风险管理》，《黑龙江对外经贸》2008 年第 12 期，第 44～46 页。

[③] 何德旭、郑联盛：《从美国次贷危机看金融创新与金融安全》，《国外社会科学》2008 年第 6 期，第 21～31 页。

[④] 张明：《次贷危机的传导机制》，《国际经济评论》2008 年第 4 期，第 32～37 页。

[⑤] 李蕾、魏岗：《房地产金融风险的传导及防范》，《河北金融》2013 年第 7 期，第 17～20 页。

易发生房地产风险→财政风险→金融风险的间接传导路径。①

(二) 房地产金融风险的传导领域

房地产金融风险的传导领域通过一定的路径传导到银行系统、宏观经济系统和土地财政领域。张原和朱梦昕 (2015) 认为银行体系爆发的金融风险主要体现在两个方面：一是信用风险会在银行内部各部门传导，当银行无法全部收回贷款时产生不良贷款时，会对银行的资产质量产生负面影响，也会使银行面临不能按时偿还债务的风险。二是银行系统作为信用中介将风险传导至其他金融机构。例如，银行同业支付清算系统出现的问题会波及相关所有银行，产生流动性危机。② 房地产金融风险也会对宏观经济系统产生冲击，主要对消费、投资产生影响。对此关注的研究较多，如杨俊杰 (2012) 基于真实经济周期模型从微观角度研究房地产价格对宏观经济的作用机制，他认为短期内房地产价格上升会减少消费，抑制投资的增长，对经济的健康稳定发展十分不利。此外短期内，房地产价格波动引致的宏观经济波动需要一段时间才能完全消失。一些学者在对我国房地产金融风险的研究时发现，政府的土地财政领域也正面临着被金融风险波及的情况。③ 李兰英和李伟 (2012) 认为，商业银行、地方政府、房地产开发商三者的利益关系是房地产金融风险向土地财政传导的关键，且在传导体系中形成了相互传递的利益链条：房地产市场价格下行，房地产开发商拖欠银行贷款导致房地产金融风险的直接传导链条和地价下跌导致开发商无力向政府支付税费引

① 邹瑾：《关于市场化手段化解我国房地产金融风险问题研究》，西南财经大学博士学位论文，2010。

② 张原、朱梦昕：《开放条件下金融风险传导：条件、路径与机制》，《财会通讯》2015 年第 2 期，第 113 ~ 115 页。

③ 杨俊杰：《房地产价格波动对宏观经济波动的微观作用机制探究》，《经济研究》2012 年第 S1 期，第 117 ~ 127。

发的地方债务风险的间接传导链条。①

四　房地产金融风险的防范

房地产金融风险防范的对策主要有两个：一是风险防范，也就是在房地产金融风险前，采取积极主动的措施避免风险的发生，防患于未然。二是风险控制。风险控制是一种事后策略，也就是在房地产金融风险发生以后，在房地产市场和宏观经济受到房地产金融风险冲击的情况下，采取系统性策略来加以控制。控制的目标是要抑制房地产金融风险扩大并减少风险危害，最终平复已经出现的房地产金融风险。从目前的研究文献看，已有研究主要集中于第一个方面。目前关于房地产金融风险防范的研究呈现多样化特征，具体体现在宏观调控、金融监管、银行体系及金融创新四个方面。

（一）　宏观调控方面

加强宏观调控能够防范房地产金融风险，这一观点得到了众多学者的支持。喻建齐（2007）认为，防范房地产金融风险，要在建立完善防范房地产发生周期波动的宏观调控机制基础上，努力解决房地产金融过度依赖银行信贷融资问题。② 王重润（2006）认为，防范房地产金融风险需要不断完善外部环境。③ 韩伯棠等（2011）则提出，要完善房地产金融相关的法律体系，通过法制手段的调控努力降低违法违规行为的发生。④

---

① 李兰英、李伟：《我国房地产金融风险向土地财政风险传导的博弈机制分析》，《现代财经》（天津财经大学学报）2012 年第 7 期，第 59 ~ 68 期。
② 喻建齐：《中国房地产金融风险分析及防范》，武汉理工大学硕士学位论文，2007。
③ 王重润：《房地产融资结构与金融风险研究》，《中国房地产金融》2006 年第 9 期，第 9 ~ 13 页。
④ 韩伯棠、程嘉许、周毕文：《商业银行房地产金融流动性风险分析研究》，《北京理工大学学报》（社会科学版）2011 年第 1 期，第 23 ~ 27 页。

（二）金融监管方面

很多学者认为，房地产金融风险防范离不开完善的金融监管体系和方法。Eichengreen 和 Portes（1987）认为，强有力的金融监管和健全的体系框架有助于降低与信息不对称相关的道德风险，从而稳定金融市场。[①] 在各种金融监管措施中，《巴塞尔协议Ⅱ》中最低要求数量的资本监管、政府监管权力的程度和私营部门对银行的监控三方面的内容是最常见的。Barth 等（2004）在此基础上进一步扩展了归类，额外增加了四个监管措施：银行活动限制、银行业进入限制、资产和负债分散化指引以及银行的政府控制。[②] 邓彪（2012）针对中国房地产金融监管制度的缺陷，提出了以防范银行系统性风险为目标的房地产金融监管制度，一是重视房地产金融监管的指标化要求，并引入逆周期监管措施；二是落实房地产金融监管的责任制度；三是建立房地产金融监管的预警制度。[③] 为了控制银行房地产信贷风险，孙超（2013）提出健全个人信用监控机制、建立抵押物价值监测系统、完善房地产行业风险预警、发展和创新风险转嫁技术、引入第三方监督评估机制等房地产金融风险监管措施。[④] Kim 等（2012）说明了监管对银行业和外汇市场影响的复杂机制，认为监管措施的正确实施对金融稳定性至关重要。[⑤] 张影强（2014）认为，防范房地产金融风险要注重风险的监测与监管，如强化银行房贷风险压力测试，高度关注重点区域与重点企业的风险并及时释放，建

[①] Eichengreen B., Portes R., "The anatomy of financial crises," NBER Working Paper (1987).

[②] 载于高国华、潘英丽《资本监管、市场约束与政府监督——银行监管政策组合与权衡的实证研究》，《世界经济研究》2010 年第 8 期，第 16~21 页。

[③] 邓彪：《基于银行系统性风险防范的我国房地产金融监管研究》，湖南大学硕士学位论文，2012。

[④] 孙超：《新形势下银行房地产信贷风险控制问题分析》，《商业时代》2013 年第 14 期，第 61~62 页。

[⑤] Teakdong Kim, Bonwoo Koo, Minsoo Park, "Role of financial regulation and innovation in the financial crisis," *Journal of Financial Stability* 4 (2013), pp. 662-672.

立房地产风险预警制度，建立房地产风险应急处置联动机制。[①]

（三）银行体系方面

从银行体系加强风险防范是化解房地产金融风险的重要手段。张伟和安启雷（2009）指出，防范房地产的金融风险需要提高银行房地产贷款的流动性和安全性，分散集中于银行体系的信用风险。[②]崔巍、朱勇和严深（1999）认为，为防范房地产金融风险，需要理顺国有商业银行的产权关系，建立责任权利对称、具有内在活力和自我约束机制的商业银行制度；有效配置银行资本，提高银行房地产贷款资产的质量。[③]薛建改（2011）认为，中国房地产金融机构（主要指商业银行）应继续完善现有企业制度，提高从业人员与管理者的专业素质，以防范房地产金融风险。[④]王重润（2006）进一步指出，真正影响房地产金融风险的潜在因素是银行体系的脆弱性，所以防范房地产金融风险要从提高银行资产流动性入手。[⑤]

（四）金融创新方面

费淑静（2009）通过借鉴美国 REITs 的发展经验，指出 REITs 的健康发展能够平衡房地产金融创新与风险控制的关系。[⑥]曾龙（2010）指出，要防止住房金融风险拖累整个金融体系，就必须依赖住房金融市场的金融创新，正确运用金融创新产品，增加金融衍生产品风险的透明度，避免金融创新技术的滥用，把握好金融创新的

①　张影强：《建立多层次房地产金融风险分担体系》，《中国证券报》2014 年 6 月 4 日。
②　张伟、安启雷：《应关注我国房地产业发展中的金融风险》，《中国税务》2009 年第 11 期，第 33～34 页。
③　崔巍、朱勇、严深：《住房制度改革新阶段中的金融问题研究》，《金融研究》1999 年第 3 期，第 65～72 页。
④　薛建改：《谈房地产金融风险防范与制度创新》，《商业时代》2011 年第 27 期，第 83～84 页。
⑤　王重润：《房地产融资结构与金融风险研究》，《中国房地产金融》2006 年第 9 期，第 9～13 页。
⑥　费淑静：《房地产投资信托基金发展的国际经验及对我国的启示》，《理论学刊》2009 年第 7 期，第 55～58 页。

力度。[①] Jenkinson 等（2008）指出，房地产金融创新战略在设计和内容上应更加透明，从而易于监测并降低信息成本，从而分散金融风险。[②]

通过回顾已有的研究文献，可以发现国内外学者关于房地产金融创新及风险防范的相关研究已经形成了较多成果，对实践的指导作用也比较明显。但是已有的研究成果仍存在着一定的不足及需要进一步深入研究的问题，一是关于房地产金融创新与房地产金融风险的内涵界定问题，二是关于房地产金融创新与金融风险间的辩证关系问题，三是金融危机与金融风险的联系与差异问题，四是关于定性分析与定量分析的有机结合问题，五是关于国外房地产金融创新和风险防范经验与中国实际的结合问题。

1. 关于房地产金融创新与金融风险的内涵界定

房地产金融是以房地产为载体、以金融业为支撑、涉及经济社会多领域的一种交叉产业业态，其创新内涵具有一定的复杂性，对其进行合理界定是保证研究结论准确性的基础与前提条件。通过以上文献对房地产金融及金融创新内涵的阐述，以及学者们对房地产金融创新的研究总结，目前学者们关于房地产金融创新内涵的界定并不统一，不利于后续研究的深入。借鉴现有的研究成果并结合实际，我们可以从四个层面来理解房地产金融创新的内涵。一是在终端层面的房地产金融创新是指房地产金融体系和金融市场中出现了新的金融产品或金融工具。二是在组织层面的房地产金融创新是指房地产金融体系和金融市场出现了新的金融组织或机构。三是在市场层面的房地产金融创新是指作为房地产金融机构与产品创新的载体，房地产金融市场出现了改良或新的市场形态。四是在宏观层面

① 曾龙：《中国住房金融风险分析及防范机制研究》，武汉大学博士学位论文，2010。
② Jenkinson N.，Penalver A.，Vause N.，"Financial innovation – what have we learnt," *Bank of England Quarterly Bulletin* 3 （2008），pp. 330 – 338.

的房地产金融创新是指房地产金融体系中出现了新的金融制度与政策。

关于房地产金融风险的内涵，尽管不同的学者有不同的视角，但多数学者是从广义上来界定其内涵的。考虑到房地产金融风险的周期性、高传导性、系统性、隐蔽性、全局性等突出特征，本书倾向广义上的房地产金融风险内涵界定，即房地产金融风险是指整个房地产金融体系面临的所有不确定性，包括房地产金融业务或产品风险、房地产金融组织或机构风险、房地产金融市场风险、房地产金融制度与政策风险。同时，考虑到本文主要是研究房地产金融创新与风险防范，因此房地产金融风险也应包括房地产金融创新为整个房地产金融体系带来的新风险。

2. 关于房地产金融创新与金融风险间的辩证关系

从前文的文献综述可知，房地产金融创新在促进资金流通及扩大社会福利等方面的积极效果已经得到社会的广泛认可。但是，对于房地产金融创新是分散了金融风险还是导致风险集聚的问题，学者们仍然存在较大分歧。实际上，研究房地产金融创新与金融风险之间的关系，一方面可以作为发展房地产金融创新的重要理论依据，而另一方面也将有助于正确认识房地产金融风险，设计出更好的风险防范措施。无论从理论还是实践出发，过度担忧由房地产金融创新所带来的风险问题是不必要的，房地产金融创新本身就是一个资金集聚和转移的过程。从资金集聚而言，资金必然会集中到房地产行业，造成房地产行业的信贷、利率等风险的扩大。从资金转移的角度看，房地产金融创新也必然导致风险从某一主体过渡到另一主体。因为房地产金融创新的过程实际上也是一个风险转移和风险分散的过程，不必过多关注房地产金融创新对某一特定主体的风险增加，而应关注金融链条中哪个环节的风险过于集中，可能由于风险积聚而造成金融链条的断裂。对房地产金融创新的评价也应该以有利于降低整体的金融风险为评判标准。如果考虑到房地产金融创新的程度与次序问题，可以认定适度与按一定次序推进的房地产金融创新具有降低与分散金融风险的功能。

3. 金融危机与金融风险的联系与差异

金融风险与金融危机都会对金融体系的稳定产生破坏与危害，而金融体系的健康发展又为市场经济保驾护航，因此必须增强对金融风险的防范与金融危机的警惕意识。金融风险与金融危机之间有很强的关联性，金融风险具有普遍性，在金融活动中都有可能产生金融风险，但是不一定会转化金融危机。金融危机是金融风险持续性爆发、累积和扩散的结果，是金融风险的集中体现。如果金融风险的承受度低，扩散开来的时候没有及时化解，政府也没有及时给予保障与支持，那么金融风险就会演变成金融危机。金融风险与金融危机也有不同之处。金融风险是一种可能性的损失。金融危机是现实性的损失；金融风险产生于局部，如金融机构的信贷风险、流动性风险等，如果及时防范和解决，金融风险的消极影响会在可控范围之内；而金融危机具有全局性，表现为多项金融指标表示经济运行困难，资产价格暴跌，金融机构经营陷入困难，金融体系濒临崩溃并严重冲击实体经济领域。

4. 关于定性分析与定量分析的有机结合

基于文献回顾可以发现，无论是对房地产金融创新问题研究，还是对房地产金融风险及其防范问题的考察，多以定性分析为主，尤其是国内学者对房地产金融创新与金融风险关系问题的实证研究罕有论及。虽然国内也有少量的实证研究涉及房地产金融创新问题，并建立了房地产金融风险防范体系，但在数据选取上，也仅仅是简单地借鉴国外的定量分析方法，对小样本数据进行定量分析，没有充分考虑样本的代表性和数据的覆盖范围，其研究结论的可靠性不高、可操作性不强。对于探讨房地产金融创新与金融风险关系问题，既需要理论层面的高屋建瓴，厘清两者之间的辩证关系，也需要以实证分析验证两者之间的复杂关系。只有得到实证分析的检验才能佐证理论分析的真伪，进而通过理论指导实践，确定通过房地产金融创新去降低房地产金融风险的具体方案和措施。

5. 关于国外房地产金融创新与风险防范经验与中国实际的结合

从国内的相关研究成果中不难发现，现有国内研究多是在借鉴国外相关金融发展理论、风险防范理论及房地产金融创新实践的基础上形成的，没有充分考虑中国的具体实际情况。因此，当前需要在客观准确地了解中国房地产金融创新现状的基础上，合理借鉴国外成熟研究方法，根据中国的实际有针对性地建立自己的实证研究指标体系与分析框架，准确测度房地产金融创新与金融风险之间的关系，建立起科学的风险预警机制，并采取切合实际的房地产金融创新对策。

第三章

房地产金融创新与金融风险关系的模型分析

作为资金密集型产业，房地产业的发展对金融高度依赖，金融在房地产市场开发、建设、经营、流通、消费等各个环节中均发挥着重要的作用。因此，如何处理好房地产金融创新与金融风险之间的关系，既是确保房地产业健康、稳定发展的关键所在，也是确保金融体系安全性的重要课题。

本章将从理论视角梳理房地产金融创新与金融风险的关系，沿着从微观到宏观的思路分析房地产金融创新对金融风险的影响。第一节将在分析金融创新与金融风险关系基础上，力图理清两者之间的内在逻辑；第二节将通过构造一个局部均衡模型，给出房地产金融创新与金融风险之间的规范形式分析，并据此展现房地产金融创新对金融风险影响的逻辑路径。

第一节　金融创新与金融风险的关系

根据熊彼特（1912）的定义，创新是指新的生产函数的建立，也就是企业家对企业要素进行新的组合。金融创新是这一过程在金融领域的具体表现，即通过创造新的金融体制以及使用新的金融工具，达到提高利润，更好地实现金融供求平衡的过程。金融创新的目的包括对更高利润的追求，也包括对现有制度性约束的规避，更包括对既有市场风险的管理。例如，期货市场的建立能够有效对冲商品或其金融资产跨时消费风险，保险产品的创新则在更大范围内分散了居民日常活动的潜在风险，等等。可以说，适度的金融创新能够有效分散金融风险。此外，金融创新是在原有金融体系基础上进行资源的重新组合与配置，可能导致新的不确定性出现。也就是说，金融创新虽然以降低风险为目的之一，但也可能导致新风险的产生。例如，担保债务凭证（Collateralized Debt Obligation，简称CDO）、信用违约互换（Credit Default Swap，CDS）等金融工具是以在更长链条、更大范围分散风险为初衷的，但却可能导致在信贷链条传递过程中系统性风险的累积，并造成更加巨大的市场破坏效果。诚然，我们不应将美国次贷危机的原因统统归咎于金融创新，但也应注意到，金融创新一旦脱离实体经济需要和金融市场的承载能力，其破坏作用将是内生性的。总之，金融创新与金融风险互相影响，共同构成金融发展图景中内在矛盾的重要方面。

20 世纪 70 年代，西方国家战后黄金增长期的结束，加之石油危机等外在因素的冲击，全球经济增长陷入困境。"滞涨"的出现打破了维系战后西方世界经济基本原则凯恩斯主义的统治格局，经济政策自由化的复兴运动此起彼伏，并波及西方社会生活的各个方面。在这场复兴自由主义的运动中，金融首当其冲，放松管制成为金融自由化运动的主要呼声。金融创新作为突破管制的基本途径之一，迅速成为金融行业的潮流。风险投资、衍生品交易等金融创新开始出现，进入 80 年代，美国放松金融管制进一步促进了金融创新，利率互换、货币互换、零息债券、股指期货、抵押债券等创新品种纷纷登场，成为金融市场的新宠。自 20 世纪 90 年代以来，以金融工程为代表的金融技术化运动更是将金融创新推到极致，大型复杂工具不断产生，金融市场进入一个以创新为驱动的市场阶段。与金融产品创新相映成趣的是金融管理制度的创新，以美国 1999 年颁布的

《金融服务现代化法案》为标志，西方发达国家对金融自由化的态度从默许转为首肯，进一步刺激了金融工具创新。同时，与金融自由化相伴而生的是经济全球化。经济全球化既是落后国家为寻求经济发展主动融入世界经济舞台的产物，也是发达经济体的发展经验及价值观念向全球推广的结果。从"华盛顿共识"到"北京共识"，发展路线虽有争议，但世界经济的整体性不断增强却是无法回避的结果。金融自由化既是经济全球化的结果，同时也是经济全球化的重要推力。在美国等发达经济体的推动下，放松金融管制、促进金融创新成为广大发展中国家的共识，金融制度和金融工具的趋同化倾向十分明显，深刻影响着全球金融业的发展。

自金融自由化以来，不和谐音符从未消失。20 世纪 80 年代的拉美债务危机、90 年代频现的局部货币危机都不断给金融自由化提出警告，但并未从根本上撼动这一趋势。如果没有 2007 年美国次贷危机及其引发的全球金融危机，金融自由化的破坏性可能仍无法引起人们的反思。次贷危机爆发以来，围绕金融自由化、过度金融创新、金融市场固有矛盾的讨论甚嚣尘上，为人们更加客观地认识金融创新与金融风险的关系提供了鲜活的素材。在本轮危机中，过度依赖货币市场的短期资金、Mark to Market（MTM）记账方法、以 Var 为基础的资产负债管理模式等金融工具及管理模式创新扮演了十分重要的角色，而以资产证券化为代表的金融衍生品过度开发则起到了掩盖并传播风险的重要作用。次贷危机告诉世人，金融创新既扮演着局部过于集中的风险分散者与金融发展推动者角色，也充当着金融风险传播，特别是系统性风险蔓延的障目之叶。那么，如何处理好金融创新与金融风险关系，如何在享受创新成果的同时避免陷入创新的风险陷阱，成为各国金融发展过程中必须解决的问题。这也对从理论角度分析两者关系提出了新需求。

一　金融市场层面金融创新与金融风险的关系

金融创新包括金融工具或产品创新、金融机构创新、金融市场创新、金融制度与政策创新等多个方面，其中金融市场创新无疑是金融创新中的重要载体。因此，人们对金融创新与金融风险的关注也更多地聚焦于微观市场层面的考察，注重从金融创新对微观市场结构及对市场主体影响等角度展开研究。从微观角度看，主流研究结论倾向于认为金融创新，特别是金融工具的创新对于控制（或者说至少是分散）局部集中的金融风险具有积极意义。

从金融市场的角度看，金融创新能够为市场主体提供更多的风险管理工具，并有利于降低金融交易成本，增强市场的流动性，因而主流研究倾向于认为金融创新对金融风险管理是有利的。Markowitz（1952）首先从资产组合的角度论证了投资风险与收益之间的关系，认为在理性驱动的市场均衡条件下，投资组合的改进可以让投资者在投资收益给定的情况下，实现风险最小化。这意味着，有效推出与现有基础资产不完全相关的金融工具，有利于降低投资者的投资风险。Sharpe（1964）在资产组合理论基础上，加入无风险资产，扩充了资产组合选择的范围，并将投资的有效前沿进一步修正，从而在市场均衡的角度上给出了资本资产的定价工具。根据分离定理，投资者的资产选择行为可以简化为是在无风险资产和风险资产组合之间的战略问题。资本资产定价模型（CAPM）虽然并非直接论证金融创新与风险的关联，但其隐含地说明了专业投资机构存在的意义。当专业机构创设的投资组合能够有效地逼近风险资产组合前沿时，投资者不必在不同风险资产的选择上花费心思，因而面临更加宽松的投资约束，能够更加有效地控制风险。Black 和 Scholes（1973）的期权定价模型为期权价格确定提供了基本完善的理论解，并促进了期权市场的发展。显然，期权作为一种新型风险管理工具，有利于通过交替使用实现风险对冲，进而为降低市场风险提供了条件。其后，关于金融创新如何分散金融风险逐渐成为学术研究所关注的问题，且基本上都聚焦于如何解释金融创新对风险控制的作用上。

从微观角度看，一是金融创新的作用主要体现在风险分散方面。一方面金融创新有利于金融市场主体对价格风险与信用风险的转移（国际清算银行，1986），通过新金融工具创设提供的价格对冲和信用增进，金融风险得以有效地分散（Van Horne，1985）。[1] 另一方面，金融创新有利于金融风险在不同市场范围与金融主体间的配置，进而有利于实现投资主体风险偏好的匹配（Tufano，2002）。二是金融创新有利于降低由于市场不完善所导致的操作方面的风险。交易成本的存在降低了市场效率，尤其是代理成本的存在容易导致委托—代理问题而引发的道德风险，而金融创新对交易成本降低的贡献间接地控制了风险。金融创新可以通过更加良好的市场机制与信息匹配等途径，降低市场主体的机会主义倾向，有助于缓解代理风险（Ross，1989）。[2] 金融创新还意味着新技术在金融交易中广泛使用，进而降低了金融市场的交易成本（Niehans，1983）。[3] 三是金融创新有利于增进市场的流动性，从而为存量风险的对冲找到更好的途径，为资本在实践和空间维度的优化配置提供了条件（Merton，1992）。金融创新的流动性增进效应可以增强资产的流动性，为在更大范围内分散风险提供途径（Finnerty，1992）。

当然，对金融创新可能导致宏观层面金融风险关注不足是在金融危机出现之后学界不得不面对的事实。如果说之前发生在拉美、

---

[1]　Van Horne J. C., "Financial Innovations and Excesses," *Journal of Finance* 15 (1985).

[2]　Ross S. A., "Presidential Address: Institutional Markets, Financial Marketing and Financial Innovation," *Journal of Finance* 3 (1989), pp. 44.

[3]　Niehans J., "Financial innovation, multinational banking, and monetary policy," *Journal of banking and Finance* 4 (1983), pp. 537 – 551.

东亚、俄罗斯等地的局部金融危机并未引起学界充分注意的话，美国次贷危机的全面爆发则充分暴露出现有研究对金融创新与宏观金融风险关系认知的缺乏，因而有必要在学术层面引起关注。金融创新可能引发系统性风险也得到了一定的关注，金融过度创新后的流动性泛滥所引起的风险被广泛认为是导致次贷危机的重要原因之一（BIS，2008）。这可以更多地从宏观风险角度进行解读。

二　宏观层面金融创新与金融风险的关系

早期的宏观层面研究倾向于认同微观市场角度的结论，认为金融创新对于整体金融市场的稳定性是具有积极推动作用的（Miller，1986），因而对宏观经济的稳定性也具有促进作用（Merton，1992）。然而，20世纪90年代以来频发的局部金融危机却对这样的认识提出了挑战。即便从微观角度看，金融创新的确在一定程度上有利于市场主体的风险管理，但加总后的宏观总体却并非遵循完全相同的逻辑。因而，沿袭微观角度思路得出的结论就显得过于乐观（Tufano，2002）。风险的存在是客观的，即便市场中出现了各类创新性金融工具，但不确定性不可能被消除。金融创新对风险管理的贡献主要在于对冲和分散风险，而不是消灭风险。在经济全球化背景下，各经济体金融市场之间的关联日益紧密，金融创新在局部市场所解决的风险问题可能通过资本流动转移到其他金融市场之中。金融风险的爆发形式也随着金融体系的复杂化而日趋变幻莫测。美国次贷危机爆发后，针对金融创新与宏观金融风险的研究得到更多重视，其研究角度也更加注重系统性。金融创新与金融系统的脆弱性关系得到关注。金融创新通过工具创设、机制创新、市场整合等途径，大大增加了金融市场的复杂性，形成了不同领域金融市场、不同层级金融市场和不同区域金融市场的高度联动，金融市场中局部风险可能通过网络效应而快速蔓延至整个市场。因此对于大而复杂的系统，其脆弱性是显而易见的。例如在次贷危机中，肇始于房地产市场的违约风险通过资产证券化传导至债券市场，进而通过金融机构的资产配置传导到其他金融资产市场，经由机构的融资效应传导到货币市场，最终通过华尔街的市场传导到全球。Reinhart 和 Rogoff（2008）详细分析了在次贷危机中，由于金融市场的联动性增强而导致的市场整体脆弱性上升的问题。次贷危机的爆发还暴露出结构化金融产品造成的市场权责匹配错位，进而可能引发市场主体的机会主义行为。另外，市场结构复杂化以及在金融产品衍生链条延伸的过程中，信息效率下降，甚至出现人为导致信息失真情况而引起金融结构脆弱性提升的现象。导致市场脆弱性上升的因素还有市场主体对价格的敏感程度，显然，金融创新导致金融工具日益复杂，使其价格决定的过程不易理解，这会造成市场参与者对此类交易工具价格变化更为敏感。杠杆化金融工具对价格敏感性的放大也大大增加了市场的脆弱程度。可见，宏观层面市场的脆弱性实际上来自金融创新对微观市场结构的影响，在局部范围内看，这些市场风险似乎是可控的，但市场整体的脆弱性也随之上升，并可能造成致命的危机。

宏观金融风险除了体现在市场脆弱性上升外，还意味着一旦风险集中爆发，可能会迅速在很大范围内传播，降低了全局性金融体系的稳定性。金融创新除了在微观市场中发挥作用外，还会加强不同市场之间的关联程度。作为一种整合的力量，金融创新不断通过新的工具和途径加深金融市场之间的资本流动性关联和结构性关联，金融风险在不同市场的扩散往往缺乏足够的防火墙。BIS（2008）认为，金融危机在不同市场的扩散是通过资金流动渠道以及信息传播渠道完成的。从资金流动渠道看，金融市场有别于一般商品市场的关键特征在于价格形成机制完全不同。在一般商品市场中，供求变化的过程相对稳定，并遵循均衡价格形成背后的负反馈效应。而在金融市场中，供求转化异常迅速便捷，导致均衡价格无法达成。同时，由于供求关系与价格之间的正反馈效应存在，价格的随机性十分明显，这正是金融市场更容易形成泡沫的原因。不同市场的资金流动，原本就不存在稳定均衡机制的局部金融市场更容易与其他市场之间形成联动，造成一荣俱荣、一损俱损的局面。在流动性充裕阶段，资金很容易流向整个金融体系，带来繁荣和发展；而当局部市场发生危机时，资金回流效应会将其他市场也拉入衰退的循环中，形成市场扩散。因此，金融创新提高了各个市场间的流动性，同时也增加了风险扩散的可能性。从信息传播渠道看，市场参与主体很难在完全信息的情况下通过遵循理性原则确定在市场中的交易行为。金融创新通过信用创造、风险收益切割重组等技术，造就了更长的信用链条和更为紧密的交易关系，但却无法保证在这一链条上信息不存在衰减，参与主体不存在懈怠。如果在信用链条拉伸过程中，信息衰减且参与主体也并非工于心计地遵循最大化原则行事，其结果是显而易见的，基于理性预期所构造的市场均衡将无法实现。信息损失导致交易的盲目性和市场主体对价格波动过敏，会加重市场脆弱的程度。Grossman 和 Stiglitz（1980）便直接指出，由于信息成本的存在，市场效率和竞争性均衡无法同时达成。即便在一个完全有效的市场上，投资者的最优决策也是从众而非主动出击，因为进攻性投资策略是徒劳的。金融创新如果无法解决信息失真与信息成本的问题，即便可以提高市场效率，也无法解决市场均衡的稳定性问题，因而对规避金融风险至少是无能为力的。

从实际市场运行看，金融市场参与主体的非理性行为会加剧金融创新对市场风险扩散的影响。Eichengreen 和 Donald（1998）认为，在金融市场存在制度性不完备的情况下，攻击性投机资本会在市场投资者羊群效应的帮助下，实现攻击性套利活动，从而引发被攻击市场的危机，东南亚金融危机即是如此。过度的金融创新可能导致信用非理性扩张,形成泡沫并破灭后,金融体系将面临资本逃离带来的崩溃(Minsky,1992)。

当然,金融创新并非一定导致宏观金融风险,部分研究结论表明,金融创新对金融风险的影响并是非线性的,而可能存在阈值,创新一旦突破实体经济和金融市场所能承受和控制的范围,金融创新的积极意义就可能被破坏性所取代。Dynan(2005)和 Jerman(2006)的研究认为,在基本面情况处于稳定的状态下,金融创新将赋予金融市场更大的弹性,并对实体经济有利;反之,当基本面出现恶化时,金融创新则可能增加金融系统的风险,并可能危及实体经济。综合来看,无论是拉美危机、墨西哥危机、东南亚危机,还是美国次贷危机,金融系统的危机基本上都是以基本面恶化为背景的。在东南亚危机中,受攻击国家基本上都是面临生产率及竞争优势的弱化,同时又过快地完成了金融自由化过程。所不同的是,次贷危机肇始于美国房地产市场的去泡沫化过程,金融创新并非体现在金融自由化,而是反映在其对大量出现的信用衍生品风险的掩盖上。因而,金融创新对金融风险的作用与基本面的变化有很大的关系。

对金融创新与金融风险关系相对全面的看法认为,两者之间存在着动态平衡关系。Eduardo Aninat(2002)指出,金融创新与金融稳定存在互动平衡的动态关系。该关系的存在意味着从宏观层面看,金融创新与金融风险的关系是在限定外生给定条件情况下的弱势均衡。在经济环境稳健的情况下,金融创新引致的风险是可控的,且有利于金融效率提升,进而提升金融对实体经济的作用。然而,当外生的经济环境不利时,金融创新的泡沫化效应会从隐性转为显性,并可能带来金融市场的风险上升。因而,金融创新对金融风险的宏观效应是有条件的内生化关系。同样的研究结论还来自 Gai、Milland 和 Perez(2008),他们从一般均衡的角度出发,论证了金融创新带来的金融进步导致系统性危机的潜在风险。其结果发现，该关系依赖于宏观经济基础和经济周期阶段，即对发达经济体而言，在其宏观经济稳定时期，金融创新有利于金融风险特别是系统性金融风险的控制，但存在着酝酿危机的可能，因为稳健的宏观经济可能掩饰了潜在风险。这些潜在的系统性风险会在危机触发后变为显性风险，并造成更大的破坏性。

动态平衡或条件依赖的结论具有一定的启发意义，同时也符合实际金融危机发展的直觉。我们可以更为直接地将其理解为经济繁荣对金融风险的掩盖以及物极必反的泡沫破灭的必然性。反过来说，结论也可以理解为金融创新如果可以消除泡沫生成的机制，则其对系统性金融风险的控制将起到作用，如果不能，则可能成为新一轮系统性风险的帮凶，因而其作用也并非简单的线性关系。

三　金融创新影响金融风险的机制

总结前文，金融创新与金融风险的关系并非简单的线性关系，而是具有比较复杂的非线性关系。形成这种关系的原因有三个，一是金融市场价格机制的内生性风险特征，即金融资产交易的特殊性决定了泡沫机制的必然存在，进而增加了金融创新与风险之间关系的复杂性；二是金融市场的内部结构，即金融创新在改变金融市场结构的过程中，传导了金融市场风险，增加了金融创新与风险之间的变数；三是金融市场的外部条件，如宏观经济形势、经济政策等对市场机制和微观结构产生影响，增加了金融创新与风险之间的不确定性。

从市场价格机制看，金融资产的价格稳定性并不具有与一般商品相类似的价格生成基础。对于一般商品而言，供求规律的作用会自动对价格进行调节，使之满足均衡条件。在价格上升时，供给增加、需求下降，进而产生平抑价格的力量；反之，在价格下降时，供给下降、需求上升，推动价格向均衡回归。形成该机制的基础在于市场中供给与需求是短期恒定、长期变化的。短期恒定意味着在短期内，市场的供给者始终是供给者，需求者也始终是需求者，进而供给与需求双方对价格变化的反应只能通过调节供求量来实施，而无法转变角色。而长期的变化更多的是通过进入或退出市场的方式带来的，这是一种负反馈机制，故而会形成均衡价格。对于金融资产交易而言，这种导致稳定均衡的负反馈机制并不存在。在金融市场中，供求双方是可以随时发生角色转换的，当价格上升时，投资者预期价格会进一步上升，进而由空翻多，导致需求增加供给下降，推动价格进一步上升；当达到某个临界值后，资产价格会突然回落，价格下降与供求转换的模式也会逆转，推动价格下降。因而，金融市场交易机制的这种正反馈效应导致市场均衡不复存在，资产价格不是以均衡价格为基准的平稳过程，而更可能表现为具有鞅性质的几何布朗运动。金融市场的这种价格机制会造成金融创新与风险之间的不确定性。当金融创新提升了市场交易效率时，市场参与者进行供需转换的速度会变快，成本会降低，进而有加强正反馈效应的可能性。例如，电子交易、量化交易等金融创新形式的出现大大提高了金融交易的效率，但却强化了正反馈机制可能导致的市场波动性。2013 年，国内 A 股市场中出现的"光大乌龙指"事件正是这种效应的体现。因此从这个角度看，旨在提高交易效率的金融创新有增加市场微观风险的可能。但实际上，交易效率的提高与价格机制之间并非完全等价。在金融创新过程中，仍然存在交易效率提高促进价格机制合理的可能性，如做空机制的引入在一定条件下是可以预判风险并挤出泡沫的。总之，交易效率角度的金融创新对金融市场微观风险的影响取决于市场价格机制的合理化程度。

从市场结构的角度看，有别于一般商品市场，金融市场的交易本质是对未来收益与风险的配置，因而其交易的结构特征主要表现为供求双方对未来收益风险的匹配。传统的基础资产交易，如股票、债券等，为资金供求双方就未来收益与风险配置提供了基本的途径。但金融市场供需完全匹配却并不能达成。风险规避型投资者对低风险、低收益资产的偏好较强；风险偏好型投资者对高风险、高收益资产的偏好较强。但考虑到市场中投资者的偏好是连续的，而金融资产则是离散的，因而无法实现完全的匹配。金融创新沿着市场结构的角度，以金融产品创设为基本途径，构造出更为合意的风险——收益组合，为促进金融市场匹配提供了新路径。资产组合理论催生出共同基金市场，提高了市场结构的匹配程度，促进了金融交易在更广泛的市场范围内得以达成。同时，更加精准的市场匹配可以为投资者提供更为合理的风险配置，进而有利于在市场内部降低风险。根据资产组合理论，投资种类增加有助于降低非系统性风险，这体现出金融创新对金融风险控制的贡献。金融创新对市场结构的改善还体现在衍生品的创设上。由于系统性风险无法在市场内部通过分散的手段化解，这就需要从市场之外提供一个对冲系统性风险的工具。以期货、期权等为代表的衍生工具的创设有助于降低局部金融市场的系统性风险。因而，旨在改善市场结构的金融工具创新对于解决局部市场风险问题具有重要意义。

但从金融市场总体来看，以基金为代表的基础资产创设和以期货期权为代表的衍生品创设，对风险控制的作用是有范围的。一是被分散或对冲掉的风险仅仅是市场风险的一部分。大量的投机头寸的风险敞口仍然存在，且由于部分衍生品交易的杠杆效应而被放大。二是系统性风险仅仅是一个相对概念，对于一个局部市场的系统性风险，只是在更大市场范围内的非系统性风险。如果将一个国家，乃至全球的金融市场作为一个整体，系统性风险是无法对冲的，这也是金融创新通过工具的创设所无法解决的问题。总之，从市场结构的角度看，金融创新对风险的抑制作用是有局限性的。投机头寸的敞口风险和更大规模的系统性风险仍然存在，且容易被金融创新所掩盖。这种对风险的掩盖效应在高级衍生品创新过程中体现得淋漓尽致。以住房抵押贷款证券化（RMBS）为基础构造担保债务凭条（CDO），而 CDO 又可以进一步被再证券化为 CDO 的平方，乃至高次方。在创新过程中，大量基础资产的信息被淹没，披上金融创新和高评级外衣的劣质资产充斥市场，形成更大规模的系统性风险。因而，信息损失随着金融产品创新链条的延长而加剧，恰恰弱化了市场结构的风险收益匹配性，从而造成更大风险。所以，金融创新从市场结构角度对金融风险的影响也是不确定的，其能否产生正向影响取决于对市场结构的改善，促进市场匹配发挥积极作用。一般可以认为，金融工具创新在相对较低的层级上可以有效地改善市场结构，有利于风险化解；而在更大范围内或更高层级上则可能增加系统性风险。

从外部环境角度看，金融创新对金融风险的影响依赖于金融市场之外的经济环境，金融不可脱离实体经济单独存在。无论从基础资产还是从衍生品的角度看，实体经济对资金的需求都是驱动金融市场的根本动力。银行信贷以实体经济为基本对象，股票、债券等基础资产是以为实体经济募集资金而出现的，衍生品可以对冲实体经济的价格风险，促进实体经济的稳健发展。因而，在金融市场的风险中，最基础性的部分来源于实体经济。剔除这部分来自实体经济的收益与风险外，金融市场是一个零和博弈，二级市场投资者之间的金融交易是不同收益风险在各主体之间的再配置过程。这表明，实体经济对金融风险的影响会通过直接和间接两条途径发挥作用。直接途径主要是以基础资产作为媒介，对金融市场的系统性风险及部分非系统性风险产生影响。例如，经济衰退导致企业利润下降会降低股息收益并增加银行信贷、债券的违约率，造成金融市场的波动。在次贷衍生品发展过程中，无论衍生链条多长，最终来源于房地产信贷市场的风险都会导致泡沫的最终破灭。间接途径则可以通过影响金融市场参与主体的预期、资金、投资模式等影响金融风险。当预期到经济衰退时，金融市场主体采取谨慎的策略，可能造成金融市场风险的集中释放。金融创新可以提高金融市场的交易效率，改变市场结构，但无法完全改变外部经济环境波动带来的风险，只能在特定的环境下产生作用。金融创新在实体经济稳健的情况下，可以为实体经济提供更加有保障的资金供应，形成对实体经济的保护，有利于金融风险的降低。例如，通过创设新的金融工具，增加对实体经济的资金供应，改善实体经济的绩效等，都会有利于降低由实体经济与金融市场共同构成的系统风险。但当金融创新所带来的资金配置效应超过实体经济的需求时，金融创新对实体经济风险控制的作用会减弱到零。随后的金融创新可能会导致实体经济的虚拟化和泡沫化，进而形成风险增加的循环，直到系统性风险集中释放。在次贷危机发生之前，正是在金融创新的推动下，美国大量的低收入人群加入房地产市场，催生出由金融资本驱动的虚假繁荣。而泡沫破灭也始于房地产市场的崩盘。如果金融创新能够在房地产市场供求规律和美国实体经济增长限制的门槛之前戛然而止而不越雷池的话，次贷危机可能就不会发生。但是历史不容假设，金融创新也不会自动适应实体经济的要求，在实体经济需求之上的过度创新最终会导致整体经济风险的增加。

总之，金融创新对金融风险的影响是受条件限制的复杂过程。如果金融创新能够改善交易效率，优化市场结构，弱化市场泡沫形成机制，促进信息结构对称，且与实体经济需求相匹配，则有利于降低金融风险。反之，金融创新一旦超出了实体经济的需求与金融市场的承载力，强化市场泡沫形成机制，降低市场效率，则金融风险会迅速积累。概括来说，适度金融创新有利于降低金融风险，过度金融创新则可能加剧金融风险的集聚与积累。

第二节　房地产金融创新与金融风险关系的
局部均衡模型

　　基于房地产行业的特殊性，房地产金融具有区别于一般金融的特点。例如，房地产对国民经济的重要作用导致其金融创新受政策影响更大，房地产的民生属性导致其在金融创新中往往涉及政府政策扶持的因素，房地产的影响面巨大导致其金融创新的系统性影响也更大。

　　从广义角度看，房地产金融创新可以分为四个层面的创新，即金融制度层面的创新、金融市场层面的创新、金融机构层面的创新和金融产品层面的创新。金融制度层面的创新是宏观领域的创新，是政府从房地产金融市场组织框架设计的角度，对房地产金融安排进行的整体性调控，以适应房地产市场投融资的宏观需求，如新的市场准入和新的监管框架的确立等。金融市场层面的创新是次宏观领域的创新，其主要实施者包括政府和市场主体，并以政府创新为主。该层次的创新是在政府制度和政策创新的框架内，政府结合市场主体的参与，共同从市场机制角度对投融资供求关系进行完善，如新市场领域的拓展、新市场机制的创设等。金融机构层面的创新是次微观领域的创新，由市场主体与政府共同实施，并以市场主体的实施为主。该层次的创新是在市场创新的基础上，由市场主体创设新的实体，以适应房地产投融资供求关系的新特征，并由政府在制度准入和规范角度予以确认的创新形式。产品层面的创新是微观领域的创新，其实施主体是市场参与者。该层次的创新是市场主体从市场最直接的供求关系出发，通过新工具的设立来实现供需新平衡的创新过程。

　　从狭义角度看，房地产金融创新更多的是指两个微观层次的金融创新，包括金融机构创新和金融产品创新，前者体现为市场主体多样性的增加，后者体现为金融交易具体标的物的增设。从不同层次房地产金融创新的关系来看，任何层次的金融创新最终都要通过金融工具的增设和改进来实现供求平衡，因而房地产金融创新主要体现为金融工具或产品的创新。相比于其他层次的创新，金融工具创新对金融风险的影响也更为直接。同时，房地产金融市场创新是房地产金融机构与产品创新的重要载体，因而本节将重点聚焦房地产金融工具和市场结构的创新层面，重点考察金融工具数量变化维度、市场结构变化维度、市场交易效率变化维度等金融创新对房地产金融风险的影响。本节将建立一个以风险收益平衡为基础的房地产金融市场局部均衡模型，根据该模型中反映金融创新的参数变化，分析其对房地产金融风险的影响。

一　房地产金融市场的供给与需求

（一）房地产金融市场的资金需求

1. 居民部门的房地产资金需求

居民部门对房地产金融市场的资金需求主要来自购买房产的抵押贷款。在假设银行信贷被证券化后，居民所需的资金直接来自金融市场的资金供给者。由于居民对自身收入与偿还的信息了解充分，居民部门作为资金需求方对风险是不敏感的。同时，考虑中国居民购房信贷需求存在两个基本特征，一是传统意识惯性导致风险规避的保守倾向，居民不愿意过度举债购买房产。虽然近年来住房信贷意识已经普及，但居民部门的贷款购房行为仍然遵循着量入为出的基本原则。二是中国政策层面对居民购房金融需求有相对严格的管制，包括机构的筛选和政府政策的限制。其中，机构筛选提高了居民购房信贷需求的门槛，确保了风险相对稳定；政府信贷政策对居民投机性购房需求有约束，限制了居民信贷的可获得性，这就保证了居民部门的信贷风险被较好地控制在金融市场之外。综合上述因素，居民部门对信贷需求更多地与信贷成本，即利率有关，而对金融市场的风险没有反应。

假设居民住房信贷资金需求只对利率敏感，并假定居民部门的住房信贷需求与利率间存在反向变化关系，即利率升高会抑制信贷意愿，进而降低信贷规模；反之，利率下降会提高居民的贷款需求。这意味着信贷需求对利率的一阶导数小于0。同时假设，居民信贷需求对利率的二阶导数大于0，即随着利率的变化，信贷需求的变化会加速。根据上述假设，设定居民部门的房地产信贷需求形式如下：

$$F_h(i) = \frac{W}{1+i} \tag{3.1}$$

其中，F_h 代表居民部门的房地产信贷需求。由于只与利率有关，不涉及风险，因而自变量中仅包括利率。W 代表居民的信贷需求上限，即便利率降到0，由于信贷资金需要偿还，因而居民部门也不会无限制地进行房产信贷行为。信贷需求上限取决于居民部门的未来收入以及借贷偏好。在居民对未来收入预期乐观的情况下，信贷上限规模会上升；相反，如果居民预期未来收入会萎缩，信贷需求规模上限会下降，居民在借贷行为中会趋于谨慎。

2. 房地产开发部门的资金需求

房地产开发部门的融资需求取决于利率与风险。利率对房地产开发部门而言意味着融资成本，显然，成本越低其信贷需求越高。因而假定房地产开发部门的资金需求与利率呈反向变化。房地产开发部门的融资渠道包括公司股票融资、银行贷款、房地产信托、影子信贷等多种途径，且不同途径的融资成本存在一定差异。但利率作为基准的资金成本可以反映其融资的平均成本水平，即将利率作为其综合资金成本的代理变量。另外，房地产开发部门作为企业，其融资程度决定了公司的财务杠杆水平。按照现代企业财务风险管理的一般逻辑，公司会在其投资项目风险较低的情况下，扩大其财务杠杆水平，进而在风险可控的情况下获取尽可能多的收益。反之，当期投资风险上升的时候，一般会降低财务杠杆，以便提高资本金在全部资产中的比重，从而控制风险。在这种内生财务杠杆的情况下，公司的债务融资水平与风险之间存在此消彼长的关系。

房地产开发部门的风险来源于两个方面，一是单一公司经营状况所决定的风险，如公司在房地产项目开发过程中出现投资失败或投资效率低下，公司在管理过程中存在漏洞导致损失，等等。该风险属于非系统性风险。二是由房地产市场整体变化所导致的风险，如房地产周期变化、政府房地产调控政策所导致的风险，该风险属于系统性风险。相比而言，非系统性风险可以通过加强公司内部控制、提高投资决策的科学化程度予以部分化解，属于可控风险；系统性风险则不取决于公司经营本身，而是依赖于外部宏观经济环境和微观市场结构，因而无法由公司控制。因此，可以假定房地产开发部门的风险更多地来自系统性风险。另外，从加总的角度看，不同企业的非系统性风险在加总后会互相对冲，房地产部门的风险也更多地体现为系统性风险。最终，假定房地产开发部门的资金需求满足以下形式：

$$F_E(i,\sigma) = \frac{\alpha_s}{i} + \frac{\beta_s}{\sigma} \qquad (3.2)$$

其中，α_s 代表房地产开发部门的融资利率反应系数，β_s 代表房地产开发部门的融资风险反应系数。σ 代表房地产开发企业面临的系统性风险，该风险主要来自房地产市场的波动。由于是从整体部门需求角度看，上式中并未包括房地产开发企业的个体风险。

3. 房地产金融市场的总资金需求

汇总来自居民和房地产开发部门的两种房地产金融需求，可以得到房地产金融市场的总资金需求。同时，考虑到房地产是一个供需"两头在金融"的特殊行业，房地产开发需要融资支持，而房地产消费者在购买住房的过程中也需要融资支持。因而，房地产的总融资需求在汇总时有必要考虑资金在不同部门之间的流动。居民在取得信贷支持并购买房产的过程中，房地产开发部门完成了产品销售，实现了资金回笼，可以归还前期融资产生的负债（或支付股息分红）。其交易结果可能只是信贷主体由开发部门转移到居民部门，因而总量的负债并非居民部门与开发部门直接加总得到，而是存在开发部门融资需求与居民部门融资需求的消长关系（trade off），总融资需求将会小于两种需求的直接汇总。在此，假定居民部门的融资需求会部分地被开发部门的偿付所抵消，引入居民部门融资需求的抵消系数 λ，此时，汇总后的总融资需求如下：

$$F = F_h(i) + F_E(i,\sigma) = (1-\lambda)\frac{W}{1+i} + \frac{\alpha_s}{i} + \frac{\beta_s}{\sigma} \qquad (3.3)$$

从另一个角度看，抵消系数 λ 也可以代表金融市场的效率。如果房地产金融市场效率较高，居民部门可以顺畅且低成本地获得金融资源，这会加速房地产开发部门资金回笼的速度，提高资金的使用效率。因而，λ 也可以作为金融创新的另一个维度，即通过提高房地产金融市场的效率，提高资金的周转率。

（二）房地产金融市场的资金供给

房地产金融市场的资金来源与其他金融市场的资金来源是相同的，包括以银行信贷为代表的间接融资和以证券发行为代表的直接融资。从资金供给方的角度看，房地产金融需求与其他金融需求共同构成了其投资组合的一部分。根据金融市场的实际情况以及相关理论研究成果可知，投资者在金融市场中所面临的基本约束条件是风险与收益之间的平衡关系，高风险资产应以高收益作为补偿，预期收益与风险之间具有正向关系。在市场基础资产既定且不考虑无风险资产的情况下，投资者所面临的最优收益在风险结构构成的坐标系中是向右上方倾斜的。由此，房地产金融市场中的资金供给行为是该市场中的投资者根据收益与风险之间的平衡关系所做出的最优选择结果。

假定所有房地产金融市场资金供给行为都是通过购买不同类型金融工具或者其组合的方式实现的，投资者的组合投资行为决定了房地产金融市场的资金供给。同时，假设投资需求的规模是投资收益与投资风险的函数，且投资收益与投资需求之间存在正向关系，即投资收益越高，则用于投资的资金数量就会越多。该假设符合资金的趋利性，其总是倾向于流向高收益投资方向。同时，投资需求与投资组合风险之间存在反向关系，风险会限制投资者的投资行为。因此，风险越大的资产，投资会越小。综合两种效应，投资者会在风险与收益之间权衡利弊，确定最优的投资规模。该过程的结果反映在 $[\mu, \sigma]$ 空间中，与有效前沿相切的无差异曲线所能达到的最优投资规模。在投资规模既定的情况下，收益与风险呈正向关系，即高风险与高收益组合，低风险与低收益组合。为简化分析，假设投资者对收益与风险的二阶变化没有反应，即投资的变化率不变，进而可以将投资者的投资需求写成如下形式：

$$I_d = I(i,\sigma), \ \partial I_d/\partial i > 0, \ \partial^2 I_d/\partial i = 0, \ \partial I_d/\partial\sigma < 0, \ \partial^2 I_d/\partial\sigma = 0$$

显然，按照上面假设，收益与风险对投资需求的规模影响都是线性的，反映在 $[\mu, \sigma]$ 空间中的无差异曲线是一条直线。根据该假设，设定具体的投资需求规模为：

$$I_d = \alpha_d i - \beta_d \sigma \tag{3.4}$$

根据上述关系，结合既有理论成果，假设房地产金融市场的资金供给行为面临如下风险约束：

$$\sigma(n,\sigma_{ij}) = \frac{\sigma_i^2}{n} + \frac{(n-1)\sigma_{ij}}{n} \qquad (3.5)$$

由该式可知，在假设房地产金融工具 i 的个体风险 i 分布已知且不变的条件下，房地产金融市场的基础风险满足以下命题。

命题1 房地产金融市场风险是金融工具种类 n 的减函数，是不同工具间相关性 σ_{ij} 的增函数

房地产金融市场的基础风险来自两个方面，一是金融工具的个别风险，二是金融工具相关性带来的系统性风险。在房地产金融市场中，基础资产主要包括房地产开发企业发行的股票、债券或银行贷款。为与投资组合理论相一致，假设银行信贷产品可以无成本地通过证券化技术转变为金融市场中可以便捷交易的资产。因而，所有的房地产金融基础资产都是投资者可以在市场中获得的。同时假设资本市场是平滑的，没有交易成本和信息损失。显然，根据式（3.5），金融工具数量的增加将会对房地产金融市场的基础风险产生直接影响，导致非系统性风险的下降。该结论非常直观，但其仅仅意味着市场可以提供分散风险的途径，并未在均衡的情况下展现市场均衡的最终风险情况。因而，该结论仅是一个中间结论。

市场结构对房地产金融市场的基础风险也存在影响。市场有效前沿是市场能够为投资者提供最优风险收益组合，该组合需要投资者全知全能，既能够清楚地掌握所有市场信息，也具有超级运算能力求得极其复杂的资产组合的最优解。显然，这种假设是与市场实际不符的，但这正凸显了金融市场中规模效应的影响。机构投资者作为市场中的专业投资者，相对散户而言，更容易找到市场有效前沿，同时机构投资者具有更大规模的资金，进而可以在更加广泛的市场内配置资产。因而，在散户聚集的市场中，多数投资者会在有效前沿之下的无效区域配置资产，这意味在预期收益相同的情况下，投资者承担了更大的风险。当对以房地产投资信托或基金形式出现的集中散户资金进行专业投资的机构出现时，意味着资产配置更加接近有效前沿，在同等收益情况下承担的风险会下降。市场集中效应虽然并不改变有效前沿，但却降低了投资的风险。该效应可以总结为第 2 个命题。

命题 2　房地产金融市场风险与市场中机构投资者的规模有关，当机构投资的集中度上升时，资本组合的风险将下降

将该命题简化为正向的线性关系，得到对式（3.5）的修正：

$$\sigma(n,\sigma_{ij}) = \frac{I}{s}\left[\frac{\sigma_i^2}{n} + \frac{(n-1)\sigma_{ij}}{n}\right] \tag{3.6}$$

其中，$s \in [0, I]$ 表示房地产金融市场投资者的平均投资规模，I 为房地产金融市场全部可用投资财富规模。$s = I$ 时，市场中只剩下一个投资者，他聚集了全部社会可投资的财富，并作为基金经理进行投资。此时，他可以按照有效前沿配置资产，达到完全理性；s 越小，说明市场投资者中散户越多，机构投资者集中的社会可投资财富越少，因而在期望收益相同的情况下，资产组合风险会越大。在极端的情况，当 s 趋于无穷小时，市场组合风险是趋于无穷大的。

房地产金融资产之间的相关性上升将直接导致市场系统性风险的上升。如果市场中的资产全部为原生资产，其资产间的相关性来源于实体经济及金融市场的结构。考虑到衍生品的出现，情况会有所不同。衍生品可以从两个方向产生，一是价格衍生，即以原生资产在不同时限上的形态为交易标的，以时间价值和持仓成本为基础形成的衍生品，如期货、期权、掉期等。这类衍生品的特点是价格与原生资产相关，因而可以作为原生资产的对冲工具，它的出现有利于投资者进行对冲操作，进而有利于降低系统性风险。二是信用衍生，即以原生资产组成的资产池为基础，进行风险收益的切割与再配置，形成新的风险收益组合，以满足不同风险偏好投资者的需求。例如，基于住房抵押贷款的 RMBS 和基于债务组合的 CDO 等。这类衍生品的特点是信用特征与原生资产相关，无法作为对冲原生资产风险的工具，因其本质上就是对原生资产的重新配置。这类衍生品并未改变资产组合的本质，因而对系统性风险没有直接影响。但考虑到在原生资产与此类衍生品共存的市场中，资产风险的相关性会因衍生品的出现而上升，这可能加大资产间的相关性，进而增加系统性风险。可见，不同衍生品对资产组合风险的影响并不一致。考虑到在实际市场中，房地产金融衍生品主要以第二类衍生品为主，因而衍生品增加可能导致系统性风险的上升。据此提出有第 3 个命题。

命题 3　信用衍生品的增加将导致房地产金融工具相关性的上升，将直接导致系统性风险的增加

总而言之，将房地产金融创新理解为金融工具和市场结构的变化，并具体为三种情况：一是多渠道化，如房地产公司上市直接融资，导致基础资产数量增加，即 n 增加。二是集合理财产品的创新，如房地产信托、房地产投资基金等，集合化不会改变资产组合，但会有规模效应，假定投资者更多的由机构担任，则风险会降低。三是证券化或衍生化，延长资金链条，扩充资产组合中相关资产数量，但会导致协方差效应，即增加不同资产之间的相关性 σ_{ij}，直至完全线性相关。

综合式（3.4）和式（3.6）有：

$$I_d = \alpha_d i - \beta_d \frac{I_d}{s}\left[\frac{\sigma_i^2}{n} + \frac{(n-1)\sigma_{ij}}{n}\right] \tag{3.7}$$

其中，α_d 代表投资者的投资利率反应系数，β_d 代表投资者的投资风险反应系数。对于房地产金融市场中的投资者而言，其投资的规模取决于投资预期收益、市场集中度、资产数量和市场风险。

二 房地产金融市场的均衡

(一) 最终风险来源与资金需求的内生化

前文假设居民部门的房地产金融需求对市场风险不敏感，因而其在信贷决策过程中并未考虑风险因素。但居民的信贷需求上限取决于居民对未来收入的预期和借贷偏好，而两者都与房地产金融市场风险有关联。从产业链条的视角看，房地产虽然供应链很长，金融在其中的作用也体现在各个环节上，但驱动房地产金融市场的根本因素仍是最终需求。没有居民部门对房地产产品的最终购买，整个产业链条的存在就没有意义。因此，能够保证房地产行业稳定发展和房地产金融市场稳健的根本因素在于居民部门的购房需求。这意味着房地产行业及其金融市场的最终风险，特别是系统性风险主要来源于居民部门的住房消费行为。美国次贷危机酝酿和发生的过程是对该命题的很好例证。在居民部门旺盛住房购买和借贷行为的驱动下，美国房地产行业及房地产金融市场日趋繁荣，大量衍生品出现从形式上对风险进行了高级技术化处理，因而看似可控。但自 2006 年美国房价开始下降，居民部门对房地产投资难以为继之时，风险集中爆发，将结构化衍生品构造的风险配置网络彻底摧毁。因此，居民的房地产信贷需求上限 W 的变化是驱动房地产金融市场系统性风险的根本因素。W 上升时，风险会下降；W 下降时，风险会迅速上升。由于房地产金融市场中基础资产或衍生品具有高杠杆的特征，这种系统性风险的来源将被市场结构放大，进而增加了系统性风险对 W 变化的敏感性。最终，W 与系统性风险 σ_{ij} 之间存在非线性的反向变化关系。

从居民信贷需求角度看，居民的信贷需求上限 W 也并非外生于房地产金融市场风险。虽然 W 更多地取决于居民对未来收入的预期，而预期与经济基本面的关系更大，但金融市场具有对宏观经济的预警作用和资产市场的联动关系，当金融市场风险增加时，居民部门可能出于预防性动机降低了对房地产的投资。因而，金融市场系统性风险的上升可能导致居民住房信贷需求上限 W 的下降。金融市场风险对 W 的影响还通过风险偏好实现。类似于企业，居民部门作为一个整体，也存在着杠杆内生的性质。当市场风险上升时，居民部门也会降低杠杆以避免风险过度暴露。反之，居民会提高杠杆。因此，居民部门的信贷需求上限 W 也是受金融市场风险影响的内生变量。

系统性风险主要来源于居民住房消费行为。居民部门杠杆内生导致 W 与系统性风险 σ_{ij} 之间具有互相影响的双向因果关系，且呈现出此消彼长的态势。因此，σ_{ij} 对 W 的一阶导数是小于 0 的。同时由于 σ_{ij} 对 W 的反映是非线性的，且存在金融市场的杠杆放大效应。假设 σ_{ij} 对 W 的二阶导数大于 0，这意味着 σ_{ij} 对 W 变化的反应会越来越敏感，体现了金融市场的脆弱性。该关系也可以反过来解释为 W 对 σ_{ij} 的敏感反应。基于上述分析与假设，可以将市场系统性风险 σ_{ij} 内生化为 W 的函数，为简化模型，假设两者满足如下关系：

$$\sigma_{ij} = \gamma W^{-1} \tag{3.8}$$

该式满足两者关系的设定，其中 γ 代表反应系数。根据该式，式（3.7）的关系可以进一步被内生化为如下形式：

$$F = (1 - \lambda) \frac{\gamma}{(1+i)\sigma_{ij}} + \frac{\alpha_s}{i} + \frac{\beta_s}{\sigma_{ij}} \tag{3.9}$$

此式中，金融风险不再是外生的由市场给定的量，而是由系统内生决定的变量。

（二）市场出清

市场出清意味着房地产金融市场中资金的供给与需求互相匹配，居民部门与房地产开发部门所需的资金恰好由市场中投资者意向供给的资金提供，两者完全相等。此时的房地产金融市场均衡由以下系统决定：

$$\begin{cases} F = (1-\lambda)\dfrac{\gamma}{(1+i)\sigma_{ij}} + \dfrac{\alpha_s}{i} + \dfrac{\beta_s}{\sigma_{ij}} \\ I_d = \alpha_d i - \beta_d \dfrac{I_d}{s}\left[\dfrac{\sigma_i^2}{n} + \dfrac{(n-1)\sigma_{ij}}{n}\right] \end{cases}$$

$$F = I_d$$

为简化分析，将该系统中的参数进行标准化处理，选择合适的量纲将模型并不关注的参数取值设定为 1。同时，令投资者的市场集中度 $I_d/s = A$，并进行化简处理得到如下市场均衡形式：

$$\frac{(1-\lambda)}{(1+i)\sigma_{ij}} + \frac{1}{i} + \frac{1}{\sigma_{ij}} = i - A\frac{(n-1)\sigma_{ij}}{n} \qquad (3.10)$$

在式（3.10）中，房地产金融资产的非系统性风险也被简化处理了，即令 $\sigma_i = 0$。其背后的逻辑在于，本节模型关注的是作为整体的房地产金融市场风险，而非针对个别企业。同时，金融市场中的资产数量 n 较大时，非系统性风险项是较小的，因而在模型中将其省略。进一步对式（3.10）进行变形，得到：

$$A\frac{(n-1)}{n}\sigma_{ij}^2 + \left(\frac{1}{i} - i\right)\sigma_{ij} + \frac{(1-\lambda)}{(1+i)} + 1 = 0$$

求解该式最终得到市场均衡条件下 σ_{ij} 的解析解：

$$\sigma_{ij} = \frac{-\left(\dfrac{1}{i} - i\right) \pm \sqrt{\left(\dfrac{1}{i} - i\right)^2 - 4A\dfrac{(n-1)}{n}\left[\dfrac{(1-\lambda)}{(1+i)} + 1\right]}}{2A\dfrac{(n-1)}{n}} \qquad (3.11)$$

由于进行了简化，内生的房地产金融市场系统性风险由代表金融创新的四个变量 n、A、λ 和 i 决定。虽然可以得到解析解，但基于该解的比较静态分析非常复杂，因而可以通过赋值法考察各个代表金融创新变量的变化和房地产金融市场风险的变化情况。由于模型的简化和标准化处理，具体的取值已经失去了经济含义，下文将更加关注 σ_{ij} 随各变量取值变化而变化的趋势，而忽略具体解值的数字特征。

三 均衡状态的风险特征

（一）各维度创新的个别效应

式（3.11）给出市场出清状态的均衡风险是二次函数的解，市场均衡时存在两种不同的风险状态。两种状态的取值存在差异，可以将两种状态分别定义为"高风险均衡状态"和"低风险均衡状态"。在两种状态下，房地产金融市场都可以实现供求的均衡，投融资双方都可以处于合意的金融状态，显然低风险均衡状态更加理想。在实际市场运行中，具体处于何种均衡状态受初始状态和参数的影响，因而具有不确定性。综合前文分析，房地产金融创新可以从以下四个角度进行分析：金融产品数量 n 的扩张、投资市场集中度 A 的上升、金融市场效率 λ 的上升和市场竞争结构创新导致的利率水平 i 下降。下面在控制其他变量的情况下，逐一考察不同维度金融创新对均衡市场风险的作用。

1. 金融产品数量 n 的扩张

前文的命题初步给出了金融产品扩张的效应。从非系统性风险角度看，金融产品数量增加，特别是基础资产种类增加将使房地产投资分散化，这有助于对冲非系统性风险。从系统性风险的角度看，金融产品数量增加对资产组合的整体风险并无直接作用。但在本文模型中，系统性金融风险内生于房地产市场的最终购买行为，房地产市场的最终购买者的信贷需求上限 W 与金融资产数量之间存在关联。因而，金融产品数量增加对于非系统性风险也具有内生性的间接影响。图 3-1 给出了市场出清条件下，房地产金融市场系统性风险随金融资产数量增加的变化。其中上下两图分别对应高低两种不同的风险均衡状态。

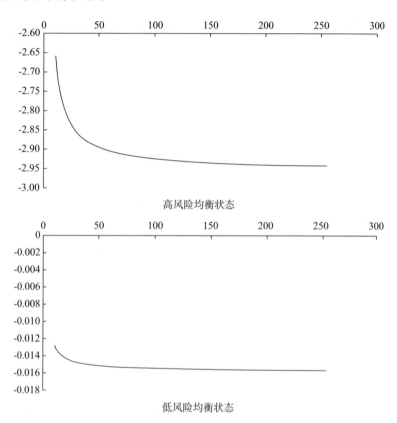

图 3 - 1　金融产品数量上升对金融风险的影响

　　显然，无论是高风险均衡还是低风险均衡状态，金融产品数量的上升都会导致系统性金融风险的下降。同时，两种均衡状态下的斜率不断下降，意味着金融产品数量增加导致的风险下降幅度会收敛。数量扩张性金融创新对风险的边际作用是趋于下降的。金融创新的初始阶段，金融资产种类的丰富可以比较明显地降低系统性风险，但随着金融资产基数的扩大，金融风险降低的效果会越来越小。

　　2. 投资市场集中度 A 的上升

　　前文命题 2 的分析表明，房地产金融市场投资集中度的上升意味着资金向机构投资者流动，而机构被假设比散户更具有投资能力和信息优势，进而有利于从整体上平抑价格泡沫和交易性风险。以房地产信托投资基金（REITs）为代表的基金类产品可以集中散户投资者手中的资金，以更加接近有效前沿的效率进行配置，进而可以降低投资组合的风险。图3-2给出了在控制其他变量的情况下，投资市场集中度 A 上升对房地产金融市场系统性风险的影响。

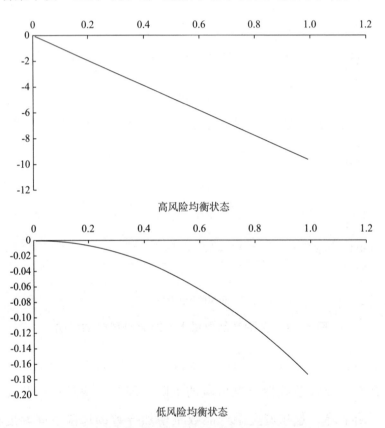

图3-2 投资市场集中度上升对金融风险的影响

图3-2显示，无论是低风险均衡状态的金融风险还是高风均衡险状态的金融风险，都会随着 A 的上升而不断下降，但两者表现出不同的特征。低风险均衡状态的金融风险与集中度 A 呈线性变化趋势，集中度 A 的提高将等比例地降低金融风险的程度。而高风险均衡状态的金融风险与集中度 A 则呈现出非线性下降趋势，随着市场

集中度 A 的上升，高风险均衡状态下的金融风险将加速下降。但值得注意的是，即便市场集中度 A 达到极值 1，金融风险仍显著高于低风险状态下的金融风险。以基金为代表的市场投资结构维度的创新并不会改变式（3.11）中的结构，如果初始条件处于低风险均衡状态，则市场系统性风险总体上仍是显著低于高风险均衡状态的。市场集中度 A 的上升，意味着房地产金融市场受到"噪声"干扰和市场非理性行为的影响下降，但这也是在假定机构投资者（基金管理人）具有完全信息以及不存在委托—代理问题的条件下得到的结论。当存在委托—代理问题时，道德风险可能导致市场风险的非线性扩张（具体讨论将在下一部分中进行）。

3. 金融市场效率 λ 的提高

λ 代表房地产信贷的债务从房地产开发部门转移到居民部门的效率，因而可以作为房地产金融市场的效率指标。如果房地产金融市场效率高，居民部门取得贷款并支付购房款后，房地产开发部门会回笼资金并归还贷款。周转速度越快，则金融市场的流动性越强，效率也就越高。金融效率提高是控制风险的有效途径之一，流动性风险是金融机构面临的主要风险，因而提高资金周转效率可以降低由于流动性不足导致系统性风险链条断裂的可能性。图 3-3 给出了金融效率指标 λ 上升对金融风险的影响。考虑到金融效率的实际情况，这里 λ 取值 $[0, 0.5]$，同时控制了其他变量。

图 3-3 显示，随着金融市场效率的提高，不同的金融风险状态所得到的风险变化的趋势有所不同。在低风险均衡状态下，金融效率的提高有助于进一步降低系统性风险，这与笔者的预测相一致。但在高风险均衡状态下，金融效率的提高则会导致金融风险增大的趋势。从影响的程度看，低风险均衡状态下金融风险下降的速度明显高于高风险均衡状态下金融风险上升的速度。该结果显示，在低风险均衡状态下，市场流动性的提升会线性地降低金融市场的系统

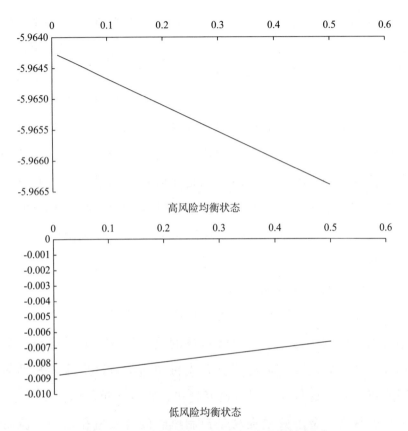

图 3 - 3 金融效率上升对金融风险的影响

性风险，这主要缘于市场流动性提升对风险的抹平效应；反之，在高风险均衡状态下，流动性增强虽然可以降低流动性风险，但却可能派生出其他风险，造成风险的提升。但从上升规模看，流动性提高对风险的影响相对比较温和。综上，在不同的风险均衡状态下，流动性提升维度的创新具有不同的效应，因此，在实施以流动性提升为主要目标的金融创新时，应充分考虑金融市场的均衡状态是否处于低风险状态。

4. 市场利率水平 i 的下降

利率是资金的价格，从市场竞争结构的角度看，利率会随着市场竞争程度的上升而趋于下降，因而可以将利率的下降视为市场竞争充分的结果。通过金融创新，改善金融市场的竞争结构，提升市场主体之间的竞争水平会有助于降低利率水平，这可以在一定程度上作为金融制度创新的测度。政府通过更加市场化的手段鼓励更多的主体参与到房地产金融市场中，同时通过制度约束，降低市场的垄断程度，提升市场的信息效率，这些金融创新行为最终可能导致资金价格水平的下降。图3-4给出了利率变化对房地产金融市场系统性风险的影响情况，低风险均衡状态和高风险均衡状态下，利率对风险的影响存在差异。在低风险均衡状态下，随着利率的下降，房地产金融市场的系统性风险也是下降的，且斜率逐渐变大，意味利率下降产生的风险抑制效果在不断增强。利率下降得越多，对风

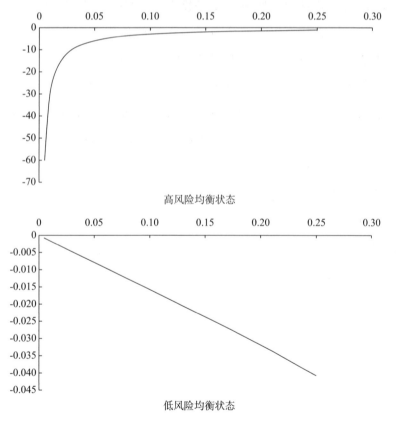

图 3 - 4　利率下降对金融风险的影响

险的抑制作用就越大；相反，在高风险均衡状态下，随着利率的下降，风险却呈现出上升的趋势，该趋势呈线性特征。

这里的利率水平是指房地产金融市场中金融资产的平均收益率水平。收益率下降在低风险均衡状态下意味着市场竞争更为充分，市场机构中泡沫的成分被充分消化吸收，因而有利于降低风险。但在高风险均衡状态下，利率下降可能刺激更大的房地产金融需求，有进一步导致泡沫出现的可能，因此有可能导致风险的增加。

（二）整体金融创新的风险特征

在控制其他变量的情况下，再考察单一维度的金融创新对金融风险的影响，会发现不同维度金融创新呈现不同的影响效果。同时，不同的初始均衡状态也会改变对风险影响的作用方向及幅度。因而，房地产金融创新对金融风险的影响具有一定的复杂特征。考虑到金融资产种类的增加、市场集中程度的上升、市场周转效率的提升和竞争结构的改善经常会同时出现，因而金融创新往往不是在单一维度上进行的，而是从不同的方向同时出现的。此时，金融风险的变化将更加复杂。针对式（3.11），令 n、A、λ 上升，i 同时下降，得到系统性风险的变化趋势（见图 3-5 和图 3-6）。其中，图 3-5 给出了低风险均衡状态下，四个维度同时出现金融创新的风险变化情况；图 3-6 给出了高风险状态下的系统性金融风险变化情况。

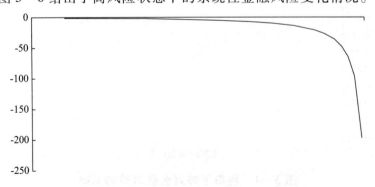

图 3-5　低风险均衡状态下金融创新与风险的关系

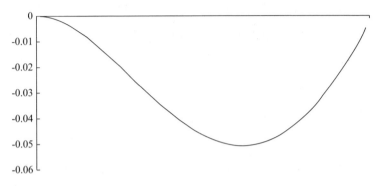

图 3 - 6　高风险均衡状态下金融创新与风险的关系

两图结果显示，初始均衡条件不同将导致风险随着创新程度提高呈现出不同的结果。当初始条件是低风险均衡状态时，随着金融创新程度的提高（横轴从左向右），金融风险呈现出下降的趋势，即金融创新导致金融风险下降。同时，随着金融创新程度的提高，曲线的斜率越来越大，金融风险下降的速度也越来越快。这意味着，在初始均衡条件十分理想的情况下，金融创新与金融风险之间存在较强的负反馈效应，金融创新使金融风险下降，而金融风险的下降会进一步激发金融创新，形成良性循环的因果关系。当初始条件是高风险均衡状态时，金融创新也会在一定范围内起到降低金融风险的作用，但当超过某一个临界值之后，金融创新将导致金融风险的再度上升，因而存在一个最优的金融创新阈值。在金融创新初期，随着创新程度的提高，金融风险渐次下降，但金融创新对金融风险降低的边际效果在不断减弱，当达到某个临界点时，金融创新对风险降低的边际效果变为 0。随后，随着金融创新程度的进一步提高，金融风险会再度上升，且上升的速度越来越快，先前金融创新带来的风险下降会在进一步的金融创新过程中被消减。而后期金融创新导致的风险水平可能超过初始金融创新程度对应的风险水平，因而可能导致金融风险因创新的出现而变得更大。

在低风险均衡状态下，金融创新对风险的作用具有非线性变化的特征，但在整体上影响方向是一致的，即导致风险的下降，金融创新对风险管理具有积极的意义。但当初始条件为高风险均衡状态时，金融创新与风险的关系则呈现出 U 形曲线关系，即先降后升。这意味着，在房地产金融市场处于并不完备的高风险均衡初始状态下，金融创新存在着最适度的规模。在金融创新未达到最适度规模之前，金融创新有助于改善市场机构、增强市场流动性、提高市场效率，进而有利于金融风险的控制。但金融创新对金融风险的控制效果存在边际递减的趋势，因而当达到临界值之后，金融创新将导致金融风险的上升。

在实际中，房地产金融市场往往无法达到十分完善的程度，因此实现低风险市场均衡状态的可能性较小。房地产金融市场更多的时候会在高风险均衡状态下运行，即高风险状态更接近常态。根据图 3-6 所示，金融创新与金融风险间的 U 形关系与实际的市场直觉更为符合。适度的创新有助于风险控制，但过度的金融创新可能引致金融结构的脆弱化，增加了金融风险。因此，应当在适当的范围内对金融创新予以鼓励。

（三）过度创新与风险偏折

局部均衡模型的结果显示，在更接近常态的高风险均衡状态下，过度金融创新将导致风险的上升。除了来自局部均衡模型的解释外，过度创新还会因为带来以下问题，导致金融风险跟随过度创新程度的增加而上升。

1. 衍生产品过度延伸导致的信息问题

金融衍生品是一柄双刃剑，适度的金融衍生品创设有助于更好地满足金融市场需求，为市场风险管理提供更加多样化的金融工具。能够起到良好市场作用的衍生品应当能有效地控制风险，在交易结构设计上要满足信息透明的要求，以有效降低信息不对称带来的风险。在房地产金融市场的衍生品创设过程中，以住房抵押贷款为基础资产的一级衍生品有助于提高流动性，更好地实现供给与需求的匹配，因而可以促进市场交易的达成，并有利于控制风险。但以初级住房抵押贷款证券化产品为基础进一步衍生出新的衍生品时，交易链条在被延长的同时，信息链条也被拉长。同时信息结构会在重新创设衍生产品时被再设，进而可能出现信息结构复杂化和可被理解的信用特征散失。在信息链条中，信用评级机构扮演至关重要的角色，但如果评级的标准存在差异，甚至评级机构本身出现机会主义行为的话，房地产金融衍生品的再证券化过程就可能导致信息不断地失真。这样一来，交易链条中各个环节的交易主体要么不能很好地理解衍生证券的信用特征，进而产生盲目购买，致使投资组合决策失效；要么就参与到信息散失的环节中并以之牟利，由道德风险造成交易结构风险的快速上升。由此，当房地产金融资产完成初级证券化的创新之后，不当的再证券化过程极有可能导致信息问题而扩大系统性风险传播范围，加之衍生品的高杠杆化特征，在衍生链条传导过程中，杠杆被不断放大而产生，必将加速提高金融市场的脆弱程度。

2. 金融资产增加与趋同化导致的资产间相关性上升

衍生品的出现虽然增加了金融资产的数量规模，但由于衍生品与基础资产的高度相关性，特别是基于现金流的资产证券化衍生品，其资产价值与基础资产高度相关，基础资产矩阵并未因衍生品的大量出现得以扩张。衍生品数量的增加无法像基础资产增加一样，为投资者风险分散提供备选资产。另外，由于房地产金融市场的特殊性，无论何种形式的金融创新，金融风险都始终来自房地产市场的供求状况。因此，即便是不同种类的非衍生金融资产，其相关性程度也是比较高的。房地产信贷、房地产投资信托、房地产债券、房地产开发企业股票等，不同类型的资产虽然从形式上是属于不同类别的基础资产，但实际的收益波动性是高度相关的。这就决定了房地产金融资产增加达到一定程度之后，即便再度增加更新的基础资产种类，所能够起到的分散风险效果也不会得到改进。相反，过多的房地产金融基础资产出现在市场中，而这些资产间的相关度又比较高，会导致投资者资产配置决策的复杂程度上升。在极端的情形下，还可能导致资产组合的协方差矩阵降低维度，最终导致资产组合的失效。这些都会造成市场效率的下降，进而可能导致风险的上升。因此，在适度创新的前提下，基础资产的创设会有利于降低市场风险，但过度的基础资产创新将可能起到反作用，导致市场交易效率降低和成本升高，造成市场阻滞，进而提升风险。

3. 市场集中度上升导致的委托—代理问题

市场集中度上升被认为是更理性的机构投资者对盲从散户的替代。这里存在两个假设，即机构是全能的和仁慈的。全能意味着机构既不会犯错误，也不会进行非理性交易。机构可能得到全部市场信息，并且具有超强的计算能力，可以对资产组合进行连续的监控和调整；仁慈意味着机构作为散户的受托方，能够以其委托人的利益最大化为目标，而非自己的私利。显然这两个假设条件并不能够得到很好的满足。机构投资者的全能性是在一定限度内的，机构投资者可能确实比散户更具信息优势和处理信息的能力，但与全能状态却相去甚远。但这个条件无法满足并不影响全局，只要机构比散户更好，则市场集中度提升都是有利于风险管理的。机构的仁慈是更难达到的假设，在现实市场中，机构与投资者之间的委托—代理问题更为普遍，影响也更为重大。机构投资者也具有自身利益，在缺乏监督和存在信息不对称的情况下，很难完全按照投资者的利益实现投资过程。而且，随着金融创新的不断推进，市场集中度日益上升，机构相对其投资者的垄断优势也会得到进一步巩固，发生机会主义行为的概率会有所上升，机构可能为了自身利益而从事更加冒险的投资活动，进而提高了风险的程度。

　　综合第二节局部均衡模型的结论，房地产金融创新与金融风险之间呈现出比较复杂的非线性关系。总体体现为先降后升的状况，这意味着金融创新在一定范围内，是有利于降低金融风险的，然而一旦出现过度创新，则会导致风险的上升，甚至形成危及整个市场的系统性风险。因而，房地产金融市场虽有必要进行金融创新，但要防止过度创新导致的风险回潮。

第四章

中国房地产金融创新现状与特征

中国的房地产金融创新是伴随着住房制度市场化改革应运而生的。房地产市场发展初期,房地产信贷、公积金等初级创新模式的出现拓展了房地产市场资金融通渠道,满足了房地产业发展之初的基本资金需求。近年来,随着中国房地产业的蓬勃发展,房地产金融创新不断推进,抵押贷款证券化、信托基金模式等新的房地产金融创新工具不断涌现,房地产金融机构、市场、相关制度及政策的创新步伐也逐步加快。与此同时,房地产融资的传统贷款和外资渠道不断缩窄,而直接融资的渠道有所增加,显示出房地产金融创新的作用不断增强,房地产金融市场过于单一的融资结构有所改善。本章主要介绍房地产金融创新的现状及特征,即以房地产金融工具创新为主线,将房地产金融机构、市场、制度与政策等的创新融入其中,通过分析房地产金融工具的创新现状,归纳中国房地产金融创新的特征。

第一节 中国房地产金融创新的现状

与其他国家一样,中国房地产金融创新也是伴随着房地产业的蓬勃发展而开展起来的,从房地产信贷、房地产公积金等基本产品逐渐延伸到房地产信托基金、房地产贷款证券化等高级产品创新,房地产金融机构、市场、制度与政策层面的创新也融入其中不断发展成熟。

一 房地产信贷在中国的发展状况

房地产信贷业务在我国已经发展了很长时间。"信贷"的基本含义是指在特定的资金关系下，资金的所有者将资金的使用权转移出去的行为。从信贷业务的发展历史来看，"信贷"可以从广义和狭义两个方面来理解：在广义层面上，信贷是金融市场上金融机构开展的一种业务，业务的具体内容是针对资金的供给者开展吸收存款业务和针对资金的需求者提供发放贷款业务；在狭义层面上，信贷的范围缩小了，开展对象仅包括商业银行，业务范围仅包括贷款业务。作为"信贷"这一基础概念的延伸，"房地产信贷"是指以商业银行为主的金融机构将资金借给房地产开发商和消费者，并且以利息为有偿偿还条件的一种业务形式。房地产信贷业务根据贷款对象的不同可以分为两类，一是房地产开发信贷业务，二是房地产消费信贷业务。前者是针对房地产开发商而言的，资金通过贷款的方式从商业银行等金融机构流入房地产开发商，贷款资金主要包括土地开发贷款、住房开发贷款、商业用房开发贷款以及流动资金贷款等；后者是针对普通居民而言的，同样通过贷款的方式，资金从商业银行流入普通居民，资金用于购买自用普通住房。随着房地产业的迅猛发展，其与商业银行间的关系日益密切，或者说，房地产业的发展得益于商业银行的资金支持。

（一）房地产信贷业务的发展历程

中国房地产信贷业务已经开展了20多年。纵观中国房地产信贷发展历程，可以将其分为发展初期、高速发展期和稳步调整期三个阶段。

1. 中国房地产信贷业务的发展初期

中国房地产业发展之初，资金十分匮乏，房地产信贷成为支持房地产需求和供给的重要资金来源。中国房地产业肇始于1990年，以1990年国务院颁布的《中华人民共和国城镇土地使用权出让和转让暂行条例》为标志，该条例允许城镇土地使用权出让和转让，城镇房地产业迎来了新中国成立以来的第一轮发展机遇。此时的银行信贷主要投向是房地产业务。在房地产业不断发展的过程中，出现房地产投资热，房地产价格随即上涨，在一些热点城市甚至出现了房地产泡沫迹象。随后，国家开始通过紧缩性货币政策调控经济，使得经济过热现象减退，局部地区的房地产泡沫化势头得到有效遏制，与此同此，由于受房地产信贷效益下滑的影响，银行呆坏账大量出现，房地产信贷业务遭遇寒流。1992年，邓小平南方讲话后，中国房地产市场再度迎来繁荣，房地产市场投资也随之增加，房地产信贷业务总量提升。但是在此过程中也相继出现了一系列问题，比如房地产市场管理落后、土地使用权转让混乱、房地产市场结构不完善等。随后，政府为了限制房地产行业过快发展，加大了对其的调控力度，房地产信贷业务随之步入波动发展的阶段。在1995年之前，房地产信贷业务的重点是房地产开发项目。针对房地产供给明显增加，而城市居民的房地产需求严重不足的现实，国家及时将政策导向进行调整，1995年国务院实行"安居工程计划"使房地产信贷业务的着重点发生变化，转向了经济适用房融资与住房抵押贷款等信贷项目。1997年，亚洲金融危机爆发，国内需求下降，中国率先通过在房地产行业领域采取措施来扩大居民的房地产需求，从而起到促进经济复苏的作用，其中最重要的措施就是放松房地产信贷限制。在政策的推动下，房地产信贷业务进入了平稳发展的轨道。

2. 中国房地产信贷的高速发展期

1998~2002年，国家的宏观经济政策着重于鼓励房地产信贷发展。在这一时期，我国房地产市场出现供不应求的发展态势。1998年，中国结束实物分房制度，开始实行住房消费货币化以及住宅建设市场化改革，房地产信贷业务也随之进入快速发展阶段。房地产信贷业务的开展有利于商业银行等金融机构调整信贷结构，为居民购房提供资金支持，刺激房地产市场投资，引导居民消费，推动经济增长。在全面住房制度改革之后，银行房地产信贷业务的重点对象从房地产开发企业逐步转向个人住房消费群体。面对新形势，中国人民银行在1998年下发了《个人住房贷款管理办法》和《关于加大住房信贷投入支持住房建设与消费的通知》，开始允许商业银行对购买商品房的居民提供按揭贷款，并对个人住房信贷进行规范。《个人住房贷款管理办法》规定，对房地产信贷业务要在政策上给予支持，实行住房商业贷款的优惠利率政策。由于政策支持较低的信贷利率，中国房地产信贷迎来了发展的重要机遇期。1998年，中国个人住房抵押贷款余额较1997年增长了224%，达到426亿元。1999年，央行又颁布了《关于鼓励消费贷款若干意见》，出台了下调住房抵押贷款利率、延长贷款期限、降低首付比例等利好政策，极大地推动了个人住房贷款消费，推动了房地产信贷业务的进一步快速发展。截至1999年底，个人住房抵押贷款余额达到1358亿元，较1998年增长了218.78%。1999~2003年，在房地产开发资金中，国内贷款的比例均在20%以上（见表4-1）。在其他资金来源中，也有相当一部分是来自商业银行等金融机构的间接支持贷款，如房地产企业的预收款中有一部分是来自个人按揭贷款，这是房地产开发商间接获取的金融机构贷款。

表 4 - 1 1999 ~ 2015 年中国房地产开发资金来源

单位：亿元，%

年份	当年资金总量	国内贷款		利用外资		自筹资金		其他资金来源	
		金额	占比	金额	占比	金额	占比	金额	占比
1999	4795.91	1111.57	23.2	256.60	5.4	1344.62	28.0	2083.12	43.4
2000	5997.63	1385.08	23.1	168.70	2.8	1614.21	26.9	2829.64	47.2
2001	7696.39	1692.20	22.0	135.70	1.8	2183.96	28.4	3684.53	47.8
2002	9749.96	2220.34	22.8	157.23	1.6	2738.45	28.1	4633.94	47.5
2003	13196.92	3138.27	23.8	170.00	1.3	3770.69	28.5	6117.96	46.4
2004	17168.76	3158.41	18.4	228.20	1.3	5207.56	30.4	8574.59	49.9
2005	21397.84	3918.08	18.3	257.81	1.2	7000.39	32.7	10221.56	47.8
2006	27135.55	5356.98	19.7	400.15	1.5	8597.09	31.7	12781.33	47.1
2007	37477.96	7015.64	18.7	641.04	1.7	11772.53	31.4	18048.75	48.2
2008	39619.36	7605.69	19.2	728.22	1.8	15312.10	38.7	15973.35	40.3
2009	57799.03	11364.51	19.7	479.39	0.7	17949.12	31.1	28006.01	48.5
2010	72844.04	12563.70	17.2	790.68	1.1	26637.21	36.6	32852.45	45.1
2011	85688.74	13056.80	15.2	785.15	0.9	35004.57	40.9	36842.22	43.0
2012	96536.82	14778.39	15.3	402.09	0.4	39081.96	40.5	42274.38	43.8
2013	122122.48	19672.66	16.1	534.17	0.4	47424.95	38.9	54490.70	44.6
2014	121991.48	21242.61	17.4	639.26	0.5	50419.80	41.4	49689.81	40.7
2015	125203.07	20214.38	16.1	296.53	0.2	49037.56	39.2	55654.6	44.5

注：1999 ~ 2004 年其他资金来源包括国内预算资金和债券部分，2005 年以后的数据没有统计国内预算资金和债券资金。

数据来源：历年《中国统计年鉴》。

为控制与房地产信贷市场快速发展相伴出现的风险扩张，政府开始出台一系列政策以抑制房地产信贷过快发展。2003 年 3 月取消房贷优惠政策。2004 年，中国银监会出台了旨在增强银行关于房地产信贷方面的风险防范意识及风险控制能力的《商业银行房地产贷款风险管理指引》，对商业银行房地产开发贷款等做出了严格规定。

该指引明确了商业银行在审查房地产开发借款时，借款者的自有资金必须超过35%。同时，中国人民银行也要求国内金融机构上调个人住房贷款利率，5年期限以下的住房贷款利率由上年的4.77%上调为4.95%，5年期限以上的贷款利率由5.04%调整为5.31%。受上述政策的影响，在2004年中国房地产开发资金中，国内贷款占比由2003年的23.8%降至18.4%。从2004年开始，国内贷款占比均在20%以下，2011年国内贷款资金总额占房地产开发投资额的15.2%，创历史最低值，此后，虽然国内贷款占比略有上升，但始终维持在16%左右，并未大幅上升。2013年国内贷款资金总额占比超过16%；2014年贷款资金总额占比继续上升，达到17.4%，但是与2009年的19.7%的国内贷款占比还存在差距；2015年国内贷款资金总额占比再次出现了下降，降至16.2%。此外，商业银行等金融机构对房地产开发商自有资金有标准要求，其他资金来源一直都维持在40%～50%。在房地产开发贷款余额下降的同时，个人住房抵押贷款也出现了同样的状况（见表4－2）。2007年之前个人住房抵押贷款余额呈逐年上升的趋势，但是2008年突然大幅下降，个人住房抵押贷款余额增长率首次出现负值，由此可见，2008年美国次贷危机引发的全球金融危机影响范围之广、程度之深。

表4－2　1998～2011年中国个人住房贷款情况表

单位：万亿元，%

年份	个人住房抵押贷款余额	个人住房抵押贷款余额增长率	金融机构贷款总额	个人住房抵押贷款占总贷款比例
1998	0.04	224.00	8.65	0.49
1999	0.14	218.78	9.37	1.45
2000	0.34	148.70	9.94	3.40
2001	0.56	65.80	11.23	4.98
2002	0.83	47.70	13.98	5.91
2003	1.18	42.50	19.00	6.20

年份	个人住房抵押 贷款余额	个人住房抵押贷款 余额增长率	金融机构 贷款总额	个人住房抵押贷款 占总贷款比例
2004	1.60	35.80	18.90	8.47
2005	1.84	15.00	20.70	8.89
2006	1.99	8.15	23.90	8.32
2007	3.02	51.74	26.17	11.54
2008	2.98	-1.31	30.34	9.82
2009	4.76	59.73	39.93	11.92
2010	5.73	20.28	47.90	11.96
2011	8.80	53.58	54.80	16.06

数据来源：历年《房地产金融统计年鉴》。

尽管监管层采取了一系列抑制房地产市场泡沫的政策，但过快上涨的房价问题仍未得到充分解决，全国主要城市的房价仍在快速上涨。2005年第一季度，全国房价平均上涨了19.1%。其中，北京市、上海市的房价同比涨幅超过20%。针对这种情况，中国人民银行为了降低居民对房地产行业过热的投机需求，于2005年出台了以商业贷款利率替换个人住房贷款利率的政策。2006年，国家对房地产的政策导向仍然是限制房地产领域的过热投资，以抑制房价过度上涨。中国人民银行将原有各档的房地产贷款利率上调了0.27个百分点。其中，5年期以上的商业银行房地产贷款的基准利率相应从6.12%增加了0.27个百分点，达到6.39%。然而，2006年末，WTO对中国金融业设定的5年过渡期结束，外国银行被允许开展个人房贷业务，国外热钱大量涌入房地产领域，导致国家对房价的抑制目标没有实现。为此，中国人民银行于2007年3月再次将国内金融机构的人民币贷款基准利率上调了0.27个百分点。这一次，央行的紧缩性货币政策与美国次贷危机的影响相互叠加，房价受到了控制，并于2008年初进入低谷。受到政策限制和房地产市场的双重影响，房地产开发信贷业务和个人房地产信贷业务全部陷入低谷。

3. 中国房地产信贷的稳步调整期

2008 年，美国次贷危机引发的全球性金融危机给中国房地产信贷市场造成很大冲击，房地产市场一度低迷不振。2007 年和 2008 年商品房价格首次出现下降，每平方米由 3864 元降至 3800 元，商品房平均销售价格出现负增长（见表 4－3）。为了重振房地产市场，拉动国内消费，中国人民银行于 2008 年 10 月 27 日发布《关于扩大商业性个人住房贷款利率下浮幅度等有关问题的通知》，该通知一经发布，成为中国房地产市场化有史以来最为宽松的信贷政策。通知要求降低个人购房首付款比例，并且还降低了贷款利率，扩大了居民的购房需求，从根本上提升了消费者的购房热情与积极性。2009年商品房平均销售价格增长率出现大幅上升（见图 4－1），商品房平均销售价格每平方米升至 4681 元，创历史最高值。一直到 2009年，政府宽松的宏观调控政策，导致房价快速上升，房地产市场开始出现过热的局面。自 2009 年以后，商品房平均销售价格居高不下，呈现逐年上升的趋势。

表 4－3　2000~2015 年中国商品房每平方米平均销售价格

单位：元/平方米，%

年份	商品房平均销售价格	商品房平均销售价格增长率
2000	2112.00	—
2001	2170.00	—
2002	2250.00	3.6866
2003	2359.00	4.8444
2004	2778.00	17.7618
2005	3167.66	14.0267
2006	3366.79	6.2863
2007	3863.90	14.7651

续表

年份	商品房平均销售价格	商品房平均销售价格增长率
2008	3800.00	-1.6538
2009	4681.00	23.1842
2010	5032.00	7.4984
2011	5357.10	6.4606
2012	5790.90	8.0993
2013	6237.00	7.7018
2014	6324.00	1.3949
2015	6793.00	7.4162

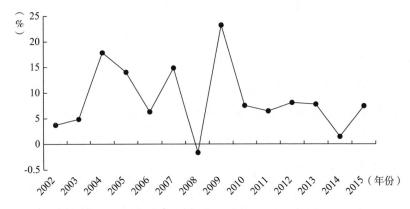

图 4 - 1 2002 ～ 2015 年商品房平均销售价格增长率

数据来源：国家统计局网站。

　　经济刺激政策促进了房地产信贷市场的又一轮繁荣，而泡沫风险也随之出现。为控制房价过快上升导致的经济风险，2010 年，房地产信贷业务再次受到严格的限制，房地产信贷市场在政策的限制下增速逐渐平稳。2010 年 9 月 29 日，《关于完善差别化住房信贷政策有关问题的通知》出台，该通知是由央行联合银监会共同颁布的，大幅调高了住房信贷首付比例。各大银行也取消了执行同档期基准利率 0.7 倍的最低下限利率，导致信贷规模收紧，增速放缓，但绝对规模还是呈现增长趋势。截至 2013 年末，银行房地产贷款余额为

14.6 万亿元，占所有人民币贷款总量的 20.3% ，其中开发贷款 4.6 万亿元，占总贷款的 6.4% 。仅来自房地产开发和居民购买的信贷余额就超过全部贷款的两成，考虑到政府信贷中以土地出让收入作为保证的信贷、居民或企业以房地产作为抵押的信贷、房地产领域中其他主体的信贷等，银行信贷对房地产业的依赖高达 30% ～ 40% 。尽管如此，政策调控的效果还是有所显现，房地产信贷总量虽然有所增长，但是在房地产金融中的份额却呈下降趋势。在房地产开发资金来源中，国内贷款占房地产开发资金来源总量的比重整体呈下降趋势，相反，自筹资金规模逐渐加大，2014 年出现峰值，由此可见，房地产企业在进行房地产开发投资时，以"自有资金优先"为原则，减少商业银行房地产信贷的比重，进而降低房地产信贷风险。

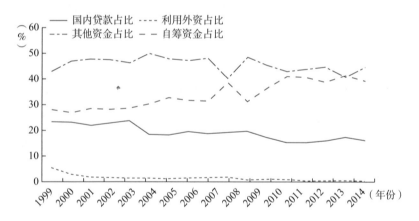

图 4 - 2　1999 ～ 2015 年中国房地产开发资金来源

数据来源：根据各年度《中国房地产金融统计年鉴》绘制。

从 2001 ～ 2015 年中国银监会发布的商业银行不良贷款率来看，中国各商业银行不良贷款率大体呈现逐年下降的趋势。2001 年商业不良贷款率高达 29.8% ，后期逐渐下降；2005 年首次降至 10% 以下，为 8.6% ；2008 年首次降至 3% 以下，为 2.4% 。2008 年商业银行不良贷款率突然大幅下降与国际金融危机爆发以及国家宏观经济政策的调控有很大关系，中国人民银行采取紧缩的货币政策，在降低信贷业务在商业银行经营中的比重的同时，还降低了商业银行的不良贷款率，继而降低商业银行不良贷款风险。房地产信贷业务规模一直以来在商业银行信贷业务中占有较高比重，由此可以看出，国家在这一时期对于房地产信贷业务实行严格管控，避免出现更大程度的危机。从 2010 年开始，商业银行不良贷款率呈现平缓降低的态势，2013 降至 1.49%，随后 2014 年，不良贷款率再次上升，2015 年升至 1.9%。

表 4 - 4   2001 年 ~ 2015 年商业银行不良贷款率

单位：%

年份	2001	2002	2003	2004	2005	2006	2007	2008	2009	2010	2011	2012	2013	2014	2015
不良贷款率	29.80	26.00	20.4	13.20	8.60	7.10	6.20	2.40	1.60	2.43	1.77	1.56	1.49	1.60	1.90

数据来源：中国银监会。

在房地产信贷业务开展以来，中国商业银行的房地产资金总额占贷款资金总额的比重也在不断变化。以国内四大商业银行为例（见图 4 - 3），2004 ~ 2010 年，中国工商银行房地产贷款总额占全行贷款总额的比重在不断上升，由 5.6% 上升至 11.2%，尤以 2005 ~

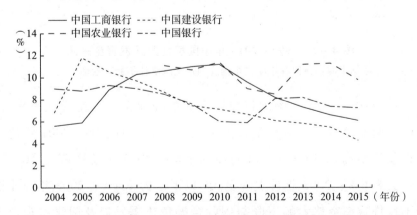

图 4 - 3   2004 ~ 2015 年国有四大商业银行房地产
贷款占本行贷款总额比重

2007 年上升速度最快；2007～2010 年上升速度放缓，这与 2008 年金融危机的爆发具有一定的关系；2010 年以后，房地产贷款总额占全行贷款总额的比重开始下降，下降时间持续到 2015 年，下降至6.1%。究其原因在于，2010 年国家为控制房价过快上升导致的经济风险，再次严格限制房地产信贷业务的扩张，所以各商业银行的房地产信贷资金总额也开始收缩。

相比于中国工商银行，中国建设银行的房地产贷款资金占全行贷款的比重较高，2004 年中国建设银行房地产贷款资金总额占全行贷款总额的比重为 6.8%，高于中国工商银行 1.2 个百分点，2005年该比值上升至 11.8%，其上升幅度之大表明了中国建设银行在2005 年的房地产信贷规模的急速扩张，但 2006 年以后，房地产贷款资金总额占比开始逐年下降，呈现平稳减少的趋势，直至 2015 年，下降至 4.29%，在四大国有商业银行中，比值最低，低于中国工商银行 1.81 个百分点、低于中国银行 2.95 个百分点、低于中国农业银行 5.51 个百分点。

中国银行的房地产贷款资金总额占全行贷款总额的比重经历了先下降又上升再下降的变化，2004 年该比值为 9%，高于中国工商银行的 5.6% 和中国建设银行的 6.8%，随后该比值开始缓慢下降，2010 年下降至最低值 6%。2012 年房地产贷款资金占比再度上升，2013 年上升至峰值 8.2%；2014 年再次下降，且持续到 2015 年，下降至 7.24%，但该数值仍旧高于中国工商银行和中国建设银行。

中国农业银行房地产贷款总额占全行贷款总金额的比重高于以上三家银行。2008 年，中国农业银行房地产贷款总额占比为11.1%，远远高于中国银行和中国建设银行，随后该数值基本保持平稳态势，并未出现较大波动，2010 年达到峰值 11.4%，2012 年降至最低值 8.5%，2015 年再次上升至 9.8%。可以说，自中国农业银行开展房地产信贷业务以来，房地产贷款资金总额占全行贷款资金比重一直处于较高水平，均未低于 8.5%，且大体保持在 10% 左右，尤其在 2015 年，中国银行、中国建设银行、中国工商银行的房地产贷款资金比重均出现明显下降，而中国农业银行依旧保持较高水平。

2004 ~ 2015 年中国工商银行、中国建设银行、中国农业银行和中国银行四大国有商业银行的个人住房贷款总额情况见表 4 - 5。

表 4 - 5　2004 年 ~ 2015 年四大商业银行个人住房贷款金额

单位：亿元

年份	中国工商银行	中国建设银行	中国农业银行	中国银行
2004 年	3605. 95	3481. 32	2375. 72	2406. 40
2005 年	3777. 04	3482. 19	2546. 04	2868. 29
2006 年	4102. 70	4280. 39	2300. 14	3378. 34
2007 年	5365. 09	5278. 88	2992. 55	4595. 23
2008 年	5977. 90	6031. 47	3194. 98	5149. 73
2009 年	8742. 44	8525. 31	4979. 50	7773. 29
2010 年	10900. 95	10885. 91	7245. 92	9402. 26
2011 年	11765. 64	13129. 74	8915. 02	10500. 46
2012 年	13247. 81	15287. 57	10510. 27	11677. 66
2013 年	17025. 38	18802. 27	12920. 33	13238. 01
2014 年	20477. 64	22559. 85	15507. 01	14952. 66
2015 年	24861. 50	27766. 67	19270. 48	18367. 81

数据来源：根据中国工商银行、中国建设银行、中国农业银行和中国银行年度报告整理。

中国工商银行自 2004 年开始，个人住房贷款总额呈逐年上升的态势，到 2015 年，个人住房贷款总额高达 24861. 50 亿元，增涨幅度高达 5.89 倍，年均增长 19.19%，由此可见，中国工商银行的个人住房贷款保持稳定增长的态势。

中国建设银行的个人住房贷款总额近十二年来呈现逐年递增的

趋势，由 2004 年的 3481.32 亿元增长至 2015 年的 27766.67 亿元，增长幅度高达 6.98 倍，年均增长 20.78%，从近几年的趋势来看，未来中国建设银行的个人住房贷款总额将持续增加。

中国农业银行的个人住房贷款总额由 2004 年的 2375.72 亿元增长到 2015 年的 19270.48 亿元，增涨幅度高达 7.11 倍，年均增长幅度达 20.96%，在四大商业银行中年均增长幅度居首位，从近年来的增长态势来看，中国农业银行未来的个人住房贷款总额将不断增加。

中国银行的个人住房贷款总额由 2004 年的 2406.40 亿元增长至 2015 年的 18367.81 亿元，增涨幅度高达 6.63 倍，年均增长 20.29%。可以预见，未来中国银行的个人住房贷款总额仍将保持稳步增长的态势。

（二）中国房地产信贷存在的问题

在中国房地产信贷业务发展的过程中，难免会出现一些问题，主要有中国房地产信贷业务受房价影响而呈现不稳定增长状态、经济增长速度变化影响房地产信贷发展、房地产信贷受制于国家政策导向等。

1. 房地产信贷受房地产价格影响而呈现不稳定增长状态

房地产价格频繁波动造成房地产信贷的不稳定增长。大量的实证研究通过 VAR 模型、协整检验、因果分析、脉冲响应等方法验证了房地产价格与房地产信贷之间的关系（Hofmann，2001；Goodhart 和 Hofmann，2008）。无论是从房地产信贷的供应方，还是从房地产信贷的需求方来看，房价的高低及对房价变化的预期都是决定房地产信贷的重要因素。

从房地产信贷的供给方来看，商业银行在发放房地产相关贷款之前，需要重点考虑自身资金的流动性和所面临的风险，贷款风险是金融机构首要考虑的因素。房地产信贷业务包括房地产开发项目和个人住房贷款两大类，两者都具有回收期较长、变现难的特点，房地产开发贷款还具有单笔数额较大、价值波动性大和风险高的特点。对于房地产开发项目而言，与个人住房按揭贷款一样，规避该项贷款的风险并按时顺利收回本息取决于最终需求者的还款能力和还款意愿。从还款能力角度讲，一般的房地产按揭贷款对象都是具有稳定工资收入的群体，相对风险较小。但是从还款意愿上看，房地产的市场价值是否远远超过还款现金流的现值将成为影响住房需求者还款的重要因素。此外，对房价走势的预期也是影响房地产信贷业务的重要因素。从实际市场中的例子来看，2011 年，上海房价大幅下降，导致一些低首付和分期付款的购房者停交房贷。这一做法给贷款银行带来了一定损失，尽管银行能够通过收回房屋并进行拍卖的方式弥补损失，但是如果抵押房屋的拍卖价格低于银行贷款本息总额，还是会导致银行在开展房地产信贷业务时更加谨慎。

就房地产信贷的需求方而言，房地产信贷需求包括实际需求和投资需求两类。实际需求包括无房人买房和改善住房两类，而投资需求则是将房地产作为投资品，一方面通过购房而享受房地产价格上升带来的资产升值，另一方面通过出租房屋获取一定的流动性补偿。从对中国当前空房率及家庭拥有实际住房数量的有关研究可知，住房投资需求占据一定的比重。随着中国城镇化建设不断推进，对住房的实际需求也会随之增加。从住房信贷的投资需求角度看，对房价的预期是影响房产投资者决策的主要因素。此外，房屋的租赁收入与房价之间也呈正相关。一般而言，房地产价格越高，房租的租金则越高。2014 年，房价开始出现稳中有跌的迹象，尽管政府放开了居民购买第二套住房的条件，尤其是首付比例，但出于对房价下降趋势的预期，大量购房者仍采取观望态度，影响了房地产信贷的增长。

2. 经济增长速度的变化影响房地产信贷发展

经济增长是房地产及相关金融市场的基础，是驱动房地产信贷

增长的重要因素。这一论点得到了学者们的赞同。例如，孔煜
（2009）通过联立方程模型和面板分析方法，考察了经济增长和银行
信贷之间的关系，并分区域进行实证研究，结果表明经济增长是驱
动各地区银行信贷扩张的共同因素。[①] 该结论符合经验直觉，一方面
经济增长能够增加资金供给，直接扩大银行信贷量；另一方面经济
增长还能够提高居民收入，进而推动房价上涨并间接促进银行信贷
量提升。

从经济增长对房地产信贷的直接影响看，经济增加能够直接作
用于房地产信贷的供给和需求。首先，国民收入增加扩大了银行信
贷资金的来源。显然，国民收入增加使商业银行有更充足的储蓄资
金用于房地产信贷。其次，国民收入增加将扩大房地产开发商与房
地产需求者的收入预期，从而增加对房地产信贷的需求。根据恩格
尔定律，居民收入的增加将降低食物支出在总收入中的比重。而作
为发展性支出的住房支出，在居民多样化需求结构中具有较高的收
入弹性。当国民收入增加时，对于没有住房和具有改善住房需要的居
民而言，他们首先会增加购买住房的需要，并推动房地产信贷的增长。

从经济增长对房地产信贷的间接作用看，经济增长会通过房地
产价格的变化间接影响房地产行业的信贷业务。例如，自 2013 年以
来，在宏观经济进入"新常态"的背景下，中国经济增长的速度将
会进入相对平稳的低增长区间。经济增速下滑和结构调整需要的叠
加会影响居民收入的增长，进而抑制居民基于改善目的的刚性住房
需求。另外，经济增速放缓也会改变居民对未来房价快速上涨的预
期，从而在房地产投资上趋于谨慎。目前，即便调控政策有所放松，
国内除一线城市外的大部分区域房价开始松动，但这种效应还是有
所显现。因而，房地产信贷的快速扩张可能终结，房地产信贷规模

---

① 孔煜：《房价波动、银行信贷与经济增长》，《财经理论与实践》2009 年第 5 期，第 12～
16 页。

将进入比较稳定的增长状态。

3. 房地产信贷具有较高的政策敏感度

房地产信贷业务发展除了受房地产市场价格、需求供给等自身因素影响外，国家对住房的政策影响也不容小觑，一般通过住房政策法规、利率政策、税收政策、差别化住房信贷等方式实施。从住房政策法规上看，住房政策法规一般具有强制性，直接限制房地产需求者的购买数量，如限购令等。限购作为控制房价过快上涨以及促进房地产市场稳定发展的常用政策工具被广泛使用，北京、上海等市曾出台限购令，限制本市已有住房居民新增房产的购买数量。同时，限购令还可以搭配差别化的住房信贷政策，如提高居民购买第二套住房贷款首付比例和贷款税率等，达到提高购房者的购房成本以抑制投机性购房需求的目的。此外，常用的政策工具还包括提高银行基准利率等方式。在税收政策方面，可以通过增加土地增值税等方式提高住房需求者的购房成本。以上所有住房政策都将通过直接和间接的方式影响房地产信贷资金的供给和需求。

房地产业的特殊属性决定其在未来相当长的一段时间内，都将在国民经济中占有重要的地位。对房地产业采取怎样的政策，是激励房地产价格提升，还是限定房地产业的过度投资，都取决于中国整体经济走势和产业发展规划。因此，房地产信贷的发展和国家宏观经济政策息息相关。从未来政策趋势看，保持房地产业平稳发展，防止大起大落将成为宏观调控的主基调。也就是说，房地产信贷相关政策也将趋于平稳，房地产政策对房地产信贷影响的传导机制将更多地通过市场途径实施，这将为房地产信贷市场的健康稳定提供良好的发展环境。

4. 房地产业与商业银行互相依赖程度严重

房地产企业对商业银行依赖程度较高。房地产业的发展需要大量的资金支持，商业银行在房地产开发、建筑、销售等过程中发挥着重要的作用，其为房地产企业提供的信贷业支持构成了房地产业良好运行的保障条件。商业银行同样依赖房地产企业，商业银行信贷业务主要针对房地产企业开展，它构成了商业银行盈利的重要来源，所以说，房地产行业的运营情况决定了商业银行信贷风险的大小。商业银行对房地产业的过度依赖会引起诸多问题，比如部分商业银行为了获取更多的利润，向信用等级较低的房地产企业大规模发放贷款，致使资金无法收回，或者部分银行从业人员为了牟取私利，假借信贷业务之便获得额外收益；又如，房地产企业面临国家宏观经济政策的突变未能及时调整经营策略，进一步导致企业财务风险及市场风险的出现，商业银行在这一过程中难免受到打击。2016 年 6 月的一份数据资料显示，截至 2016 年 6 月末，全国个人住房贷款余额高达 16.55 万亿元，其中建设银行、农业银行和交通银行三家国有银行的房贷余额分别高达 3.21 万亿元、2.24 万亿元和 0.69 万亿元，三大银行的房贷规模总计已达 6.14 万亿元，占全国总量的 37%。央行数据显示，2016 年 1~6 月，全国房贷新增 2.36 万亿元，同比多增 1.25 万亿元；同期，上述三家国有大银行新增房贷达到 8023 亿元，占全国的 34%。由此可见，房地产信贷业务是商业银行盈利的主要来源。房地产企业与商业银行之间的依存关系不利于双方经营规模的扩大、经营业务的创新以及经营风险的分散，所以降低房地产信贷的规模，同时减少利用房地产融资的环节，并增加房地产信贷产品种类，是今后着重关注的问题。

二　房地产公积金在中国的发展状况

住房公积金是介于政策性与商业性住房金融之间的一种住房金融产品。在中国，住房公积金是在职职工及其所在单位缴纳的资金，用于员工购房、建造及维修房屋或者缴纳房租。发展房地产住房公积金的意义在于，一是住房公积金的基础作用是为低收入群体提供住房保障，满足更多人的住房需求；二是住房公积金制度逐渐成为房地产市场宏观调控的方式之一，在一定程度上可以稳定房价；三是住房公积金制度作为房地产金融的一大类别，有利于促进国内房地产市场平稳健康发展。

（一）中国住房公积金的发展历程

中国住房公积金制度从 1991 年开始探索，1994 年正式实施，至今已经实施了二十多年。纵观中国住房公积金的发展历程，可以将其分为准备期、发展初期及发展完善期三个阶段。

1. 住房公积金模式的前期准备阶段

新中国成立以后，中国积极探索适应国情的住房分配制度。在新中国成立之初，中国参照苏联模式实施了计划经济体制，结合计划经济体制的统筹分配制度和当时经济条件，中国建立了公有制主导下以工作单位为基础的按行政和工种级别分配住房的制度。这一分配制度为广大城市居民提供了基本住房保障，维护了当时的社会安定，促进了城镇居民的生产积极性。尽管如此，仍然存在着大量符合住房分配条件的居民没有获得住房、居民住房条件较差等客观问题。同时，寻租行为的存在也滋生了住房腐败等问题。此外，繁重的住房建设开支也加大了政府的财政负担。

为了缓解严重的住房短缺问题，降低政府财政压力，自 1978 年始，中国开始积极探索多样化的住房分配制度，在住房供给和改善住房条件方面，取得了突破性进展，如人均住房面积的不断扩大。1979～1985 年，中国采取了试点售房制度，1986～1990 年尝试提租补贴和以租促售的住房制度。这一阶段的住房制度改革为中国住房分配制度的发展和完善，尤其是公积金制度的提出和建立打下了基础。统筹分配模式的改变和各种住房分配模式的探索对于通过市场模式实现住房供需平衡起到了重要作用。然而，受制于整个经济体系中市场作用不足的限制，住房分配的市场化体系没有形成，市场作用的发挥也相当有限。在尚未形成有效需求的前提下，通过住房销售制度满足住房需求无法实现的供需平衡。

2. 住房公积金模式的发展初期

从 1991 年开始，上海在总结以往住房制度改革失败的经验教训的基础上，借鉴新加坡的经验，率先实行了公积金制度。

新加坡的中央公积金制度是比较成功的，也较为符合中国的经济条件和住房条件。上海所实行的住房公积金制度有效延长了住房负债期限，保证了住房商品化的顺利推行，带动了低收入者的购房消费。随着住房公积金模式的效果显著，这一制度不断得到全国其他省份的认同，最终被中央政府采纳，上升为国家层面的政策。

1994 年 7 月，国务院颁布《关于深化城镇住房制度改革的决定》，要求全面实行住房公积金制度。此后，住房公积金缴存率不断提高，归集额也逐年增长。1994 年，全国住房公积金累计归集额达到 110.95 亿元，在此后的几年里保持持续走高的趋势。截至 1995 年底，累计住房公积金归集额达到 260 亿元，1996 年为 393.64 亿元，1997 年突破了 800 亿元。

为巩固前期改革成果，配合住房分配制度改革，培育住房市场发展，《住房公积金管理条例》于 1999 年 4 月 3 日出台。该条例对住房公积金有明确的规定："为了加强对住房公积金的管理，提高城镇居民的居住水平，制定本条例"，其最具代表性的特点有如下几个方面。一是明确并强化管理机构、管理职责、监督、罚则等前期"暂行办法"缺失和操作性不强的条款，规范了住房公积金的使用条件和管理方式。二是各地方关于缴存、使用的条款大体相同，引入了更多的使用情形，由此丰富了住房公积金的内容。三是住房公积金中单位贷款或相关建设项目贷款受到规章的认可，保障了住房公积金的合理合法性。四是统一了各地方之间的缴存差异，主要是缴存比例、缴存对象、贷款条件等口径与量的差别。由此可见，住房公积金制度设立的目标是很明确的，就是为了满足低收入居民的住房需求，帮助低收入者实现购房梦想。从中也可以发现，《住房公积金管理条例》的出台一方面要求相关监管部门加强对住房公积金的管理，将管理流程及管理制度规范化，意在更好地保护消费者权益，为消费者的住房提供制度保障；另一方面要求加强城镇住房建设水平，改善城镇居民住房条件。该条例从法律法规的角度对住房公积金制度给予支持，并对住房公积金的各个方面做出了明确、细致的规范。此后中国的住房公积金制度日益趋向法制化与规范化。

3. 住房公积金模式的发展完善阶段

进入 21 世纪，住房公积金制度已经得到了中国各地区的广泛认可，住房公积金制度建设的重点转向对现有住房公积金制度的不断完善。2002 年 3 月，国务院出台新的《住房公积金管理条例》（以下简称《条例》），扩大了公积金的使用范围。2002 年 5 月，国务院再次出台文件，对完善住房公积金决策体系做出指导，对住房公积金管理结构设置也做出明确的规范。除此之外，还要求各金融机构加大对个人公积金账户的核查与管理，明确指出住房公积金监管部门要切实做好工作，并建立一套完备的监管体系。

中国在实施住房公积金制度的进程中，始终没有放弃对公积金的规范管理，做到防患于未然。2005 年 1 月 10 日，由中国人民银行会同财政部与建设部共同颁布了《关于住房公积金管理若干具体问题的指导意见》，对住房公积金管理过程中可能遇到的具体问题给予详细的指导。2006 年 9 月，针对住房公积金出现的诸如利用效率低、资金沉淀率较高、贪污、肆意挪用等一系列问题，财政部出台了《关于加强住房公积金管理等有关问题的通知》，对以上出现的问题给出了明确的解决办法，从制度层面提出了对住房公积金从严管理的要求。2014 年 10 月 9 日，针对住房公积金贷款业务发展不平衡、住房公积金制度的作用没有充分发挥等问题，同时也为提高住房公积金使用效率，住房和城乡建设部、财政部、中国人民银行联合发出《关于发展住房公积金个人住房贷款业务的通知》，在公积金贷款条件、异地互认、降低借贷成本和门槛、降低贷款中间费用、优化贷款办理流程、提高使用效率等方面又提出一些新举措，对促进住房公积金的进一步规范发展起到了推动作用。2015 年 1 月 20 日，住房和城乡建设部、财政部、中国人民银行联合发出《关于放宽提取住房公积金支付房租条件的通知》，该通知在租房提取条件、租房提取额度、租房提取审核效率等方面做出进一步的规范和要求，这在很大程度上促进了房地产租赁市场的规范、住房公积金提取机制的改善和住房公积金缴存职工的合法权益的保障。2015 年 7 月 8 日和 8 月 28 日，住房和城乡建设部两次按照中国人民银行的规定调整住房公积金存贷款利率，主要包括下调个人住房公积金存款利率、下调个人住房公积金贷款利率以及利用住房公积金支持保障性住房建设等内容，由此可见，住房公积金存贷利率的调整对于中国利率市场化改革意义重大。

目前，全国住房公积金缴存职工超过 1 亿人，有 8000 多万个家庭通过住房公积金圆了购房梦想，购房面积达数亿平方米。在二十多年的发展过程中，住房公积金制度促进了中国住房制度改革，为全国城镇中低收入居民购房提供资金保障，带动了国内住房消费市场的稳步发展。2016 年 5 月 30 日，住房和城乡建设部、财政部、中国人民银行发布的《全国住房公积金 2015 年年度报告》显示，2015 年全国住房公积金缴存额为 14549.46 亿元，比 2014 年增长了 12.29%；2015 年全国实缴住房公积金的单位为 231.35 万个，涉及职工人数为 12393.31 万人，分别比 2014 年净增 24.85 万个和 515.92 万人，分别增长了 12.03% 和 4.34%；住房公积金缴存总额为 89490.36 亿元，余额为 40674.72 亿元，分别比 2014 年末增长了 19.56% 和 9.79%。

"十二五"时期，全国住房公积金缴存额 56970.51 亿元，年均增长 15.74%；期末缴存余额比"十一五"期末增长 129.63%。在公积金提取方面，2015 年全国住房公积金提取额为 10987.47 亿元，比 2014 年增长 44.92%，住房公积金提取额占全年缴存额的 75.52%，比 2014 年提高 17 个百分点。截至 2015 年年末，全国住房公积金提取总额为 48815.64 亿元，占缴存总额的 54.55%。"十二五"期间，住房公积金提取额为 34059.53 亿元，年均增长 29.32%。根据财政部 2011~2016 年统计数据显示，各年财政支出用于住房公积金的金额呈现逐年上升的趋势，由 2011 年的 2495.00 亿元上升至 2016 年的 4722.90 亿元（见表 4-6）。2015 年和 2016 年财政部核算的住房公积金支出总额出现较大幅度增长（见图 4-4）。可见，国家越来越重视住房公积金资金支出规模的扩大，住房公积金制度将逐渐成为中国住房保障体系建设的重要内容之一。

表 4-6 2011~2016 年国家财政用于住房公积金支出总额

单位：亿元

年份	2011	2012	2013	2014	2015	2016
总额	2495.00	3156.00	3292.00	3360.00	3770.00	4722.90

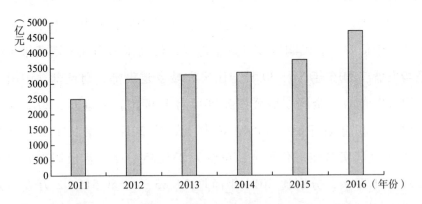

图 4-4 2011 年~2016 年住房公积金支出总额

数据来源：财政部网站。

2017 年 2 月的数据显示，全国缴存住房公积金 1288 亿元，提取住房公积金 839 亿元，发放个人住房贷款 595 亿元，比 2017 年 1 月，缴存住房公积金数额增加 5 亿元，提取住房公积金减少 206 亿元，发放个人住房贷款增加 312 亿元。全国住房公积金缴存总额为 10.87 万亿元，提取总额为 6.24 万亿元，缴存余额为 4.63 万亿元；累计发放个人住房贷款 6.76 万亿元，个人住房贷款余额 4.13 万亿元。由此可见，住房公积金规模在进一步扩大。

从整体来看，在适用范围上，中国的住房公积金制度的发展是从区域延伸到全国。从管理层次的分化上看，住房公积金制度分为中央和地方两级管理，也就是以《条例》为基础的纵向管理以及各级地方政府一揽子公积金管理法规构成的横向管理。由于《条例》给地方公积金法规的制定留出了发挥空间，并且在制度制定上，各级部门习惯先制定措施再制订条例，所以这样就很容易导致地方公积金法规突破《条例》的限制，《条例》的权威与法律效力不足以支撑纵向管理，进而呈现出强烈的横向的区域管理模式。

从政策性住房金融的角度来看，在政策性住房金融的目标人群中，低收入者获得利益很难实现，原因在于，在一些城市的房价与收入比介于 10～15 倍、委托贷款限额 30 万、委托贷款利率低于商业贷款约 1% 的现实条件下，政策性住房金融对个人住房消费的支持微乎其微。同时，对于开发的支持仅限于增值收益中支持廉租房的部分，人为的封闭了经济适用房与政策性金融之间的天然联系。经济适用房的支持操作难度大，无法控制违规行为和资金回收的风险。目前，国内已经有关于制定《住房公积金法》的呼声，而公积金在运作过程中，特别是归集中，公积金相关法规的权威性、强制力都不强。从以上分析中不难看出，住房公积金作为强制性、政策性金融，法律保障是实际操作的根本。公积金管理将经历由法规到法律的巨大跨越。

（二）中国住房公积金发展中存在的问题

住房公积金发展丰富了中国房地产金融工具的种类，促进了房地产业的发展。可以说，房地产与住房公积金制度相辅相成，互相促进发展。然而在住房公积金制度的发展过程中，也存在着一些突出问题。

1. 住房公积金覆盖面不大

中国住房公积金的工资属性和累积性决定了住房公积金的涵盖范围和累计特点。工资性是住房公积金的本质属性，住房公积金是按照职工工资的一定比例进行提取的。一般而言，职工个人缴纳本人工资一定比例的住房公积金，由职工所在单位缴纳另一部分，这一部分往往是职工个人缴纳数额的多倍及以上。但目前多数省份并没有明文规定住房公积金缴存基数和缴存比例，这就造成了不同行业、不同部门、不同单位对住房公积金缴存比率的不一致。住房公积金的累积性是指随着个人工作年限的增加，住房公积金也会增加，这也导致工作待遇好的单位和个人所享受的公积金分配条件高于工作时间短、条件差的职工。另外，住房公积金的义务性突出了住房公积金缴纳的强制性，单位及个人每月必须按时足额缴纳公积金。以上特性决定了中国住房公积金的覆盖面不全面，在地区和行业上发展不平衡。

从中国住房公积金的实施范围来看，国家机关与事业单位是住房公积金的缴纳主体。除国有企业及经济效益好、治理规范的民营企业之外，其他企业单位的住房公积金缴纳均存在一定问题。例如，2011年广西全区参加住房公积金缴存的员工的比例为90.6%，这一数字从表面上看涵盖率极高，但是从深层次调查得知，城镇私人企业职工并没有纳入计算范围，若将私营企业员工也考虑进去，那么覆盖率将降低至65.3%。以上数据表明，我国的住房公积金覆盖范围有限，还有待进一步扩大，且实际保障程度并未落实，仍需监管部门的配合。另外，有关调查显示，在缴纳的住房公积金总额中，来自国家机关、事业单位所缴纳的公积金占比达到 44.3%，国有企业员工缴纳的公积金占 21.99%，两者加总占比为 66.29%。相比之下，私营企业所缴纳的公积金还不足 34%。然而，无论是从解决就业，还是从对经济的贡献率上看，私营经济的比重都远远高出这一数额。因此，中国住房公积金的覆盖范围还有待进一步扩大。2017 年 3 月，嘉兴市为了有效化解新居民对公共服务的巨大需求与本地公共资源相对短缺等矛盾，在浙江省率先实行新居民积分制管理，这一制度保障新居民在没有买房的情况下能够顺利缴纳公积金，一方面帮助新居民享受到公积金的福利，尽快实现有房可住；另一方面扩大了公积金的保障范围，促进了公积金制度的快速发展。

2. 住房公积金使用效率较低

住房公积金从 1990 年正式实施以来，一直面临使用效率低下、大量资金沉淀等问题。以 2008 年为例，全国住房公积金沉淀资金为 3193.02 亿元，占全部缴存余额的 26.35%，同期的住房公积金运用率仅为 53.54%，有些地区的沉淀资金甚至高达 60%。这些沉淀资金的存在表明住房公积金并没有得到有效使用，违背了住房公积金制度建立的初衷。而造成住房公积金使用效率低下的原因主要在于住房公积金的专用性、提取住房公积金的政策限制较多等。

专用性是住房公积金政策的一大特性，这一特性明确规定了住房公积金的使用范围。住房公积金的专用性是指公积金制度是专门为了解决低收入职工住房问题而制定的，员工个人公积金账户里的资金不能用于其他用途，只可以用来建造或修缮自己的房屋以及购买个人住房。近年来国家放宽了住房公积金的使用范围，可以用来缴纳房租，但不能用于消费与住房无关的商品。尽管住房公积金准许用于缴纳房租等情况，但是在很多城市，尤其是一、二线城市，这一政策在现实中变成一纸空文，租房的居民很难提取到公积金。

例如，在租房需求旺盛的广州，2013 年因租房提取的公积金占公积金总额的比例不足 1% 。

从住房公积金的提取环节上看，住房公积金的提取人首先需要向单位申请，获得提取许可后，将户口本、房产证、结婚证、身份证、贷款证明、单位财务证明等一系列材料上交到公积金管理中心，由公积金管理中心对材料进行审核和批准。这一过程不仅程序烦琐，而且在审核时间上，有些单位的公积金审核人每月仅有一天时间进行审核，而公积金管理中心的审批时间又过长，有的甚至要几周时间，再加上严格的限制条件，这些都严重影响了住房公积金的使用效率。

3. 住房公积金的配套政策法规有待完善

《住房公积金管理条例》对住房公积金的提取、管理和监督等一系列问题进行了规定，但是与之配套的操作程序和政策法规尚未建立，阻碍了住房公积金制度的健康运行。

住房公积金配套政策缺失体现在以下三个方面：一是公积金管理的具体实施方法和操作流程问题。在公积金管理上，仅仅规定了住房公积金的管理权限，但对于管理的具体过程、具体细节并没有明确规定，这就造成了管理效率低和管理缺失等问题。以公积金监管缺失问题为例，没有明确的法律法规规定公积金的监管主体是谁、监管方法有哪些以及相关法则如何制定，等等。二是未提取公积金的收益保障问题。尽管沉淀公积金也有一定的资金收益率，但是该收益率远远低于商业利率。当然，对于公积金的使用目标而言，公积金主要用于住房消费领域，所以首先要满足公积金的流动性充足，在用户提现时要有充足的公积金作为保障，不能将全部公积金进行投资商业用途。但是对于沉淀公积金的使用方案没有可遵循的政策法规，也没有专业的资金管理者，往往出现公积金被挪用的现象。三是有些单位从自身利益出发，常常忽视住房公积金制度。此外，由于缺少对公积金制度的学习和了解，一些职工也无法通过法律保护自己的该项住房保障权利。

4. 住房公积金制度创新能力不足

创新是推动中国住房公积金制度进一步发展的核心动力。从本质上来说，住房公积金制度实质仍然是资金的流动。所以，在实行住房公积金制度时，应该考虑资金流动的创新性，也就是如何让住房公积金更好地在资本市场或者货币市场运作。据此，国内外许多学者指出住房公积金贷款证券化可以促进实现效率目标和公平目标。2015年9月，住建部等部门在《关于切实提高住房公积金使用效率的通知》中支持公积金贷款资产证券化，并将其作为提高公积金使用效率的重要途径（王敏，2017）。2015年底，湖北省武汉市率先发行住房公积金贷款资产证券化产品，在上海证券交易所上市交易，盘活了住房公积金贷款存活量，引入了社会资本进而缓解了住房公积金流动性不足的困难。目前，住房公积金贷款资产证券化的经营范围越来越广，而且在国内保持着良好的趋势（见表4-7）。《中国建设报》评论员指出："个人住房公积金贷款具有收益稳、风险小、信用好、小额分散的特点，是理想的证券化资产类型，但贷款期限偏长，贷款利率偏低和地区集中度高的特点也在一定程度上制约了其证券化的实际操作性。"这表明住房公积金贷款资产证券化产品在实际操作上仍存在很多问题，金融操作部门和金融监管部门需要切实合作，尽可能规避各项金融风险，保证金融资本的正常运作。

表4-7　近几年公积金贷款资产证券化情况

单位：亿元

时　　间	发起机构	发行金额
2015 年 6 月	武汉市住房公积金管理中心	5.0
2015 年 8 月	常州市住房公积金管理中心	6.19

续表

时　　间	发起机构	发行金额
2015 年 12 月	上海市住房公积金管理中心	69.63
2015 年 12 月	三明市住房公积金管理中心	5.00
2016 年 1 月	泸州市住房公积金管理中心	5.00
2016 年 3 月	湖州市住房公积金管理中心	5.14
2016 年 3 月	杭州市住房公积金管理中心	9.04
2016 年 3 月	武汉市住房公积金管理中心	17.60
2016 年 4 月	苏州市住房公积金管理中心	20.00

数据来源：王敏、吴义东：《住房公积金贷款证券化研究——基于美国"两房"发展现状的微观分析》，《吉林化工学院学报》2017 年第 2 期。

三　房地产抵押贷款证券化在中国的发展状况

房地产信贷资产证券化是房地产市场和证券市场有机结合的产物，它包括房地产抵押贷款证券化（Mortgage Backed Securitization，MBS）和房地产资产证券化（Asset Backed Securitization，ABS），以及基于这两类资产的再证券化产品。房地产抵押贷款证券化主要指以商业银行为主的金融机构通过重新组合，将资产负债表中流动性较差的住房抵押贷款出售给具有住房抵押贷款证券化业务的公司（Special Purpose Vehicle，SPV），获得融通资金，并由 SPV 以购入的抵押贷款作为资产发行证券，然后由承销商将抵押贷款证券卖给投资者，这就实现了抵押贷款以证券的身份在二级市场流通。住房抵押贷款证券化能够提高金融机构的资金使用效率和资本充足率，化解商业银行资本流动性不足的问题。

（一）中国房地产抵押贷款证券化的发展历程

从 2005 年中国第一个房地产抵押贷款证券化产品诞生至今，已经经历了 10 多年的发展历程。受多种因素的影响，中国的房地产抵押贷款证券化发展之路并不平坦，可以将其分为启动阶段和重启阶段两个时期。

1. 中国房地产抵押贷款证券化的启动阶段

住房抵押贷款证券化最先在美国出现并推行。1970 年，美国推行住宅抵押贷款转付证券，由此开启了住房抵押贷款证券化的大门。中国的房地产抵押贷款证券化产品是参照美国房地抵押贷款证券化做法设计的。20 世纪 90 年代，中国开始尝试房地产金融资产证券化的金融创新研究。

中国房地产抵押贷款证券化于 2005 年 3 月 21 日正式启动。2005 年 12 月 15 日，经国务院批准，作为房地产信贷领域的领军银行——中国建设银行最先涉足房地产抵押贷款证券化，在银行间债券市场推出 30.17 亿元的"建元 2005 - 1 个人住房公积金抵押贷款支持证券"。该款产品以中信信托投资有限责任公司作为发行人和受托机构，由建设银行从上海市、江苏省和福建省三个分行挑选出近 15000 笔优质个人住房抵押贷款组合成资产池，合计金额约 30 亿元。随后，中国建设银行又以中诚信托有限责任公司作为受托人，推出了41.6 亿元的"建元 2007 - 1 个人住房抵押贷款证券化信托优先级资产支持证券"。

住房抵押信贷资产证券化在提高中国银行资本充足率、释放银行信贷空间、增强银行等金融机构资金的流动性、降低商业银行不良资产率与金融风险等方面发挥了一定的作用。但是由于住房抵押信贷资产证券化产品发行规模较小，在银行体系个人住房抵押贷款总额中所占比重较低，因此并没有发挥出应有的作用。2008 年之后，受美国次贷危机的影响，为防范金融风险，房地产抵押贷款证券化的风险得到重视，国内对实施房地产抵押贷款证券化保持谨慎的态度，房地产资产证券化业务随之陷入停滞阶段。

2. 中国房地产抵押贷款证券化的重启阶段

随着美国次贷危机所引发的全球金融危机的影响逐渐弱化，资

产证券化重新获得客观的评价与重视。2012 年 5 月，中国人民银行
和银监会发布了一系列有关资产证券化试点的通知，停滞 5 年的资
产证券化试点得以重启。在这些通知中，并未提及房地产业，但在
2013 年底以前所发行的资产证券化产品中，基础资产池多是企业类
正常贷款和个人汽车抵押贷款，并不包含个人住房抵押贷款类产品。
尽管如此，上述资产证券化业务试点的重启仍为个人住房抵押贷款
证券化业务的再次开启奠定了政策基础，做好了思想上和经验上的
准备。

2014 年 9 月 30 日，为了促进房地产市场的健康平稳发展，满足
居民合理的房地产刚性消费需求，中国人民银行和银监员会联合出
台了《关于进一步做好住房金融服务工作的通知》，放松了对房地产
贷款的诸多限制，同时鼓励商业银行等金融机构提高个人住房的投
放能力。其中，允许并鼓励银行业金融机构通过发行住房抵押贷款
支持证券（MBS）、期限较长的专项金融债券等多种措施筹集资金，
以满足居民的首套住房及改善型住房消费的贷款需求。《关于进一步
做好住房金融服务工作的通知》为重新开启个人住房抵押贷款证券
化业务提供了政策支持，对个人住房抵押贷款证券化业务快速发展
起到一定的促进作用。2014 年，中国邮政储蓄银行在全国银行间债
券市场成功发行了"邮元 2014 年第一期个人住房贷款支持证券化产
品（RMBS）"，这意味着时隔七年住房抵押贷款证券化再次启幕。
央行有关数据显示，至 2014 年 6 月底，中国房地产贷款余额达
16.16 万亿元（个人购房贷款余额为 10.74 万亿元，占比为 66.5%）。
如果 MBS 启动，理论上可以盘活 10 万亿元的房贷资产，不仅增加
了商业银行资金的流动性，而且能够有效解决房地产金融风险过于
集中在商业银行的问题。

虽然住房抵押贷款证券化重新开启，但规模并不大。截至 2015
年底，在国内信贷产品中，公司信贷类资产支持证券占比高达 78%，

而个人住房抵押贷款支持证券仅占有6%的比重（见图4-5），这说明国内资产证券化发展仍然比较落后，证券化市场仍处于初级阶段，未来发展空间还很广阔。

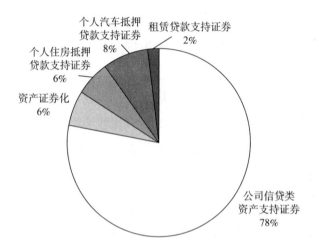

图4-5 国内信贷规模统计

数据来源：王娟：《我国房地产抵押贷款证券化问题探讨——美国次贷危机的启示》，《齐鲁珠坛》2016年第2期。

（二）中国房地产抵押贷款证券化面临的问题

开展房地产抵押贷款证券化能够优化商业银行短存长贷的结构，使商业银行在流动性方面的压力得到缓解，抵抗风险的能力得到增强，还能够增加银行的收益。但是中国房地产抵押贷款证券化的历程比较短，发展过程中仍存在着一些突出问题。

1. 房地产抵押贷款证券化的法律环境与市场条件还不够成熟

目前，中国住房抵押贷款证券化仍然处于试验阶段，尤其是相关法律制度方面仍存在着诸多问题，有待进一步完善。在住房抵押贷款证券化过程中，世界各国和地区都是通过立法的形式来推进的，没有法律的支持，任何业务都难以得到快速稳定的发展。中国目前缺乏针对住房抵押贷款证券化的专门法规，而现行银行法、公司法等不利于证券化的发展，很多证券化过程中出现的问题都没有被涉及，有些条文甚至是相悖的，这在一定程度上阻碍了房地产资产证券化的发展。此外，中国债券市场发展相对滞后也限制了住房抵押贷款证券化市场的发展。债券市场的规模与流动性相对不足，限制了住房抵押贷款证券化产品的市场空间，目前信贷资产证券化类产品的发行主体集中于商业银行，互相持有比例较高，市场的深度和广度仍然需要进一步加强。

2. 房地产抵押贷款证券化依赖的信用环境仍存缺陷

目前，中国缺少完备的、系统的信用担保体系，为住房抵押贷款证券化的发展造成了一定的障碍。在证券化业务实践中，各大商业银行只能凭借自己的资金实力，或通过互相担保的方式来进行自身信用增级，这不利于风险在更广阔的市场空间中分散配置。目前，中国尚未建立起完善的信用体系，银行无法对借款人的资信状况、经营情况、申请贷款用途的合规性和合法性、贷款担保情况等做出准确判断，因此银行为了减少信贷的风险，就会在贷款额度等方面进行严格控制；另外，虽然中国信用评级机构数目不少，但是整体评估质量仍然不尽如人意，具有一定影响力、相对规范的信用评级机构仍然十分缺少，评级机构的运作规范程度和透明度也较低，难以进行公正的评估。为此，中国引入了投资者付费的信用评级模式，建立"中债资信"作为信用评级体系的补充，但是信用评级体系的完善并不能在短期内完成。

3. 房地产抵押贷款一级市场发展不充分

具有成熟完善的抵押市场是抵押贷款发行的先决条件，但是国内的抵押市场还不完善，问题频发。目前，中国的房地产抵押贷款一级市场还处于起步的阶段，市场主要集中在少数发达地区，抵押贷款证券化规模太小。而且，各地之间对于房地产贷款的评估、发放的条件和管理也不尽相同，这些都制约了房地产抵押贷款证券化的推进与发展。

四　房地产信托投资在中国的发展状况

房地产信托投资是指金融信托机构投资房地产业的一种形式。房地产信托投资既可以直接参与房地产的开发和经营，也可以通过购买证券市场上的房地产证券来进行投资。房地产信托投资具有业务灵活多样、信息面广的特点。发展房地产信托的意义在于，一是房地产信托为房产委托人提供了一种新的投资渠道，这种投资方式相较于其他的房地产投资方式而言，更加可靠保险。由于房地产投资自身存在较高的风险，极容易面临资金短缺的状况，此时房地产信托为房地产行业的资金融通开辟了一条新的路径，或者说，房地产信托是房地产行业融通资金的有效方法；二是房地产信托说到底来自信托业务，因此它属于金融产品的一种，对投资品种的丰富、金融市场的创新发展以及资金的融通起到促进的作用；三是房地产信托为信托机构的发展提供强大的支持，当前国内信托机构的发展还不完善、信托产品种类不足，房地产信托的出现微观上增加了信托机构的信托产品种类，宏观上保障了金融市场的金融产品的多样性，有利于推动金融市场更好发展。

房地产信托投资有两种运作形式，一种是委托人自己规定投资方式；另一种方式是由信托投资机构自行决定投资项目，而无须征得委托人同意。使用第一种投资方式的房地产信托投资公司完全按照委托人的意愿进行投资，投资收益也由委托人享受，而投资公司仅收取手续费。若采用第二种方式，投资公司按照自己的意志进行投资，必须保证委托人的最低收益，若有额外收益，该收益的主要部分也归委托人所有。

（一）中国房地产信托投资的发展历程

1883 年美国最先成立了波士顿个人财产信托，直到 1920 年美国投资事业才有了划时代的发展。中国于 2002 年开始探索房地产信托投资产品，至今已经有十多年时间。房地产信托业在中国房地产金融创新、房地产业健康发展中发挥着重要作用，它不仅为房地产开发企业提供了充足的资金来源，避免了房地产企业对于商业银行等金融机构的过度依赖，还在一定程度上降低了金融机构的信贷风险。除此之外，房地产信托也为普通投资者带来了投资机会，拓宽了投资渠道。纵观中国房地产信托业务的发展历程，可以将其分为发展初期、法规完善期和复苏期三个阶段。

1. **房地产信托投资发展初期**

随着中国市场化住房制度改革的深入，商业银行贷款成为房地产企业融资的主要途径。为了分散银行信贷风险，中国于 2002 年开始探索信托投资在房地产业领域的发展。2002 年 7 月 28 日，中国首款房地产信托产品"新上海国际大厦项目资金信托计划"由上海国际信托投资有限公司推出，标志着中国房地产信托市场的开启。

2003 年，中国人民银行颁布了《房地产贷款管理若干问题的通知》，对房地产信贷的有关方面做出明确规定，要求房地产开发企业在申请贷款时必须保证自有资金在 30% 以上，并且必须"四证"齐全，而对信托机构没有限制，这就为房地产信托业的发展提供了契机。对房地产开发企业贷款的限制大大推进房地产信托的快速发展，促使房地产开发商将目光转向信托投资，国内信托机构实现了快速发展。2003 年房地产信托产品规模约 60 亿元，到 2004 年房地产信托规模进一步扩大，比 2003 年增长了近一倍，达到 110 亿元。

2. **房地产信托投资的法规完善期**

在这一阶段，房地产信托投资业务规模迅速膨胀，参与主体逐渐增多，由此带来的金融风险问题日渐突出。为此，2005 年 9 月银监会颁布了《关于加强信托投资公司部分业务风险提示通知》，对房地产信托投资业务做出了类似房地产信贷的严格规定，要求申请房地产信托投资的房地产开发商的开发资质应在二级以上，自有资金规模超过35%，而且"四证"齐全，房地产信托业首次遭到政策限制。尽管如此，2005年房地产信托业整体表现依然良好。到2005年末，房地产信托产品的发行规模超过157亿元，共121只产品发行，比2004年有大幅度增长。面对这种局面，监管层加大了房地产信托业务风险防范与治理力度。2006年8月，银监会出台《关于进一步加强房地产信贷管理的通知》，进一步抑制房地产信托产品的过快发展，导致房地产信托在2006年下半年在规模以及产品数量方面均发生了直线下降。2007年，房地产信托业受到更为严厉限制，房地产信托投资也因此受到影响，至2007年底，房地产信托投资占整个信托投资业的比重降到历史最低，为13.35%。

3. 中国房地产信托投资的复苏期

2008年，中国房地产信托投资业务出现转机。由于美国次贷危机的传染效应，中国也加强了对房地产业的宏观调控，房地产企业从银行获得融资难度进一步加大，这为房地产信托投资的复苏提供了有利环境。用益信托工作室统计数据显示，2008年信托投资机构筹集资金总规模较2007年增长一倍，达到259.57亿元，共发行了137个房地产投资信托产品。2009年末，房地产信托业务再创新高，信托机构发行了218个房地产信托产品，规模达到449.16亿元，比2008年增长了近200亿元。经过稳定发展的2009年，2010年和2011年房地产信托业务得到更加迅速的发展。国务院于2011年颁布有关房地产业政策"新国八条"，受此影响，2011年房地产信托筹资2840亿元，共发行1029个产品，创下历史最高水平，但是发行规模占整个信托行业的比例有所下降，为36.43%。2011年4季度末，房地产信托余额达到6882亿元。2002～2011年，房地产信托年发行规模增长了278倍。2013年，中国的房地产信托业依然保持快速增长势头，全年房地产信托产品新增规模为 6848.23 亿元，其中集合资金信托产品新增规模为 3040.96 亿元，单一资金房地产信托为 3808.27 亿元。到 2014 年底，中国房地产信托存量规模为 1.39 万亿元，在全部资金信托中的比重达 10.96%。[①] 自 2015 年起，伴随国内经济进入"新常态"，信托业也逐渐进入"新常态"，房地产信托业的发展"稳中求进"。2015 年年报显示，有近 20% 的信托公司房地产信托业务占比超过 20%。2016 年 1 月，房地产领域成立 52 个信托产品，募集资金 113.34 亿元，用益信托工作室发布最新的用益信托指数为 62%，回升至 50% 分界线之上，表现出行业回暖的态势；5 月统计信息显示，房地产信托产品的发行数量有增无减、发行规模持续上升，但是预期收益率略有下降，这与中国人民银行多次降准、降息的政策调整密不可分；10 月房地产信托规模环比骤降近七成，楼市新政的发布导致房地产信托出现短期的回落，房地产融资全面收紧，但从长期来看，在人口集中的一线和二线城市，房地产信托仍然具有一定的发展潜力。中国信托业协会统计显示，至 2016 年底，信托资金投向房地产领域的规模为 1.43 万亿元，较 2015 年底的 1.29 万亿元增加 1400 亿元。用益信托工作室统计数据显示，2017 年 4 月国内发行信托产品的公司数量为 55 家，较 3 月下降 6.78%；产品数量下降 39.76%，发行规模下降 44.99%（见表 4 - 8）。其中，信托产品投资用于房地产领域的各项指标数值见表 4 - 9，房地产信托规模保持稳定，收益略高于部分信托产品的平均收益水平。房地产信托产品数量低于部分信托产品，在平均规模、平均期限和平均收益方面，房地产信托产品处于中等水平（见表 4 - 9）。

---

① 王东亮、曹龙、戴必晶：《房地产金融步入资产配置时代》，《21 世纪经济报道》2015 年 3 月 9 日。

表 4 - 8　2017 年 4 月信托产品发行情况

统计项目	本期	上期		去年同期		本年累计
		数量	环比（%）	数量	同比（%）	
公司数量（家）	55	59	- 6.78	57	- 3.39	64
产品数量（个）	509	845	- 39.76	542	- 3.91	2713
发行规模（亿元）	1133.32	2060.04	- 44.99	1192.49	- 2.87	6244.15
平均规模（亿元）	2.55	3.16	- 19.39	2.64	- 3.08	2.95
平均期限（年）	1.64	1.72	- 4.65	1.82	- 10.47	1.69
平均收益率（%）	6.59	6.6	- 0.15	7.11	- 7.88	6.50

　　数据来源：用益信托工作室。

表 4 - 9　2017 年 4 月信托产品的投资领域分析

行业	资金规模		项目（个）		平均规模（亿元）	平均期限（年）	平均收益（%）
	数量（亿元）	占比（%）	数量（亿元）	占比（%）			
房地产	73.18	9.22	50	9.23	1.88	2.01	6.99
金融	253.49	31.93	187	34.50	1.72	1.22	5.63
基础产业	30.14	3.80	33	6.09	1.12	2.32	6.78
工商企业	128.01	16.12	80	14.76	1.60	1.31	6.58
其他	309.07	38.93	192	35.42	2.22	2.30	8.23
合计	793.89	100	542	100	8.54	9.16	34.21

　　数据来源：用益信托工作室。

（二）房地产信托投资存在的问题

　　作为房地产企业融资的一种渠道，房地产信托投资在一定程度上解决了房地产业融通资金的困难，对房地产业的发展起到一定的促进作用。但是，由于中国的房地产金融市场发展还不完善，使得房地产开发企业在利用房地产信托融资时仍然面临着一些问题。

　　1. 房地产信托投资发展处于初级阶段

　　国外成熟的房地产信托投资都具备流动性强、设计标准化、投资门槛低等优点，已经成为房地产市场最基本的资产证券化手段。同国外房地产信托投资发展较好的国家相比，中国房地产信托投资仍然处于初级阶段，发展滞后，地区间发展极不平衡，导致房地产信托在房地产开发企业资金融通方面发挥的作用不充分。

2. 房地产信托投资决策时存在转委托现象

由于中国的房地产金融法律体系和监管体系并不健全，信托公司在执行投资决策时存在转委托现象，这使信托公司丧失了专家理财职能，并且有悖于现有的一些法规条例。信息不对称导致信托公司与项目提供方以及委托人与受托人之间存在"逆向选择"问题，即信托公司在寻找项目时，与项目提供方之间存在信息不对称，劣质项目所提供的收益率可能高于优质项目，劣质信托公司也可能通过提供高于优质信托公司的预期收益率吸引投资者。转委托现象加剧了信息不对称所导致的机会主义问题，不利于房地产信托风险收益的匹配和资金使用的安全。

3. 房地产信托产品流动性较低

困扰房地产信托投资的最大问题就是流动性问题。根据中国《信托法》有关规定，信托产品不得通过电视媒体广告等形式进行宣传，因此投资者对信托产品的认知、认可度势必会低于其他理财产品。投资者购买信托产品通常采取与信托公司分别签订信托合同的方式，流动性很低。由于现有的转让模式只能通过协议转让，房地产信托投资产品不能直接进入流通领域，而且中国尚未建立房地产信托投资的二级市场，不仅缺少房地产信托投资集中竞价交易场所，也缺少转让平台，大多数投资者只能从购买信托产品起一直持有至到期日。因此，房地产信托投资的流动性受到了很大的制约。

4. 集中度风险、合规风险以及法律风险还很突出

房地产信托作为金融产品的一种，具有金融产品的特征，即集收益性、风险性和流动性于一身，其中的风险性主要体现为集中度

风险、合规风险以及法律风险。

（1）房地产信托的集中度风险。一是投向区域过于集中。目前，中国房地产金融投向区域集中于热点城市，存续期房地产信托项目中，投向16个热点城市的信托资产超过53%。二是集中于大客户。有47家信托公司向某大型房地产集团提供融资，占全行业新设房地产信托业务的10%以上。三是部分信托公司房地产信托产品占比高。部分信托公司房地产信托业务占比较高，有8家信托公司房地产信托占比超过20%，最高达到80%。

（2）房地产信托的合规风险。一是突破房地产企业资质要求，通过明股实债、产品嵌套、有限合伙、私募基金等向不满足基本政策要求的房地产项目发放信托贷款，这样容易导致资金收不回，严重损害金融机构的利益，增加了金融风险。二是投向建筑业等行业的信托资金被挪用于房地产开发，房地产开发比重过高，资金使用过于集中，不利于分散风险。三是突破房地产信托业务杠杆比例要求，增加了房地产金融风险。四是通过产品嵌套规避净资本监管，这就为一些不法分子牟取私利提供便利条件。五是为其他机构发放购房首付贷款提供便利，影响房地产市场限贷等宏观调控效果。

（3）房地产信托的法律风险。尽管中国制定了关于信托公司房地产投资业务管理法规，房地产依托业务开展有法可依，但房地产信托仍然存在房地产信托建设项目欺诈、信托计划制定不符合规范、违规使用信托资金、信托担保有名无实与信托产品做不到及时变现等诸多法律风险，影响房地产信托业务的发展。例如，监管部门多次重点提及"明股实债"类业务所面临风险上升的问题，法院关于某信托公司与房地产公司破产债权确认纠纷案的民事判决，认定信托公司获得房地产企业股东资格后不应再享有对该企业的破产债权，导致依附于债权的担保措施落空，所以"明股实债"类业务面临的法律风险明显上升。

5. 道德风险阻碍房地产信托的发展

道德风险是指，由于国内房地产信托业务运作模式不成熟，对受托人的有效约束和激励机制尚未形成，所以受托人极有可能出于个人因素做出损害其他人利益的行为。实际上，房地产信托的本质仍然属于委托—代理关系，出现道德风险不可避免。为了最大可能地避免道德风险，多数人更倾向于将资产托管于可信任的亲戚、朋友，而不愿意托管于信托机构，所以习惯上的个人间信托关系很难在短时间内转变为个人与信托机构的托管关系，这在一定程度上抑制了房地产信托业的发展。也就是说，房地产信托业务短时间内很难完全普及，仍然需要政府机构、金融机构、投资者共同推进。

五　住房储蓄银行在中国的发展状况

住房储蓄是指为了买房而筹集的储蓄性质的资金，即居民将资金存储到住房储蓄银行，在达到一定额度后，可用这笔钱来购买住房。

（一）中国住房储蓄银行的发展历程

住房储蓄制度起源于 1775 年的英国伯明翰，后来在欧洲等国家推广，在德国得到进一步完善。20 世纪 20 年代，德国为解决住房融资困难的问题，成立住房储蓄银行，帮助克服通货膨胀带来的资金短缺困难，后来德国住房储蓄制度逐渐发展成为德国住房金融体系的重要内容。目前，德国拥有住房储蓄银行约 700 多家，分支机构约 1.8 万家，住房储蓄银行为德国提供了近 40% 的住房资金，近 1/3 的德国住房都是由住房储蓄银行提供资金支持得以实现的。除德国外，其他欧洲国家如法国、捷克、波兰、奥地利等国家也在逐步推广住房储蓄模式（葛新旗，2015）。中国从 1987 年开始探索住房储蓄业务，至今已经发展了近 30 年。从中国住房储蓄银行的发展历程来看，可以将其分为探索阶段、初步发展阶段和专业化发展阶段三个时期。

1. 中国住房储蓄银行的探索阶段

中国对住房储蓄银行的探索始于 1987 年。1987 年 12 月 1 日，经央行批准成立的烟台住房储蓄银行正式对外营业，并由此成为中国首个专门经营房地产信贷业务的银行。烟台住房储蓄银行建立的初衷是专门办理与房改配套的住房基金筹集、住房信贷以及结算等政策性金融业务，在当时还没有任何商业银行办理贷款的环境下，具有一定的试验和进步意义；随后，国内又成立了蚌埠住房储蓄银行。两家住房储蓄银行在存续期间，都为当地居民购房提供了资金支持，为中国房地产市场的繁荣、房地产信贷的发展做出了重要贡献，并将当地投资引入资本市场。烟台住房储蓄银行自正式对外经营之日到 2003 年 6 月末，股东的平均回报率为 13% ~ 15%；蚌埠住房储蓄银行也取得了可喜的成就，存贷余额和资产规模都保持着 20% 以上的增长速度。但这两家银行在开办期间只能提供低息的抵押贷款，无法达到规模效应和预期效果，加之住房公积金制度在 20 世纪 90 年代的快速发展，住房储蓄银行受到了严重打击。最终，烟台住房储蓄银行于 2003 年经中国人民银行批准进行股份制改革，更名为恒丰银行。随后，蚌埠住房储蓄银行也更名为蚌埠市商业银行。

2. 中国住房储蓄银行的初步发展阶段

2004 年 2 月 15 日，经中国人民银行批准，由中国建设银行和德国施威比豪尔住房储蓄银行共同出资组建的中德住房储蓄银行在天津市正式成立，注册总资本为 1.5 亿元，在总资本构成中，中国建设银行占股达到 75.1%，德国施威比豪尔住房储蓄银行持股 24.9%。中德住房储蓄银行在成立之初就定下"前三年签署 16 万份住房储蓄贷款合同，签约额达到 12 亿欧元，并实现盈利"的目标，然而初期的运作远没有达到预定的目标。随着中德住房储蓄银行的成立，中国出现了国内第一个专门办理住房贷款业务的商业银行。2006 年，中德住房储蓄银行发放了自家银行首笔住房贷款业务。此外，中德住房储蓄银行为了扩展业务范围，与天津住房公积金管理中心合作开办住房储蓄与公积金相结合的贷款业务。随后其首家销售中心正式营业，提供住房储蓄产品咨询及售后服务，2007 年，累计销售住房储蓄合同额突破 100 亿元。

3. 中国住房储蓄银行的专业化发展阶段

2008 年，中德住房储蓄银行的发展规模进一步扩大，注册资本先后增加至 4 亿元和 10 亿元。除此之外，中德住房储蓄银行也开始筹划涉足个人住房贷款以及房地产开发贷款等业务，正式成为专业的住房储蓄银行。在信贷产品方面，该行陆续推出个人保障性住房贷款、保障性住房开发贷款、个人普通商品住房贷款、普通商品住房开发贷款等产品。2009 年，中德住房储蓄银行发放首笔个人住房贷款，正式推出个人住房与住房储蓄组合贷款。

2010 年，中德住房储蓄银行开设了第一家分支机构——和平支行，主要办理国内外结算及其他中间业务。随后，又开设了滨海支行。截至 2010 年底，中德住房储蓄银行累计销售住房储蓄合同额达到 209 亿元，与储户签订了 11.5 万份住房储蓄合同，住房储蓄存款余额达到 13.43 亿元，贷款余额达到 6.72 亿元。在天津市除了四大国有银行之外的商业银行中，中德住房储蓄银行个人类住房贷款新增额排名第 2 位，其个人保障性住房贷款发放额在天津市全部商业银行中的市场占比达到 45%，保障性住房开发贷款新增额和年末余额在天津市场占比分别达到 41% 和 35%。

2011 年，中德住房储蓄银行进一步扩大规模，注册资本新增至 20 亿元，业务范围也由传统的个人住房贷款业务扩展到个人公有住房贷款和个人商业用房贷款业务，从注册资本和业务范围两个方面扩大规模。开办公积金（组合）贷款业务，集住房储蓄、商业按揭及公积金三大住房融资业务于一身。截至 2012 年底，中德住房储蓄银行取得了显著的成就，实现净利润 1.02 亿元、净资产 21.52 亿元

以及资产总额 174.25 亿元的目标，并且累计销售住房储蓄合同额超
过了 300 亿元。此外，值得一提的是，在天津市除四大国有银行之
外，中德住房储蓄银行的个人住房贷款增加额位居第 1 位。2014 年
中德住房储蓄银行官网发布《服务收费价目表》（见表 4 - 10），由
表 4 - 10 可以看出，住房储蓄类项目种类繁多，且收费标准不一，
满足各类客户的需求，中德住房储蓄银行业务朝着标准化、专业化、
多样化方向发展。2015 年，中德住房储蓄银行实现了跨越，向全国
性专业银行迈进。2016 年 12 月 22 日，《中德住房储蓄银行管理暂行
管理办法》正式印发，明确了中德银行全国性专业银行的定位。自
2017 年起，中德银行真正拥有了法定身份，也标志着开启了中德银
行自 2013 年开始的战略转型进入了发展元年。

表 4 - 10　中德住房储蓄银行市场调节价项目

编号	收费项目	适用客户	收费标准
3010001	A 类合同	所有	新签服务费标准：新签合同额的 1%； 提高服务费标准：提高额的 1%
3010002	B 类合同（原）	所有	签订时：合同额 30 万（含）以下收取 300 元，30 万~60 万（含）收取 600 元，以此类推贷款时：收取贷款额 1% 的服务费（贷款服务费），如果合同发生转让，无论合同额大小，将收取 300 元的转让服务费
3010003	B 类合同（新）	所有	新签服务费标准：新签合同额的 0.6%；提高服务费标准：提高额的 0.6%； 贷款时收费标准：收取贷款额 1% 的服务费（贷款服务费）
3010004	C 类合同	所有	新签服务费标准：新签合同额的 1%； 提高服务费标准：提高额的 1%；
3010005	H 类合同	所有	新签服务费标准：新签合同额的 1%； 提高服务费标准：提高额的 1%；
3010006	金色系列	所有	新签合同时免收服务费：未达到配贷条件，解除合同，收取合同额 1% 的服务费

编号	收费项目	适用客户	收费标准
3060007	Y-1	所有	新签服务费标准：新签合同额的 1%； 办理贷款收费标准：需缴纳合同额的 0.5% 作为贷款服务费 转让合同收费标准：达到配贷条件且未支取存款及利息，转让时收取合同额的 0.6% 作为转让服务费
3060008	Y-2	所有	新签服务费标准：新签合同额的 1% 转让合同收费标准：达到配贷条件且未支取存款及利息，转让时收取合同额的 0.6% 作为转让服务费

目前，中德住房储蓄银行的业务特点鲜明：一是先存后贷、存贷结合。先存后贷指的是储户必须先履行存款义务，才能享受贷款权利。这一特殊的安排不仅可以积累专项住房消费资金、引导有计划的住房消费、避免需求过度集中，而且便于对储户信用进行考察、将投机者拒之门外。二是用途唯一、专款专用。住房储蓄只能用于住房消费，而不能用于其他的消费。"专款专用"有利于政府通过住房储蓄资金池来宏观了解中国房地产市场需求状况，据此制定决策，增强决策的正确性及针对性。三是封闭运行、自愿加入。住房储蓄银行的运营资金（资产池）与资本市场是完全独立的，其来源和使用均不受资本市场的影响。也就是说，只要住房储蓄者履行存款义务，就能够获得贷款的权利。另外，客户也具有封闭性。如果个人有日后买房的打算，就可以购买住房储蓄合同，先存款后贷款，而不受他人的影响。四是政府奖励、利率固定。前期，政府为提高住房储蓄者的存款积极性，提高其存款收益，给予住房储蓄者一定的奖励；后期，银行通过固定贷款利率让利于住房储蓄者，降低住房储蓄者的购房成本。

住房储蓄银行与一般商业银行的不同之处在于：一是住房储蓄银行资金封闭运作，它只向住房储蓄客户吸存，也只向自己的住房储户放贷，储户的存贷差是其唯一利润来源。二是住房储蓄银行运用严格的借款人资格评定体系，除了最低存款额限制外，银行还以存款额与存款时间相乘所得"评估值"决定配贷顺序，使储户得到贷款的机会最大限度趋向公平。有行业专家分析评论："对资金封闭运行的德式住房储蓄银行，国内还完全是陌生的。由于业务单一，盈利主要靠客户群体，特别是贷出资金形成规模后才有望盈利，因此短期内住房储蓄银行的利润不会太高，但长远发展空间广阔。为降低运营成本，住房储蓄银行的贷款额度会有一定上限，不足部分由一般的商业银行贷款补足，而与住房储蓄银行合作的商业银行近水楼台，往往会根据贷款者的具体情况，为其设计与住房贷款配套的商业贷款一揽子方案。"这就意味着，住房储蓄银行不仅需要广大金融机构的支持，同时还需要扩大住房储蓄银行的宣传，让更多的人了解住房储蓄银行，并了解这种房地产投资方式的优越性，进而促进住房储蓄银行的快速发展。

（二）住房储蓄银行存在的问题

中国住房储蓄银行已经取得了突破性进展，但在其发展过程中，也显现出一些问题。

1. 贷款条件要求不利于低收入者购房

根据住房储蓄银行规定，必须先存后贷，储户要贷款时，其存款额需要达到合同金额的50%，才可以享受银行3.3%的低利息贷款。在中国，由于房价的不断升高，购房金额一般都很大，所以即使是存够50%的合同金额，对于低收入者来说仍极其困难，因此对大多数存款者来说在很长的一段时间内不会通过储蓄银行来进行贷款，而高收入者没有这方面的困难。也就是说，低收入者"低存"所损失的资金收益通过"低贷"转移给了那些高收入者，实际上出现了"穷帮富"的现象。

2. 业务模式没有充分考虑中国国情

中国的住房储蓄银行业务照搬德国模式，实行资金封闭运行，没有充分考虑到中国的国情。施豪银行经营的住房储蓄银行之所以在德国获得成功，是因为德国有着成熟并稳定的房地产市场，德国居民没有强烈的购房需求，而金融市场的投资回报率与存款回报率相差不多。目前，中国的房地产市场还处于初级阶段，居民购房的欲望很强烈，存够合同规定金额的 50% 时间太长，同时还会使居民丧失在金融市场的投资收益，因此大多数人不会选择这一方法贷款。

3. 销售代理制不易被居民接受

销售代理制的确立是保障住房储蓄银行顺利发展的关键因素，它的好处在于，借助先进的管理系统使银行正常运营，不需要大量的后台操作管理人员，这极大地节约了银行的营运成本。但是，中国想实现销售代理制可谓困难重重，原因有两个，一是中国缺少代理人制度，而完善的代理人制度是建立销售代理制的前提，所以代理人制度是中国亟须解决的问题。二是中国的消费者对于销售代理制的交易方式不感兴趣。销售代理制是在代理授权的范围内代理人以被代理人的名义与第三人进行交易，特别是国内非法传销一类事情层出不穷，销售代理制更难得到中国消费者的信赖。这也使住房储蓄业务在中国的发展受到很大的阻碍。

4. 房价收入比过高扰乱购房者心态

国外房地产市场始终保持着平稳的状态，无较大波幅，因此其投资回报率与存款回报率相近，这就避免了居民出现强烈的投机性购房心理的出现。数据资料显示，过去 10 年德国房价每年仅上涨 1%，居民收入增加了 3 倍，住房价格的理性上涨促进了德国住房储蓄银行制度的发展。然而国内房地产市场的房价增长速度极快，影响到住房储蓄银行的建设。国家统计局资料显示，2000 年全国商品房平均销售价格为每平方米 2112 元，2015 年销售价格高达 6793 元，城镇房价收入比高达 12.07，一些城市高达 25.25，是国外同类城市的 3 ~ 5 倍。国内房地产市场出现了收入、房价增长速度不对称的情况，导致购房者心情浮躁，易产生冲动投资的情绪，这一方面不利于购房者自身的资产管理及资产收益，另一方面扰乱房地产市场以及金融市场正常经营的秩序，不利于住房储蓄银行制度的发展。

第二节　中国房地产金融创新的特征

中国房地产业在国民经济中的特殊位置及其与金融业的高度关联性，决定了中国房地产金融创新具有不同于发达经济体的特征。从中国房地产金融创新的具体实践看，无论是以资本市场为主导的美国模式，还是以共同储蓄为主导的德国模式，抑或以强制储蓄公积金制度为主流的新加坡模式，都没有在中国的房地产金融领域形成主导。中国的房地产金融创新在住房体制改革过程中不断推进，逐渐形成了以商业银行信贷为主体的模式。同其他一些国家相比，由于体制转轨的阶段性特征、资源禀赋及经济发展程度的差异，中国的房地产金融创新表现出以下一些突出特征，而准确把握这些特征，是有序、合理推进房地产金融创新并有效防范金融风险的前提。

一　房地产金融创新长期推进的稳步性与短期波动性相伴生

随着房地产市场化改革进程的加速推进，中国房地产金融在制度与政策层面、金融市场层面、金融机构层面以及金融产品层面也实现了快速发展，特别是诸如房地产信托、房地产投资基金、住房公积金、房地产贷款证券化、房地产互助储蓄等金融产品都实现了突破性的发展，也取得了较好的成绩。但随着全球经济一体化进程的加速，由于国内市场开放程度的提高，国外政治、经济形势的变化对国内经济的影响越来越大，加之中国的金融制度与金融市场还处于发展完善之中，房地产金融发展还不成熟，房地产金融创新很容易受到国外金融动荡因素的影响。例如，2008 年，受美国次贷危机引发的国际金融危机的影响，为了及早预防房地产金融风险，避免引发过于集中于商业银行的金融风险，中国在政策层面放缓了房地产金融创新的进程，房地产信托、住房互助银行、住房贷款证券化甚至出现了萎缩的状况，房地产金融呈现出 1998 年启动到之后的快速发展与 2008 年后有所放缓的较大波动。

近年来，我国金融市场比较活跃，金融业日益繁荣，金融业增加值占 GDP 的比重由 2007 年的 5.6% 增加至 2016 年的 8.35%，比美国金融业增加值占 GDP 的比重高出 1.05 个百分点。在金融业快速发展的同时，也产生一些亟待解决的突出问题，主要表现为：资本在利益驱动下，投机套利与空转问题比较严重，脱离市场实际需求进行自我创新、体内循环，尤为突出的是有一定规模的资金在房价过快上涨的背景下，投入房地产、资本市场等领域，造成一线和二线热点城市房地产泡沫膨胀等问题，实体经济发展融资成本上涨过快，金融泡沫与金融系统自身风险开始上升。2016 年中央经济工作会议提出，要把防控金融风险放到更加重要的位置，确保不发生系统性金融风险。受以上形势与国家政策的影响，2017 年以来，各省份的房地产融资发展再次放缓，但房地产金融创新并没有止步，如 2017 年 6 月，房地产企业各类贷款全面收紧，但创新融资有所发展，超短期融资券、债权转让、融资租赁等创新融资方式所筹集的资金量占房地产企业融资总额的一半以上。因此，从中国房地产发展的大趋势及城镇化长期推进的大背景分析，快速发展的房地产从生产、流通及消费等多个环节对房地产金融的依赖度大大增加，由此推动的房地产金融创新短期内会有一定的波动性，但并不影响其长期稳步推进的大趋势，也就是说从整体来看，房地产金融创新发展势头良好。

二 房地产金融创新深度依赖商业银行房贷业务创新

（一）中国房地产金融创新程度较低，创新领域局限于银行体系内

从整体上看，中国房地产金融创新基本局限在银行体系内，传统信贷资产占市场的比重较大，非银行金融创新发展较慢，这使我国房地产金融创新呈现出以传统银行信贷为主导的融资发展模式，金融创新风险过于集中。一是中国自 20 世纪 90 年代初期就借鉴新加坡的住房公积金制度，率先在上海进行住房公积金体制试点工作。尽管此后在全国范围内推行了住房公积金制度，但目前无论从可以享受住房公积金的群体范围来看，还是从住房公积金市场的相对规模来看，住房公积金所发挥的作用仍远远低于商业按揭贷款。二是中国的住房储蓄银行发展仍停留在尝试阶段。在 2000 年以前，烟台市与蚌埠市曾经试点过住房储蓄银行，但后期均转为商业银行。2004 年，中德住房储蓄银行在天津成立，其后在重庆开设了分支机构。然而，住房储蓄银行仍然没有脱离尝试期，仅仅成为中国住房金融体系中的点缀。三是私募基金成为房地产金融的另一补充来源，有关统计分析，自 2010 年以来，国内房地产私募基金实现了快速发展，达到了 5000 亿元的规模，但相对国内房地产金融总体发展态势，这一规模还不算大，而且在投资方式上，房地产私募基金中投资相对比较简单的债权形式占近 90% 的比重，需要逐步转向股权投资和并购投资，并提高专业性。四是中国的房地产金融直接融资发展滞后，存量信贷资产的二级市场发展缓慢。从美国的经验看，住房金融产品二级市场的发展是促进资金流向房地产行业以及分散住房信贷机构信贷风险的有效途径。中国自 2005 年以来试点了住房抵押贷款证券化，但其规模非常有限，仅有建行、邮储银行等发行了相应产品，其发展速度比其他资产证券（ABS）的发展存在较大差距。另外在股权市场，2013 年有 30 多家房地产公司发布增发预案，

拟募集规模近千亿元，其规模也非常有限。所以，房地产企业仅仅将目光放在商业银行领域，将会增加房地产企业对商业银行的依赖程度，这不利于房地产金融业务的扩张，更不利于自身创新水平的提升。

（二）商业银行信贷业务渗透到房地产链条各个环节，主导作用比较明显

目前，在我国房地产企业的资金来源中，有 15% 左右的资金来自商业银行的信贷业务，并且这部分贷款资金用于房地产开发、建筑、销售等各个环节。可以说，商业银行的信贷业务支持是房地产企业顺利发展的核心推动力。具体而言，一是在土地一级开发市场阶段，银行信贷依然是满足市场需求的主渠道，房地产投资基金、信托、券商通道等其他形式的融资所占比例很小。二是在开发阶段，在开发企业庞大的资金来源中，商业银行仍然是重要的主体。三是在销售环节，开发商在取得销售许可之后可以进行预售，其很大部分的回笼资金来自银行向房屋购买者提供的按揭贷款。因而，在整个开发流程中，以银行信贷为主的资金充当着驱动项目运行的引擎。银行贷款在房地产整个链条中循环使用，在完成开发的同时，也促进了资金的高效使用，但由之而来的问题是市场风险将从开发流程的各个环节集中到金融部门。资金来源的单一性将银行置于风险的中心，并处于一个弱平衡状态，其中任何环节出问题，都会导致整个链条的断裂。

三 房地产金融创新处于从金融抑制状态向金融深化状态过渡的阶段

爱德华·肖将金融深化程度分成三个阶段：一是金融增长阶段，即金融规模不断扩大，这一阶段的金融深化以金融资产的数量扩张为主要特征；二是金融工具创新、金融机构壮大阶段；三是金融市场机制不断完善阶段，金融资源实现优化配置。近年来，中国房地产金融发展较快，也取得了很大成效，但房地产金融发展呈现出规模扩张的数量型增长特征，在质量提升方面还有很大的空间。以规模扩张与简单业务创新为特征的房地产金融创新充其量只是处于爱德华·肖所划分的以规模扩张为主要特征的第一阶段，也即从金融抑制状态向金融深化状态过渡的金融创新阶段，房地产金融风险的集聚不是源于金融深化，而是源于金融抑制。因此，在研究房地产金融创新问题时，应该着重思考如何从金融抑制状态过渡到金融深化状态，在这一过程中，路径的选择尤为重要。

第五章

中国房地产金融风险与特征

　　房地产金融是房地产市场与金融市场相结合的产物，是联系两者的桥梁。房地产金融在支撑房地产业发展中起到了重大的作用，房地产金融满足了房地产投资和消费的双向需求，既为房地产开发商提供资金，又为购房消费者提供资金借贷。房地产金融有效地促进了中国房地产业的发展，带动了中国的住房消费。但任何事物都具有两面性，房地产金融也不例外，在促进房地产业发展的同时，房地产金融也蕴含着各类风险，比如利率风险、汇率风险、信用风险、流动性风险、政策性风险。本章对房地产金融创新中的风险现状进行研究，通过房地产金融风险现状分析，总结房地产金融风险的主要特征。例如，房地产金融风险具有周期性、高传导性和系统性、隐蔽性和可控性特征；房地产金融风险贯穿于中国工业化和城镇化的全程；房地产金融创新进程中个别时段苗头性金融风险演化为全局性风险的可能性有所增加；传统金融机构与非正规金融支撑的房地产金融，其风险形成具有一定的集中性与潜在性；房地产金融风险成为系统性风险的重要来源；房地产金融风险高度集中，增加了系统性风险爆发的可能性；房地产金融风险与金融市场发展滞后关系密切。

第一节　中国房地产金融主要风险

一　利率风险

利率风险是指由于利率变动而对金融系统造成的风险。房地产金融的利率风险指的是利率变动造成房地产金融供需双方损失的可能性，这里主要指给商业银行带来的风险。

从理论层面看，一方面利率变动会影响房地产消费者的预期。如果利率不断地小幅度升高，将会增加贷款成本。目前，中国实行浮动利率下的房地产贷款政策，利率升高，那些将来没有很大资金需求且有能力还款的贷款人可能就会出现提前还款现象，从而减轻将来因利率升高导致过重的还款负担，这会导致金融机构出现资金闲置的问题。而且房地产贷款的期限一般都很长，利率变动幅度会更大，变化次数也会更多，相应的利率风险也就不断增大。另一方面，贷款利率的变动也将影响房地产开发资金的波动，由于房地产开发资金大部分来自银行贷款，贷款利率提高将增加房地产开发成本，降低房地产开发资金投入，反之，贷款利率降低则会降低房地产开发商的成本，使其增加投入。

美国次贷危机爆发的原因之一就是房贷利率的提高，使借款者因无力偿还贷款而造成违约率上升，进而导致金融机构、投资者和信用评级机构等市场主体都面临巨大的风险。美联储通过 2001～2003 年的 13 次降低利率试图拉动美国走出高科技泡沫的影响。利率大幅度降低大大促进了美国居民贷款买房的积极性，这同样吸引了那些信用不良以及不易获得贷款的居民群体，而房地产金融机构为了能占据更大的市场份额纷纷降低贷款的准入门槛。2004 年美联储连续 17 次的调高利率，使利率足足升高了 5 倍多，由于利率的升高,购房者的还款压力不断加重,违约率不断上升,最终导致了次贷危机。

从中国的现实经验出发,利率波动对房地产金融影响是非常显著的。以房地产开发资金为例,银行贷款利率波动受中央银行货币政策的影响而呈现与中国经济周期相反的走势。在 2007 年之前的几年间,为抑制过高的房地产开发投资率,商业银行贷款利率一直呈现上升趋势。2008 年受全球经济危机的影响,中国的经济也面临衰退,银行贷款利率直线下降。而后随着中国经济的复苏,贷款利率平稳增长。房地产开发投资总额波动率是指当年的房地产开发资金总额减去上一年的房地产开发资金总额后,再除以上一年的房地产开发资金总额。2004 年以后,银行贷款利率与房地产开发资金总额波动率之间的变化趋势几乎相反,当房地产开发投资总额波动率上升的时候,银行贷款利率呈现下降趋势;而房地产开发资金总额波动率呈现下降趋势的时候,银行贷款利率则出现上升趋势(见图 5-1)。这意味着贷款利率的变化对房地产开发投资总额变动率产生影响,银行贷款利率增加将降低房地产开发投资增长率,而银行贷款利率

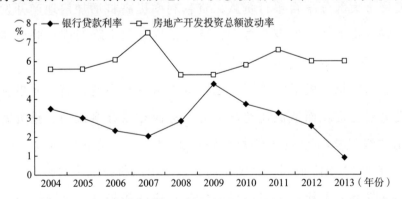

图 5-1　2004~2013 年银行贷款利率与房地产开发投资总额波动率

　　注:房地产开发投资总额波动率为同比数据,房地产开发投资总额波动率根据房地产开发投资总额自行计算。

　　资料来源:贷款利率数据来自世界银行,房地产开发投资总额来自《中国房地产统计年鉴》。

的减少将促进房地产开发投资增长率的上升，这与前面的理论分析相吻合。这可以佐证利率波动对房地产金融的影响较大，房地产金融的利率风险不可低估。

二　汇率风险

房地产金融领域的汇率风险是指汇率波动给房地产金融系统带来的不确定性，它主要是指本币汇率波动所造成的热钱在房地产金融领域流入流出所导致的风险。

从理论上看，汇率变动虽然不会直接影响房地产金融中来自国内的投资，但它会直接导致境外资金投资数额的变化。对于实行浮动汇率制的国家而言，本币升值预期会导致大量境外资金涌入国内房地产领域，推动房地产价格上涨，带来房地产泡沫；反之，本币贬值预期将导致外资流出，热钱从房地产金融领域大幅抽逃将降低房地产价格，尤其是大量外资的瞬间撤出，将导致国内房地产泡沫的破灭，进而殃及房地产金融体系。

从汇率风险的危害而言，在房地产市场中，由于汇率风险导致房地产金融危机并不在少数，日本是一个显著的案例。20 世纪 80 年代日本经济发展迅速，逐渐成为世界第一大债权国。日本由于在 1985 年签订了"广场协议"，日元对美元不断升值，从 1 美元兑 250 日元升值到 1987 年兑 120 日元。日元升值导致日本国内的出口产业受到打击，出口产品的需求与竞争力不断下降。为此，日本有针对性地实行扩张性货币政策与财政政策来维持经济的平稳发展，不断降低国内的基准利率来扩大内需，导致大量的资金涌入到房地产行业，推动地价、房价不断上升，从而产生严重的房地产泡沫，导致日本出现经济危机。

从中国的现实出发，中国房地产金融领域所面临的汇率风险也比较突出。自 2005 年中国实行有管理的浮动汇率制以来，各种原因导致人民币一直面临升值压力。在人民币持续升值的过程中,大量热钱流入中国房地产市场,助涨了中国的房地产价格,扩大了中国房地产的泡沫化程度。一旦人民币贬值,外商投资撤走,那么中国房地产价格又会面临着骤降。可想而知,这样的起伏必然会给中国房地产金融市场带来巨大的不确定性。上述观点得到了一些学者的认同。黎友焕(2013)根据近年来的热钱走势得出,热钱大量潜伏在中国的房地产领域,并且由一线城市转移到二、三线城市。沈建光(2013)进一步指出,热钱撤出将取决于美国的量化宽松政策与中国的汇率市场改革。① 中国的房地产市场虽然在2008年受全球金融危机的影响,房地产开发投资中利用外资额急剧下降,但从总体趋势上看,2004~2013年尤其是2005年以来的人民币持续升值期间,房地产开发资金中的利用外资额基本保持上升趋势(见图5-2),这说明人民币汇率升值导致大量热钱流入房地产行业,增加了房地产金融风险隐患。

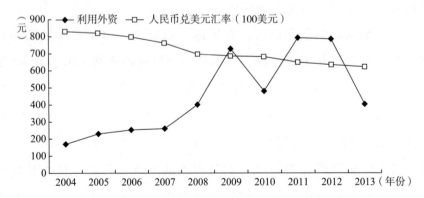

图5-2 2004~2013年人民币兑美元(100美元)汇率波动与中国房地产开发投资中利用外资额

资料来源:中国房地产开发投资中利用外资数据来自《房地产统计年鉴》,人民币兑美元汇率来自中国国家统计局。

---

① 载于于德良、肖怀洋《万亿元热钱魅影闪现 五专家解读四谜团》,《证券日报》2013年5月10日。

三　信用风险

房地产金融信用风险，又称违约风险，是指房地产开发商或购房者在向金融机构借贷后，因为自身的各种原因不能及时还贷而对金融机构乃至整个金融体系所造成的风险。

从理论上看，信用风险是借贷者与放贷者之间信息不对称造成的，金融机构不能全面掌握借贷者的信用水平。而有时候信用风险也是商业银行等金融机构恶性竞争的结果。商业银行等金融机构只贪图一时的利益，将资金贷给信用较差的房地产借款者，导致信用风险水平上升。一旦这些借款者违约率上升就极有可能产生房地产金融风险。因此，信用风险的发生也可以归因于金融机构没有对房地产借贷者做好贷前调查，并且缺少及时的跟踪监督，最终导致信用风险不断扩大。韩国的釜山储蓄银行就是例证之一，它的房地产贷款占全部贷款额的70%以上，当房价出现下跌，储蓄银行就出现了大量的违约，违约风险不断增大，最终被勒令停业。

从中国的现实看，信用风险在房地产金融风险领域也比较突出。80%的房地产开发资金以及购置土地费用均来自于金融机构的信贷，而且金融机构中超过20%的信贷额都贷给了房地产行业。因此金融机构承担了几乎整个房地产链中的各种风险，其中就包括信用风险。孟旭（2013）利用 KMV 模型对中国房地产开发企业的信用风险进行了实证考察，结果表明，在中国房地产开发企业中 ST 样本类公司的平均违约距离为 2.4061，而非 ST 样本类公司的平均违约距离为 3.5065，说明房地产金融信用风险存在普遍性。[①] 除此之外，中国的住房抵押贷款证券化起步晚，商业银行在选择住房抵押贷款时一般都选择优质资产，但在开展住房抵押贷款证券化过程中也会遇到一

---

① 孟旭：《我国商业银行房地产开发贷款的信用风险度量研究》，湖南大学硕士学位论文，2013。

定程度的违约和提前偿付等信用风险。

四　流动性风险

房地产金融市场中存在严重的流动性风险，这一风险主要是指商业银行由于从事房地产信贷业务所带来的资产增加或者负债下降，进而面临的流动性障碍，而这一流动性障碍是商业银行无法在合理的成本收益下通过变现资产来规避的。

从理论上看，房地产金融流动性风险主要有两种：一种是原发性流动性风险，另一种是继发性流动性风险。原发性流动性风险是指在银行的资产负债机构中，长期贷款所占的比重很大，现金等流动性资产不足并且融入现金受阻，从而不能满足客户取款的要求，就会出现流动性风险；继发性流动性风险是当银行收回房产等抵押物，因无法立即变现所引发的流动性风险。

从房地产金融流动性风险的危害看，韩国储蓄银行被勒令停业就有流动性风险的因素在内，这些储蓄银行的资产负债结构失衡，总负债远远超过总资产，导致储蓄银行的资金流动性严重不足。国际上，视为安全的资本充足率为8%，而釜山储蓄银行资本充足率仅为5.13%，远远低于国际要求，银行的流动性严重不足，最终只有被勒令停业。

从中国的现实看，中国房地产金融具有一个显著特征，那就是房地产开发商的资金主要来自商业银行，这无疑给商业银行带来了巨大的资金流动性风险。该流动性风险可能因贷款给融资者前由于对其资信情况没能进行全面准确的调查而出现，也有可能是贷款使用性质的特殊性造成的。房地产贷款发放后，由于房地产建设周期长，房地产开发商的借款时间也必然较其他借款的时间长，这势必会导致银行不能在短期内收回资金，商业银行就会缺少现金，使其不能够满足储户取款的要求。即使银行收回房产等抵押物，但是也不容易变现，导致商业银行的资产负债结构失衡。

五　政策性风险

政策性风险是指由于国家对房地产市场宏观调控政策发生变化而给房地产金融市场带来的不确定性。从性质上看，政策性风险是系统性风险中的一种，金融主体无法通过投资组合进行规避。

从理论上看，世界上多数国家都实行市场经济体制，但各国政府又都无时无刻地干预着市场，以防止市场失灵。适当的宏观调控能够带给市场活力，提高市场效率，弥补市场不足，完善市场机制，但过度的政府干预则会产生负面影响，可能会放大房地产金融市场的不确定性。

从中国的现实出发，中国政府从 1993 年开始第一次对房地产业进行宏观调控，在随后的 20 多年中，调控频次及力度不断加大。纵观数次调控，虽然都取得了一定的成效，但是政策效果往往是短期的，从长远看可能为中国房地产市场埋下隐患。当房价在政府调控下起伏不定时，房地产金融市场的不确定性也随之增强，因为房价的高低代表着贷款抵押物的价值大小。在次贷危机的例子中，由于美国房地产价格下降以及贷款利率上升，借款者无力偿还贷款，而此时的抵押物（住房）已经贬值，不足以弥补金融机构先前的放贷，而证券化的链条又将风险扩散至衍生品的投资者，进而导致出现席卷全球的金融风暴。

第二节　中国房地产金融风险的特征

房地产金融风险作为金融风险的一种，既存在与其他金融风险类似的一般性特征，也存在着不同于其他金融风险的特殊属性：房地产金融风险具有周期性、高传导性和系统性、隐蔽性和可控性特征；房地产金融风险贯穿于中国工业化和城镇化的全过程；房地产金融创新进程个别时段苗头性金融风险演化为全局性风险的可能性有所增加；传统金融机构与非正规金融支撑的房地产金融，其风险的形成具有一定的集中性、潜在性；房地产金融风险成为系统性风险的重要来源；房地产金融风险高度集中，增加了系统性风险爆发的可能性；房地产金融风险与金融市场发展滞后密切相关。

一 房地产金融具有周期性、高传导性和系统性、隐蔽性和可控性特征

（一）周期性

由于中国的社会主义市场经济体制初步建立，经济增长存在较大的波动性。随着经济繁荣期、衰退期、萧条期、复苏期的不断更迭，房地产金融风险也随之发生周期性变化。房地产金融机构是在国家的宏观政策下从事经营活动的，尤其受货币政策中利率政策和财政政策中的税收政策的影响显著。货币政策和财政政策的不同组合是为适应经济周期而不断调整的，从而影响了房地产金融市场的运行。在国家实行宽松的货币政策时，利率降低，放款增加，影响房地产金融风险的各个因素的作用会降低，金融风险相对较小，这里的金融风险主要指商业银行面临的信用风险、利率风险、流动性风险等等；而当国家实行紧缩的货币政策时，利率升高，贷款者的还款压力增大，会出现提前还款或者房价升高的可能，影响房地产市场的稳定，进而导致房地产金融风险相对较大，此时的房地产金融风险主要是指商业银行面临的流动性风险、各类违约风险和利率风险。

（二）高传导性和系统性

中国房地产金融风险的高传导特性是指房地产金融风险的传播

速度快、影响大；而系统性是指房地产金融风险的涵盖主体众多，波及范围广泛，甚至对整个经济系统都有巨大影响。

从房地产金融的高速传导性看，自 1998 年房地产市场化改革以来，房地产业逐渐发展成为一个高度金融化的行业。由于房地产行业投资巨大，规模效应突出，对资金的需求十分可观，提升了房地产金融风险的传导性。房地产金融市场上的各种金融产品、金融机构蓬勃发展，它们相互影响、相互联系、共同作用组成一个极为复杂的体系，形成了金融风险的扩张性机制。由于在房地产金融机构之间、房地产金融机构与融资者之间都存在债权债务关系，增加了房地产金融风险的传导性。因此，当一家金融机构或者融资公司出现问题，就可能会导致整个房地产金融行业甚至整个金融业运转不畅，严重时甚至会引发金融危机。

房地产金融风险的系统性特征取决于房地产行业的特征，任何国家的房地产市场参与主体都较多，涉及政府部门、房地产开发企业、建设企业、上游企业、居民部门等，产业链条长，延伸范围大，需要的资金流动性较强。房地产市场的这些性质决定了房地产行业对金融的高度依赖，这种对资金的巨大需求量和对资金流动速度快的要求必然会不断加大金融风险的可能性。这一金融风险不仅存在于所有参与主体中的任何一方，而且任何参与主体的金融风险暴露都将波及金融链条上的其他参与者，这也说明房地产金融风险具有较强的系统性。

（三）隐蔽性和可控性

房地产金融风险的隐蔽性是指房地产信贷双方的信息不对称导致风险不为贷款方所知，而借款者自身的风险监控能力有限，使风险处于隐蔽状态。而房地产金融风险的可控性是指虽然风险客观存在，但可以通过加强专业化管理将风险降低到可以控制的范围内。

　　就风险的隐蔽性而言，信息不对称是房地产金融机构与融资公司之间的一个重大安全隐患。由于房地产金融链条长，监督成本高，并且存在信息的极度不对称，使房地产金融机构无法了解全部融资者的具体资信状况、经营情况、项目运行情况等一系列的信息。这时，如果融资公司破产或者无力偿还贷款，那么房地产金融机构势必会承担全部的风险，即使收回抵押物或房产，也因无法立即变现或价值不足以抵消贷款而使房地产金融机构承受极大的风险。由此可以看出，房地产金融机构与融资企业之间的信息不对称使房地产金融机构无法对金融风险进行监控，从而导致房地产金融风险存在极大的隐蔽性。另外，房地产金融风险的预判难度也在增加，影子银行等非正规房地产金融增加较快。受正规房地产金融监管强化的影响，房地产金融尤其是房地产企业非正规融资逐年增加。近年来，随着房地产开发贷款在开发企业到位资金中的比重不断下降，一些理财资金等金融资产间接流入房地产市场，增加了房地产金融风险防范的难度。

　　从风险的可控性看，只要有经济活动的存在，风险就是不可避免的，收益越大，则风险也越大。尽管房地产金融风险在所难免，但只要提前注意防范，风险还是可控的。房地产金融机构可以通过风险控制来识别和管理风险，从而明确已经产生或者将要产生的风险类型、特征、大小，进而利用适当的金融工具或者风险避免机制来使风险的影响程度达到最小或者降低到房地产金融机构所能控制的范围内，避免金融危机的产生。从 1999～2014 年中国银行系统的不良贷款率的变化情况可以看出，随着对银行监管的不断加强，银行不良贷款率从 2001 的近 30% 持续下降到 2011 年的近 1% （见图 5-3），银行贷款的信贷风险被严格控制。中国个人房贷的不良贷款率也低于 1%，资产质量得到保证，房地产信贷风险得到有效管理。近年来，中国银监会加大了对房地产开发商的监督管理，管理范围包括其资本金、财务状况、现金流等，这些积极的风险管理举措降低了房地产金融风险扩大的可能。

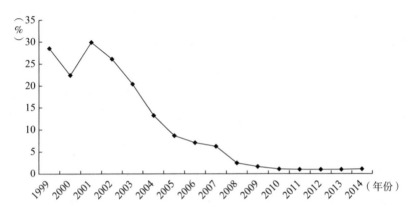

图 5 – 3　1999 ~ 2014 年中国银行系统不良贷款率

数据来源：世界银行。

二　房地产金融风险贯穿于中国工业化和城镇化的全程

与发达国家不同，中国正处在工业化和城镇化的进程中，房地产业在城镇化进程中起到助推作用，而房地产金融风险也将贯穿于这一过程。与一般的工商业相比，房地产业具有一定的特殊性，在工业化发展的中后期对经济发展的作用巨大。中国目前正处于工业化中后期，即从以重化工业主导的经济类型向以知识经济创新驱动为主导的经济模式转变阶段。房地产业产业链条长，对基本投资品的拉动效应大，因而是工业化中后期国民经济的重要拉动产业。另外，城镇化的进程也需要房地产业的支撑。从国际经验来看，工业化与城市化往往是同步进行的，但中国的城市化进程明显落后于工业化进程。中国目前的城镇化率刚刚超过 50%，与发达经济体的差距十分明显。未来一个时期，城镇化作为经济增长模式转型的重要引擎作用将十分显著。无论从工业化发展阶段来看，还是从中国城市化进程来看，房地产行业都是中国工业化中期向后期过渡的关键产业之一，其在国民经济中的比重与作用将日益重要，既是拉动经济增长的重要产业，也是经济转型中城镇化建设的主要推动力量。城市化进程推动了土地价值上升，以政府为主导的土地开发模式为财政收入提供了税收之外的另一重要来源。政府通过金融资金进行土地征收和使用用途变更，一级开发完成后，在土地市场上通过"招拍挂"将土地转让给房地产部门，后者完成房产开发与销售，政府通过土地出让收入回收资金，偿还债务。在此循环模式下，房地产业既是推动地方经济增长的动力，也是城镇化进程的重要推手，同时为地方政府的公共产品供给提供融资保障。而支持该循环得以维持的是房价的稳步上升，只有房价稳步上升才能吸引足够的资金流入该领域，进而保证资金流的畅通。在现实中，中国房地产价格并未保持稳定增长，1999～2013 年房价总体上保持上升趋势的同时，个别时段短期的波动性较强（见图 5－4），房地产金融风险始终存在。在中国工业化和城镇化过程中，不能持续保持房价的平稳增长，就无法规避房地产金融风险，这一风险将贯穿于中国工业化和城镇化全程。

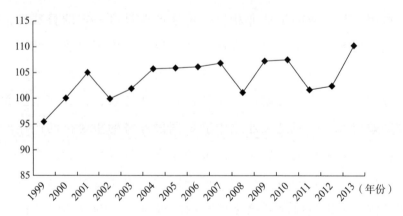

图 5－4　1999～2013 年中国房地产价格指数

数据来源：历年《中国房地产统计年鉴》。

三　房地产金融创新进程中个别时段苗头性金融风险演化为全局性风险的可能性有所增加

房地产金融创新引入市场竞争机制，将为房地产发展提供必要的金融支持。但是，由于市场条件与监管机制方面存在问题，在房地产金融创新过程中也容易造成房地产的过度发展，并产生房地产泡沫和金融风险，如果泡沫与风险得不到充分释放，就会不断积累，一旦风险爆发，便会迅速扩张，并通过一定的传导机制引发整个金融体系的危机。因此，房地产金融创新过程中的金融风险及防范问题已经成为世界各国普遍关注的课题。中国房地产金融创新正处于起步阶段，房地产市场整体上持续繁荣背后所隐藏的金融风险不可忽视。2008 年受美国次贷危机的影响，中国房地产市场曾出现局部明显的下调迹象，个别城市出现了少量的断贷行为，有些银行的房贷违约率达到了 1.6%，超出了银行业公认的 1% 标准线，释放出一定的房地产金融风险信号。在当时特殊的国际经济形势和国内政策环境下，房地产市场调整深度不大，少数城市的房地产金融风险也随着国家刺激经济增长政策的实施逐步被释放，但在房地产金融创新过程中的风险苗头已有所显现，个别时段的苗头性风险转化为常态化、全局性风险的可能性仍然存在。

四　传统金融机构与非正规金融支撑的房地产金融，其风险的形成具有一定的集中性与潜在性

目前，中国房地产金融多元化的供给主体还没有形成。近年来，随着房地产金融风险防范意识的增强，国家对房贷实行了从紧的政策，房地产企业自筹资金比例有所提高，但自筹资金增量部分多数以房地产信托与房地产基金等融资方式为主。在中国资本市场发展不充分与居民投资意愿不强等多重因素的影响下，房地产信托与房

地产基金出资人是以商业银行为主体的。房地产业的快速发展与房价的整体提升，催动商业银行在房贷约束背景下通过信托和基金等渠道隐性为房地产行业提供资金支持，房地产金融创新实际仍没有打破商业银行主导房地产金融的局面。另外，中国房地产金融中还有一定规模的资金来自隐性的民间借贷，在房地产繁荣发展时期，容易引起民间资金向房地产业过度集中的问题，导致民间债务风险增加。2014 年 9 月 29 日，央行调整了紧缩多年的房贷政策，商业银行流向房地产的房贷资金有所增加，同时由于房地产信托与房地产基金的融资利率高于一般房贷利率，形成了传统房贷资金与通过房地产信托与基金、民间金融等隐性渠道进入房地产市场资金双重增加的局面，房地产金融风险的复杂性与潜在性更加明显。为此，管理层要高度重视，防止结构性、潜在性房地产金融创新风险转化为全局性、现实性风险。

五 房地产金融风险成为系统性风险的重要来源

房地产业兼具投资与消费的双重性质，其内在价值具有一定的复杂性。房地产行业的产品，无论是住宅类产品还是商业地产，其首要效用都来自房屋的消费价值。居民有不断改善居住条件的生活需要，商业部门不断扩展商业空间的需求旺盛，这些都是决定地产价值的基础。随着中国经济发展与居民收入水平提高，对房产的需求会不断上升，形成房地产需求的基础。另外，房产作为大宗商品，由于区位、土地资源的稀缺性等因素的影响，又兼具投资品的属性。从消费属性看，房地产需求具有稳定性特征，其基础是居民收入和居住需求的稳定增长，因而这部分价值相对容易确定。然而，从投资属性看，房地产需求与其他投资类资产类似，其需求与供给受到投资品价格的内生驱动，变化过程更为复杂。因此，房地产市场兼具消费属性市场结构的"负反馈"稳定特征和投资属性市场结构的

"正反馈"特征，其价格确定相对复杂。房价下跌时，消费性需求上升，市场供给下降，价格有趋于反弹的驱动力，而投资性需求会下降，价格又存在进一步下降的驱动力；当房价上升时，消费需求下降，市场供给上升，价格有趋于下降的驱动力，但投资性需求会上升，价格又存在进一步上升的驱动力。

最终房价变化的结果取决于两种驱动力的对比。在一个以消费需求为主要驱动的市场结构中，负反馈机制占主导地位，房屋价格的平稳性更强；在以投资需求为主要驱动的市场结构中，正反馈机制占主导，房价的泡沫性会更强。两种需求形式的互相转化与作用使得房价的变化更具复杂性。显然，消费性需求相对平稳，而投资性需求则会受到价格预期的显著影响。在当前中国的房地产市场模式下，政府与房地产部门需要依赖房地产价格的不断上升来维持资金循环，这与次贷危机发生前的美国并无两样。而消费性需求是有限度的，因而能够维系资金循环的房价上升更多来自投资性需求。投资性需求与价格之间的双向关系复杂，其不确定性很大，这意味当前的房地产开发模式始终面临着悬在头上的"达摩克利斯之剑"，房地产部门的风险与地方经济系统性风险高度相关。而这一风险又会在地方政府 GDP 增长压力和政府代理人政绩锦标赛机制的推动下，成为系统性风险的一个重要来源。

六 房地产金融风险高度集中，增加了系统性风险爆发的可能性

从政府部门的角度看，土地一级开发需要金融支持，而政府的其他公共基础设施建设也需要金融支持，地方财源不足必然导致政府依赖土地出让金作为偿债的主要来源之一。当前，地方政府债务问题已经成为中国经济的又一个重大风险点，而该风险又直接与金融相关，最终依赖于房地产市场的持续平稳发展。从开发部门的角

度看，中国的房地产开发单位属于业务主导型而非资产主导型企业，开发商整合市场资源能力的重要性大于其资产规模质量的重要性，这导致了房地产开发行业的高杠杆特征。房地产企业自有资金不可能支持如此大规模的市场开发，必然需要大量银行信贷等金融资本的支持。从居民部门的角度看，房地产作为大宗商品，其价值超过了大部分居民自有资金的购买力，在交易过程中需要以信贷资金为主的金融支撑。在房价上涨的过程中，投资性需求的扩张更是刺激了居民放大杠杆效应，通过贷款为购买房地产融资。

从房地产金融风险的波及范围和程度看，中国房地产业对金融机构的信贷资金依存度超过50%，有些地区已经高达80%。房地产企业除了一小部分资金是企业自身的，个人按揭贷款、房地产开发资金均来自银行等金融机构。受国家鼓励资本市场直接融资政策的影响，近年来房地产企业在资本市场直接融资呈现出快速增长的态势，2014年房地产企业在资本市场直接融资额由2013年的1524.66亿元升至3797.70亿元，房地产企业直接融资占信贷融资的比重由4.52%提升到10.88%。从相对数量上看，房地产直接融资快速发展，但从绝对数量上看，房地产企业在资本市场直接融资的规模与房地产企业信贷融资相比仍然过低，房地产金融过于依赖银行等金融机构的状况没有实质性改变。① 房地产业对金融机构的过分依赖以及近年来房地产企业由于房价上涨给银行等金融机构带来的丰厚利润，共同促进金融机构积极参与到房地产市场中来，这势必会导致房地产金融风险的出现。金融机构的贷款过分集中在房地产这个单一行业，风险得不到充分分散。当风险不断累积，超过了体系可以承受的最大值时会使房地产市场经济发生动荡，当储户要求取款时，

---

① 高广春：《去化与结构化——新常态下房地产金融之两个关键词》，《银行家》2015年第2期，第86页。

金融机构由于偿债能力不足，将会导致金融机构倒闭，甚至引发金融危机。因此，房地产行业成为当前对金融需求最显著的行业。这意味着房地产市场是银行体系重大的风险来源，考虑到银行业在中国金融体系中的核心和主体地位，房地产市场对中国金融体系的影响将十分显著，房地产业的兴衰直接传导到金融领域中，造成金融体系系统性风险加剧。

七　房地产金融风险与金融市场发展滞后密切相关

从理论和现实综合分析，中国房地产金融风险是金融制度约束与金融市场发展滞后的必然产物。目前中国的金融体制单一化趋势明显，这不仅体现在房地产金融体系中，也反映在金融市场的各个方面。单极化的金融供给模式导致房地产金融风险的集中度过高，市场均衡的维系过度依赖于后续金融资金的自我维系，极易形成庞氏骗局倾向。房地产行业高度依赖金融资金驱动的循环，又以房地产最终消费能力的持续扩张为基本前提，当房地产开发失去居民部门需求增长驱动时，房价持续上涨引致的市场红利就会消失，泡沫破灭对系统性的破坏将非常强烈。虽然这种均衡是一种弱平衡，但是在当前制度约束和道德风险的共同驱动下，这种弱平衡关系可以在系统性风险集中爆发之前自我强化。

在资本市场，特别是债券与股权市场发展滞后的条件下，房地产市场参与主体在融资上缺乏选择性，即便是边际风险较高的融资形式，市场主体也没有足够的工具进行风险规避。风险最终只能在系统内累积，形成不良循环。金融市场对国民经济的控制力使其具有"大而不能倒"的优势，这一点在发达国家也普遍存在。在资金系统内循环过程中，金融机构的集体趋利行为会导致个别企业的边际风险转化为市场的系统风险，这会进一步促进金融机构的道德风险行为。而道德风险体现着市场参与主体缺乏风险约

束的市场机制。金融系统的特殊性与房地产行业的主导地位促使
政府为系统性风险提供隐形担保，加剧了道德风险的程度。因此，
受中国金融制度约束以及金融市场发展滞后等因素的综合影响，
中国房地产金融风险由之产生，并在金融体系中有无限放大的可
能性。

第六章

中国房地产金融创新与金融风险关系实证分析

理论模型分析证明，房地产金融创新与风险存在着比较复杂的非线性关系，适度的房地产金融创新能够促进银行等交易主体所面临的金融风险的分散化，从而降低整个金融体系的系统性风险；当房地产金融创新脱离实体经济需要或超出金融市场承载能力，过度的房地产金融创新将导致信用链条过度延长，杠杆比例不断增加，从而增加系统性金融风险。从中国现实出发，中国房地产金融创新与房地产金融风险之间究竟存在什么样的关系，需要结合中国房地产金融创新和房地产金融风险的动态演化过程，在对实际数据的实证分析中验证，本章的研究目的即在于此。

为确定二者之间的关系，本文试图建立以金融风险作为被解释变量，以房地产金融创新作为解释变量的计量模型。本章的实证研究重点是考察金融风险与房地产金融创新之间的关系。对中国而言，尤为重要的是银行风险与房地产金融创新之间究竟是何种关系。实证结果将作为后文对策建议的依据。在样本数据选取中，笔者分别选取美国和中国有关房地产金融的相关数据进行实证研究，以期通过中美横向实证对比得到这种复杂的双重关系。具体而言，本文的结构安排如下：首先，结合已有相关研究，选取与设计银行风险、房地产金融创新与金融风险等指标；其次，以美国为研究对象，考察美国房地产金融创新与金融风险之间的关系；再次，分别通过协整方法和系统 GMM 模型开展实证分析，包括设定控制变量、说明数据来源、建立实证分析模型及对结果进行检验；最后，根据实证研究结果明确中国房地产金融创新与房地产金融风险的关系。

第一节 房地产金融创新与金融风险的指标选取与设定

房地产金融创新是指在房地产金融领域创建并实施新的金融工具或产品、机构、市场、制度与政策，其涵盖面非常广阔，同时涉及房地产金融流通过程中金融资产的量变和质变。因此，对房地产金融创新的度量既要包含数量方面的指标，也要包含质量方面的指标。显然，这将是一件较为困难的事情，尤其在数据的获取及指标的选取上。

一 房地产金融创新相关指标分析

其他行业的创新问题研究经常使用 R&D 支出或者专利的数量来衡量创新程度（Frame 和 White，2004）。但金融领域的创新却无法采取以上指标来度量。因为与其他行业的创新相比，金融创新的内涵比较宽泛并且缺少可用数据，金融服务公司往往没有单独的 R&D 预算并且金融专利也很少被采用（Lerner，2006）。对此，我们可以参考与房地产金融创新相近的度量指标，如金融深化、金融自由化、金融发展等指标，已有这些指标的测度方案对房地产金融创新指标的设计具有重要的借鉴意义和参考价值。

（一）金融深化的度量

金融深化问题一直是学者们的关注热点，对该问题进行实证研究的文献也比较多。已有文献多从金融深化的内涵出发去选取解释变量。戈德史密斯的研究显示，无论是从单一产业而言，还是从整个国民经济体系出发，它们的金融深化程度取决于三个变量，一是金融工具，二是金融机构，三是金融结构，因此在研究金融深化问题时必须从上述三个方面去考察。其在《金融结构与金融发展》一书中提出了对应的评价指标，如货币化比率（广义货币与国内生产总值之比）、金融相关率（全部金融资产与国内生产总值之比）、金融资产的多样化（社会融资方式变化发展的标志）、金融机构种类和数量、金融资产发展的规范化程度等。近似的研究还包括 Ang 和 McKibbin（2007），他们采用流动负债与名义 GDP 之比的对数、商业银行资产与商业银行资产加中央银行资产之比的对数以及国内私人部门信贷除以名义 GDP 的对数来度量金融深化程度。[①] 在金融深化的跨国数据指标度量中，Warnock 等（2008）的实证研究中利用住房金融市场规模的大小衡量了住房金融体系的发展深度。[②] 在金融深化的区域化指标选取上，我国学者陈德球等（2013）采用信贷资金分配的市场化程度，即公司所在地区非国有企业在银行贷款中的比例作为金融深化的度量指标，在借鉴 Wu 等（2012）的研究基础上选取了公司所在地区银行贷款总额与地区 GDP 比例作为代理变量。

（二）金融自由化的度量

20 世纪 70 年代，美国经济学家罗纳德·麦金农（R. I. McKinnon）和爱德华·肖（E. S. Show）提出了金融自由化理论。金融自由化理论不同于传统的金融理论，它支持通货膨胀的积极作用，认为金融自由化的实施将导致利率提高，进而提高货币需求总量，激励投资增加并提高投资质量。金融自由化理论提出后，学者们对金融自由化的衡量进行了深入研究：Koo 等（2004）构建了金融自由化指数，

---

① James B. Ang, Warwick J. McKibbin, "Financial liberalization, financial sector developmentand growth: Evidencefrom Malaysia," *Journalof Development Economics* 84 (2007), pp. 215 – 233.

② Veronica Cacdac Warnock, Francis E. Warnock, "Markets and housing finance," *Journal of Housing Economics* 17 (2008), pp. 239 – 251.

该指数涉及 7 个不同的改革变量，即利率管制、减少进入壁垒、降低准备金要求、降低信贷控制、国有银行私有化、加强审慎监管和证券市场自由化。Abiad 等（2008）构建了金融自由化指数，该指数涵盖了 1973～2002 年 60 个国家和地区的金融业改革的数据，涉及信贷控制和准备金要求、利率管制、银行进入壁垒、银行私有化、银行监管、证券市场改革和国际资本流动等内容，并按照每个维度给予每个国家一个范围从 0～3 的分数，0 是指最高程度金融抑制，3 是指金融完全放开。①

（三）金融发展的度量

金融发展是金融深化和金融自由化的统称，对应的度量指标涉及更多变量。比较有代表性的研究是 Al - Zubi 等（2006）的研究。他们在对经济增长与金融发展相关性问题的考察时，将金融发展的度量指标分为第一套金融指标和第二套金融指标。第一套金融指标来源于 Levine（1997）的研究，其中第一个衡量指标为 DEPTH，用于衡量金融中介的规模，即金融体系的流动负债与 GDP 之比；第二个指标是 BANK，用来衡量中央银行和商业银行信贷分配的程度，即银行信贷与（银行信贷 + 中央银行国内资产）之比；第三个指标为 PRIVATE，即私营企业信贷与国内信贷总额（包括给银行的信贷）之比；第四个指标为 PRIVY，即私营企业信贷与 GDP 之比。第二套金融指标扩展了 Levine（1997）的模型，将其分为两组，第一组称为货币总量，包括金融深化的传统测量，等于 M_1/M_2；第二组称为信贷总量，指公有企业（公共部门）信贷/国内信贷、公有企业信贷/GDP 和中央银行对金融部门的信贷/国内信贷。

（四）金融创新的度量

如前文所述，设计金融创新的度量指标是较为困难的，对应的

---

① Abdul Abiad, Enrica Detragiache, Thierry Tressel, "A New Database of Financial Reforms," IMF Working Paper（2008）.

实证研究也较少。在笔者所搜寻到的文献中，Kim、Koo 和 Park（2012）的研究具有很强的代表性。他们基于可用的跨国数据，设计了一个代表国家的金融创新程度总体指数，该指数包含三个变量：利率衍生工具、风险资本和私人权益（VC/PE）、证券化（Gropp et al.，2007）。具体而言，他们将金融创新指标分为业务活动、规模和效率三部分。第一步，Kim 等（2012）利用 Beck 等（2009）的方法，计算研究对象（2003～2007 年相关数据）的四个衡量指标：①储蓄银行的私人信贷/GDP，②银行总成本/总资产，③股票市值/GDP，④股票市场成交总值/GDP；第二步，将每个指标利用以下比率的自然对数得到业务活动指标（④/①）、规模指标（③/①）和效率指标（④/②）。每个指标在整个期间进行平均，然后根据这些指标构建一个总指数，总指数的值越高，创新程度越高。[①]

（五）房地产金融的度量

对于房地产金融研究往往是描述性和高度信息化的，缺少正式的实证分析。在少量的实证分析中，Warnock 等（2008）的研究较为突出。他们以 62 个国家和地区为样本（包括发达国家和新兴经济体），利用住房金融市场规模的大小衡量住房金融体系的发展深度，并分析影响住房金融发展程度的因素。结论之一是：法律权利、信用信息系统，以及宏观经济环境是住房金融体系发展程度的重要影响因素，这些因素的发展为房地产金融创新和发展奠定了基础。其中，法律权利对于发达国家来说更具有意义，宏观经济稳定性以及信用信息的健全程度在新兴经济体国家中作用较大。[②] 在中国房地产金融指标选取中，我国学者田金信、胡乃鹏和杨英杰（2007）认为，

[①] Teakdong Kim, Bonwoo Koo, Minsoo Park, "Role of financial regulation and innovation in the financial crisis," *Journal of Financial Stability* 4 (2013), pp. 662 – 672.

[②] Veronica Cacdac Warnock, Francis E. Warnock, "Markets and housing finance," *Journal of Housing Economics* 17 (2008), pp. 239 – 251.

房地产金融的衡量指标应该包括反映房地产市场经营规模的指标（房地产销售总额）、反映房地产市场生产规模的指标（施工面积）、反映房地产市场存量规模的指标（城镇人均住房面积）。

（六）房地产金融创新指标设定

参照上述房地产金融和金融创新指标的度量方法，在构建房地产金融创新度量指标时需要遵循两个原则：一是坚持指标设定的合理性原则。从科学性与准确性出发，指标设定要尽量囊括所有房地产金融创新工具所产生的资金总量，既要包括信托资金等初级创新产品，又要包括支持房地产的各种证券化产品。二是尽量简化指标构造的难度，不建议采取较为复杂的综合指标。综合指标能够全面测量房地产金融创新程度，但在回归分析中，所采用的综合指标容易与其他控制变量存在多重共线性。

遵循上述原则，本文拟采用以下三个指标度量房地产金融创新：一是房地产贷款占全部贷款的比重；二是房地产市场实际资金使用总额减去传统渠道产生的资金额，即先减去房地产投资中经济主体自有资金数额，再减去房地产银行贷款数额，用所得余额作为房地产金融创新的代理变量；三是个人住房贷款规模。

第一个指标即房地产贷款占全部贷款的比重可以作为房地产金融创新的测度指标。从房地产金融创新的层次看，房地产金融制度创新、金融机构创新和金融市场的创新最终都会体现在房地产金融产品的层次上，即房地产金融产品的增加和规模的扩大。由于商业银行是中国房地产金融的主体，因而房地产信贷规模的扩大，特别是在全部贷款中占比的提高，意味着各层次的金融创新并未体现在房地产金融产品的多样化和房地产融资结构的多元化。因此，在本部分模型中，笔者设定，房地产贷款占比下降意味着房地产金融创新程度提高，反之，则意味着房地产金融创新的滞后或萎缩。与第一个指标相反，第二个指标数额的增加意味着房地产金融创新程度的提高。第三个指标个人住房贷款规模作为房地产金融创新指标也具有一定的合理性。中国的房地产行业是两头在金融的行业，房地产企业获得的金融资源意味着增加房地产的供给，如果缺少有效需求，则房地产金融结构也无法实现稳定。因而个人住房贷款规模的增加意味着房地产消费领域内的金融创新。此外，个人住房抵押贷款通常是房地产金融证券化的基础性品种，因而个人住房贷款规模的扩大为证券化提供了良好的基础，可以将其视为房地产金融创新的一个测度指标。

二 房地产金融风险相关指标分析

金融风险同样是一个宽泛的概念，从狭义上看，它既涵盖了源自不同经济主体的房地产信用风险（如房地产个人抵押贷款信用风险），也包含了房地产金融产品的价格波动风险，同时还包括了各类金融市场风险。从广义上看，房地产金融风险不仅包含了以上风险，而且囊括了金融体系的整体风险。由于不同经济主体所面临的金融风险差异较大，在度量方法和指标选取上也并不相同。因此，在选取金融风险的指标上，同样需要借鉴相似风险指标的度量方法。

（一）银行风险的度量

银行在房地产金融体系中占据着重要地位，银行风险的度量对房地产金融风险的诠释具有重要意义。Blasko、Joseph 和 Sinkey (2006) 利用 Hannan 和 Hanweck (1988) 的银行安全指数（风险指数）ZRISK 作为银行风险的因变量。$ZRISK = [E(ROA) + CAP]/\sigma_{ROA}$。其中，$E(ROA)$ 是资产预期收益，CAP 是权益资本与总资产的比例，σ_{ROA} 是 ROA 的标准差。他们的研究结果表明在既定的规模和概率水平下，开展房地产信贷业务的银行比不开展非房地产信贷业务的银行风险大。Cardarelli、Elekdag 和 Lall (2011) 基于金融压力指数（*FSI*）识别了发达经济体银行风险。[①] 此外，从度量整体银行风险的角度，Roy 和 Kemme（2012）在参考有关银行危机的相关文献的基础上，选取以下 11 个指标作为银行危机的衡量指标，具体包括经常账户与 GDP 的百分比（CA）、人均实际 GDP 增长率（GGDP）、公共债务占 GDP 的百分比、实际房价（RHP）、实际股票价格（RSP）、收入不平等（IE）、中央银行实际利率（RIR）、M_2/准备金（M_2/R）、银行流动性（LIQ）、货币升值和私人部门债务占 GDP 的百分比（PVD）。[②]

（二）房地产金融风险预警指标

近年来，随着房地产金融的不断发展，关于房地产金融风险的预警指标的研究已经取得了一定成果。尽管如此，关于中国房地产金融的很多数据可得性问题突出，所以现有衡量指标的实用性大大降低。为此，曾龙（2010）基于数据的可得性，并尽量多的选取指标以囊括更多的数据信息，最终在房地产金融风险预警指标体系的构建中选取了 10 个指标，即房地产投资总额与全社会固定资产投资总额的比值、房地产投资增长率与国内生产总值增长率的比值、商品房施工面积与竣工面积的比值、房价与收入之比、房价增长率与 GDP 增长率之比、商品房价格的增长率与消费品价格指数增长率之比、商品房价格与租金收入之比、商品房的空房率、房地产贷款余额与金融机构贷款余额之比和房地产贷款的增长率与金融机构贷款余额增长率之比。

（三）房地产信用风险度量

房地产信用风险的度量一直是学术界和银行界研究的重点，而

---

① Roberto Cardarelli, Selim Elekdag, Subir Lall, "Financialstress and economic contractions," *Journal of Financial Stability*, 7（2011），pp. 78 – 97.

② Saktinil Roy, David M Kemme, "Causes of banking crises: Deregulation, credit booms and asset bubbles, thenand now," *International Review of Economics and Finance* 24（2012），pp. 270 – 294.

多数信用风险衡量指标都是由银行系统内的研发人员根据银行借款人的具体信用情况（包括借款人的收入、利润等指标加权）获得。信用风险度量包括定性分析模型和定量分析模型两类。定性分析模型中一般考虑两个因素：一是与借款人相关的主要因素，如声誉、杠杆比（债务债权比）、收益的波动性、担保物；二是与市场相关的因素，如商业周期、利率水平。为了防止定性分析模型在某些因素选取上存在主观决策的缺陷，金融机构大多采用定量分析模型配合使用。传统的信用评分模型主要包括线性概率模型、Logit 模型和线性判别模型三种。线性概率模型是利用已有历史数据回归分析各种影响因素的重要性，而后对新贷款的偿还概率做出预测。线性概率模型和 Logit 模型是预测贷款者的预期违约概率。Altman（1968）选取了营运资本与总资本的比率、留存收益与总资产的比率、股权市值与长期债务账面值的比率、销售额与总资产的比率和税前收益与总资产的比率作为解释变量。这些传统的计量评分模型往往存在着与现实情况不符、判别函数中的权重缺乏依据并忽视了一些难以量化的影响因素等问题。因此，一些金融机构和专业团队构造了新的信用风险度量模型，如信用风险期限结构方法、失败率方法、RA-ROC 模型、期权模型、信用计量模型等，这些现代模型依赖于现代金融理论和整个金融市场的丰富数据，同时侧重于信用风险的不同方面的研究。

（四）房地产金融市场风险的度量

住房抵押贷款利率与基准利率的利差是从金融市场角度对房地产金融风险的度量指标。抵押贷款利率和同期无风险利率（如政府债券收益）的利差增加可以捕捉与信贷渠道相关的外部融资溢价情况。然而，利差的分析遇到两个问题。一是价格仅是抵押合同的一个条款。例如，借款人违约率提高导致提高对抵押品的要求，而不是更高的抵押贷款率。二是如果信贷市场普遍存在定量配给，那么利差将不能真实反映抵押贷款非价格配给需求的增加情况。

(五) 房地产金融风险指标设定

借鉴上述研究文献，笔者不建议选取房地产金融风险预警指标、房地产信用风险指标以及房地产金融市场风险指标来度量金融风险。原因是任何事物都具有两面性，金融发展亦是如此，资金的膨胀必然增加使用主体的风险，房地产金融创新也一定会增加局部的房地产信用风险和房地产金融市场风险。因此，更应该关注房地产金融创新对整体金融体系效率的提升作用及其风险规避功能。

从现实情况出发，中国的房地产金融主要局限在银行信贷领域，本文将重点考察房地产金融创新是否能够分散银行体系的风险，因此，笔者选取银行风险指标来度量中国房地产金融风险。Blasko 等（2006）所选取的银行风险度量指标在数据上无法获取，文献中的其他银行风险指标因其复杂性违背了所设定的简化原则，所以不能采用。从数据可获得性的角度考虑，结合中国房地产金融风险高度集中于商业银行的实际，笔者最终选取以不良贷款率作为中国房地产金融风险的度量指标。

第二节　美国房地产金融创新与金融风险关系的回归分析

为了验证美国房地产金融创新与其金融风险之间的关系，我们需要建立一个以美国金融体系风险作为被解释变量，以美国房地产金融创新为解释变量的回归模型。通过精细的指标选取与实证检验来佐证过度房地产金融创新是如何影响金融风险的。

一　指标与数据说明

结合前文房地产金融创新指标设定的三点原则，并以美国房地产金融发展现实为基础，本文选取美国住房类债券发行总量作为房地产金融创新的代理变量，这一变量不仅满足了指标的简化性、可得性及连续性原则，同时，结合了美国直接金融高度发展的现实特征，囊括了美国房地产金融创新的较高份额。选取的美国住房类债券发行总额变量的时间跨度为 1970～2009 年，选取这一时间跨度的原因主要是希望借助次贷危机期间的美国金融风险的演化过程来刻画过度金融创新的时间跨度。该数据来源于美国债券市场协会（Bond Market Association），住房类债券发行变量用字母 ZQ 代表。

对于美国金融体系风险指标，笔者同样结合前文关于金融风险指标的选取原则进行设定，最终选取了道琼斯指数的标准差数据。众所周知，道琼斯指数是衡量美国股票市场最权威的指数之一。通过道琼斯指数日数据的年平均值测算而得的标准差将是美国金融体系风险的极佳度量指标之一。为对应前文的时间我们也选取 1970～2009 年的道琼斯指数日数据进行测算年的标准差。道琼斯指数日数据来源于财经类网站（market Watch），其变量用字母 DQ 来表示。

在这里，假设该阶段的美国房地产金融创新正处于逐渐过渡发展的过程中，它对美国金融体系的金融风险的影响是正向的，即过渡的美国房地产金融创新加剧了美国金融体系的系统性金融风险。

二 数据的平稳性检验

如前文所述，为考察时间序列变量之间的关系，首先得考虑变量序列的平稳性。如果一个时间序列的均值或自协方差函数随时间而改变，那么该序列就是非平稳的。如果两个或两个以上的变量值呈现非平稳性，用非平稳序列来建立模型，就会出现虚假回归的问题，为了避免出现伪回归，可以通过差分得到平稳化的序列。这样它们的某种线性组合会呈现平稳性，表明变量之间存在某种长期稳定关系，即协整关系。

对住房类债券发行变量（ZQ）和道琼斯指数标准差变量（DQ）及其一阶差分项 DZQ 和 DDQ 进行 ADF 检验，结果见表 6 - 1。

表 6 -1　ZQ 和 DQ 及其一阶差分项 DZQ 和 DDQ 的 ADF 检验结果

变量	ADF 检验值	检验类 (c, t, k)	1% 临界值	5% 临界值	10% 临界值	结论
ZQ	- 0. 31	(0, 0, 1)	- 2. 62	- 1. 95	- 1. 62	不平稳
DQ	- 1. 59	(0, 0, 1)	- 2. 62	- 1. 95	- 1. 62	不平稳
ZQ	- 7. 29	(0, 0, 1)	- 3. 55	- 2. 91	- 2. 59	平稳
DDQ	- 10. 92	(0, 0, 1)	- 2. 62	- 1. 95	- 1. 62	平稳

注：检验类中的 c、t、n 分别代表截距项、趋势项和最优滞后期数，其中对滞后阶数的选择严格根据 AIC、SC 基本信息准则确定得出，并使用 EVIEWS 6.0 计算整理所得。

从表 6 - 1 可以得出，ZQ 和 DQ 的 ADF 检验值在 1%、5% 及 10% 的水平下都接受了原假设，证明这两个时间序列都是不平稳序列。而 ZQ 和 DQ 的一阶差分序列 DZQ 及 DDQ 在 1% 的显著水平上都拒绝了原假设，证明这两个一阶差分序列都是平稳序列。两者符合 I（1）过程。为确定变量间的真实关系，需要进一步进行协整检验。

三　协整检验

在上面的分析中，可以看出，住房类债券发行变量（ZQ）和道琼斯指数标准差变量（DQ）都是非平稳的一阶单整序列。因此他们之间可能存在长期稳定的关系。进行协整检验，其结果见表 6 - 2。

表 6 - 2　协整检验结果

协整关系	c	t	5%	p
无 *	0.469422	23.52213	15.49471	0.0025
最多一个	0.001944	0.071994	3.841466	0.7884

注：* 代表在 10% 概率水平下显著。

通过住房类债券发行变量（ZQ）和道琼斯指数标准差变量（DQ）两个变量之间的协整关系检验，可以看出，二者之间不存在协整关系的假设被拒绝，而最多存在一个协整关系的假设被接受，说明住房类债券发行变量（ZQ）和道琼斯指数标准差变量（DQ）两个变量之间存在一个协整方程，两者协整关系如下：

$$DDQ(-1) = 0.0058 \times DZQ(-1) + 67.5185$$

该协整方程表明住房类债券发行变量（ZQ）和道琼斯指数标准差变量（DQ）两个变量之间存在长期稳定的"均衡"关系，当住房类债券发行变量上升 1 个单位，道琼斯指数标准差变量将上涨 0.0058 个单位。而两者之间的正向关联也验证了前面的假设，美国次贷危机期间，过度的房地产金融创新加剧了美国金融体系的系统性金融风险，这个实证结果与前面的理论分析是一致的。

第三节　中国房地产金融创新与金融风险关系的回归分析

为了实证检验中国房地产金融创新与金融风险之间的关系，需要建立回归模型。在回归模型中，将银行金融风险作为被解释变量。在解释变量中，将房地产金融创新纳入其中，同时将其他影响银行风险的重要变量作为控制变量。根据所选取数据的不同，本文分别采用了协整模型和系统 GMM 模型，实证解析中国房地产金融创新与金融风险之间的关系。

一 协整模型

本部分的实证分析数据是时间序列数据,根据时间序列数据的特征,本文在实证方法的选择上选取了单位根检验和协整检验等方法。

(一) 指标设定、数据说明及模型构建

1. 指标设定

根据前文的分析,本文首先选取银行不良贷款率作为银行风险的代理变量,银行不良贷款率数据来自中国银监局。其次,选取房地产投资总额减去房地产投资中企业自有资金数额,再减去房地产银行贷款数额后的余额作为房地产金融创新的代理变量,数据时间跨度从 1999 年至 2015 年,共 17 年,数据来自 2000 ~ 2016 年《中国房地产统计年鉴》。这里假定房地产金融创新对银行风险的影响是负向的,即房地产金融风险能够分散过度集中在银行的风险。再次,将银行风险的重要影响变量——商业银行资本充足率作为控制变量,银行资本充足率是银行自有资本与其加权风险资本的比值。2006 ~ 2015 年的银行资本充足率数据来自银监会年报,1999 ~ 2005 年数据来自 2000 ~ 2006 年《中国金融年鉴》。假定商业银行资本充足率与银行风险之间也是负向关联,即银行资本充足率越高,银行风险的程度就越小。最后,选取房地产开发贷款中国内贷款占房地产开发资金总额的比重这一变量来衡量银行在房地产投资中的作用,变量名称定为房地产投资银行贡献率,数据来自国家统计局网站。假定这一变量对银行风险的影响是正向的,即银行贷款在房地产投资中比重上升,银行风险也会相应增加。

2. 关于指标选取与数据时间跨度的说明

作为本文衡量银行风险的重要指标——银行不良贷款率受多方

面因素的影响，尤其是在 20 世纪末，国家对银行的行政命令过多、国有企业低效运行等问题都是导致银行不良贷款率上升的重要原因。但中国于 20 世纪 90 年代开始深化金融体制改革，如 1997 年取消了对商业银行信贷规模限制，加之房地产信贷在银行信贷总额占比不断加大，使房地产金融创新程度逐渐成为解释银行不良贷款率的一个重要因素。

在多元回归分析中，论文的实证数据从 1999 年开始选取，截至 2015 年，数据时间跨度为 17 年（见表 6-3）。数据的选取时间受中国住房分配货币化改革实践较晚的限制（始于 1998 年），而中国有关房地产金融的统计年鉴始于 2000 年，则数据从 1999 年开始，这是我们在实证研究中一个无法回避的客观条件限制。为解决由于有效数据时间跨度不较短可能降低实证结论说服力问题，本章在协整分析后还将通过基于 16 家上市银行面板数据的系统 GMM 模型分析，进一步验证中国房地产金融创新与金融风险之间的逻辑关系（见表 6-3）。

表 6-3　各指标的描述性统计数据

单位：%

变量	符号	均值	标准差	最大值	最小值
不良贷款率	Y_t	9.88	9.90	29.8	0.9
房地产贷款占比	X_{1t}	0.47	0.03	0.57	0.48
房地产投资银行贡献率	X_{2t}	0.19	0.03	0.24	0.15
银行资本充足率	X_{3t}	34.86	26.44	88.3	10.88

数据来源：2000~2016 年《中国房地产统计年鉴》，中国银监会 2006~2016 年年报，2000~2006 年《中国金融年鉴》。

3. 模型构建

根据前文的分析，将实证模型假定如下：

$$Y_t = \beta_0 + \beta_1 X_{1t} + \beta_2 X_{2t} + \beta_3 X_{3t} + u_t$$

其中，被解释变量 Y_t 代表银行风险；X_{1t}、X_{2t} 和 X_{3t} 分别代表房地产金融创新、房地产投资银行贡献率和银行资本充足率，β_0 和 u_t 为截距项和残差项。我们利用附录中附表 1（位于 269 页）的数据求得银行风险与金融创新的相关系数为 -0.7471，银行风险与房地产投资银行贡献率的相关系数为 0.84，银行风险与银行资本充足率的相关系数为 -0.7962，这与前文的假设相符合。在实证检验之前，我们假定 β_1、β_2 和 β_3 这三个系数的符号依次为负号、正号和负号。

（二）协整分析过程

如果将时间序列数据直接进行回归分析，容易产生伪回归问题——两个或者多个随机游走变量之间并不存在实际关联，而且这些变量也会随着时间向上或者向下波动，因此直接回归可能产生错误的结论。为了规避由计量方法出现的错误而选取导致实证结果失真，应该首先对时间序列数据进行平稳性检验。

1. 单位根检验

迪基（David Dickey）和富勒（Wayne Fuller）所设计的单位根检验方法（DF）是对时间序列数据进行平稳性检验的常见方法。该方法的基本思路如下：

$$Y_t = \rho Y_{t-1} + u_t \tag{6.1}$$

分别用 $t-1$，$t-2$，$\cdots$，$t-T$ 来替换 t，得到式（6.2）、式（6.3）和式（6.4）。

$$Y_{t-1} = \rho Y_{t-2} + u_{t-1} \tag{6.2}$$

$$Y_{t-2} = \rho Y_{t-3} + u_{t-2} \tag{6.3}$$

$$Y_{t-T} = \rho Y_{t-T-1} + u_{t-T} \tag{6.4}$$

将式（6.2）、式（6.3）和式（6.4）等带入式（6.1）整理得到式（6.5）：

$$Y_t = \rho^T Y_{t-T} + \rho u_{t-1} + \rho^2 u_{t-1} + \cdots \rho^T u_{t-T} + u_t \qquad (6.5)$$

只有当 ρ 值小于 1，可认定时间序列为平稳序列，因为随着时间的推移对序列的影响将逐渐削减；而当 ρ 大于或等于 1，时间序列则不平稳，对序列的冲击无法随时间而消减。

对序列的平稳性检验可以通过式（6.1）中系数的显著性水平来确定。假设检验设定为，H_0：$\rho = 1$。如果接受原假设，证明 Y_t 具有单位根，序列不稳定；如果拒绝原假设，则说明 Y_t 是平稳序列。对于不平稳序列我们可以在式（6.1）基础上进行变形：

$$\Delta Y_t = (\rho - 1) Y_{t-1} + u_t = \delta Y_{t-1} + u_t \qquad (6.6)$$

其中，$\Delta Y_t = Y_t - Y_{t-1}$，$\Delta$ 为一阶差分运因子。再次进行零假设 H_0：$\delta = 0$，如果拒绝原假设，一阶差分序列仍然是非平稳序列，可以继续进行二阶差分检验序列的平稳性。如果接受原假设，说明 Y_t 经过一阶差分后成为平稳时间序列，此时该序列称为一阶单整过程，表示为 $I(1)$。按照序列是否含有截距项和趋势项，可以将待检验的模型分成以下三类：

$$Y_t = (1 + \delta) Y_{t-1} + u_t, \text{ 即 } \Delta Y_t = \delta Y_t + u_t \qquad (6.7)$$

$$Y_t = \beta_1 + (1 + \delta) Y_{t-1} + u_t, \text{ 即 } \Delta Y_t = \beta_1 + \delta Y_{t-1} + u_t \qquad (6.8)$$

$$Y_t = \beta_1 + \beta_2 t + (1 + \delta) Y_{t-1} + u_t, \text{ 即 } \Delta Y_t = \beta_1 + \beta_2 t + \delta Y_{t-1} + u_t \qquad (6.9)$$

DF 检验对上述三类模型设定的零假设均是：H_0：$\rho = 1$ 或 H_0：$\delta = 0$，接受零假设意味着存在单位根，否则说明序列是平稳序列。如果 u_t 是自相关序列，可以将式（6.9）进行调整，得到式（6.10）：

$$\Delta Y_t = \beta_1 + \beta_2 t + \delta Y_{t-1} + \alpha_i \sum_{i=1}^{m} \Delta Y_{t-i} + \varepsilon_t \qquad (6.10)$$

式（6.10）比式（6.9）增加了差分序列的滞后项，以式（6.10）为基础的 DF 检验被称作增广的 DF 检验（Augmented Dickey – Fuller，

ADF)。DF 统计量与 ADF 统计量之间渐近分布相同,可以使用相同的临界值进行判断。

从实证结果可以看出,原始数据即使在 10% 显著性水平下都是非平稳序列,但它们的一阶差分序列在 5% 的显著水平下都是平稳序列,属于一阶单整过程,满足 I(1)过程,这些变量之间可能存在协整关系,可以继续进行协整检验(见表 6-4)。

表 6-4　单位根检验结果

变量	ADF 检验值	检验类 (c, t, n)	1% 临界值	5% 临界值	10% 临界值	结论
y	-8.085317	(0, 0, 4)	-2.771926	-1.974028	-1.602922	不平稳
dy	-4.028422	$(c, t, 2)$	-5.124875	-3.933364	-3.420030	平稳
x_1	-3.305310	$(c, t, 2)$	-4.800080	-3.791172	-3.342253	不平稳
dx_1	-5.352910	(0, 0, 2)	-2.754993	-1.970978	-1.603693	平稳
x_2	-2.700492	$(c, t, 3)$	-5.124875	-3.933364	-3.420030	不平稳
dx_2	-3.676276	(0, 0, 3)	-2.754993	-1.970978	-1.603693	平稳
x_3	-0.311834	(0, 0, 2)	-2.740613	-1.968430	-1.604392	不平稳
dx_3	-4.109033	(0, 0, 2)	-2.754993	-1.970978	-1.603693	平稳

注:检验类中的 c、t、n 分别代表截距项、趋势项和滞后期数,其中,对滞后阶数的选择严格根据 AIC、SC 基本信息准则确定得出。

2. 协整检验

协整检验的基本原理如下:如果两个或多个随机游走的变量,这些变量之间的线性组合能够成为平稳序列,即称作它们之间存在协整关系。在现实中,很多经济、金融时间序列并不平稳,但受到某些共同因素的影响使得这些变量表现出统一趋势,它们的某种组合表现出一种稳定的协整关系。

(1) Johansen 协整检验的基本原理

协整检验方法通常包括 EG 两步法和 Johansen 协整检验两类。通常情况下，EG 两步法多适用于仅存在一个协整关系的模型系统。此外，在小样本条件下，EG 协整检验结论并不可靠。因此，本文选取可用于多元变量协整检验的 Johansen 检验方法，这一方法的具体原理如下。

Johansen 协整检验是从 VAR 模型中演化而来的：

$$Y_t = \beta_1 Y_{t-1} + \beta_2 Y_{t-2} + \cdots + \beta_k Y_{t-k} + U_t \tag{6.11}$$

在式（6.11）中假设已有的 g 个变量都是一阶单整过程。其中，Y_t，Y_{t-1}，$\cdots$，Y_{t-k} 和 U_t 为 $g \times 1$ 列向量，而 β_1，β_2，β_3，$\cdots$，β_k 是 $g \times g$ 的系数矩阵。

将式（6.11）调整成 VECM 形式的数学模型：

$$\Delta Y_t = \Pi Y_{t-k} + \Gamma_1 \Delta Y_{t-1} + \Gamma_2 \Delta Y_{t-2} + \cdots + \Gamma_{k-1} \Delta Y_{t-(k-1)} + U_t \tag{6.12}$$

其中，$\Pi = (\sum_{i=1}^{k} \beta_i) - I_g$，$I_g$ 为 g 阶单位矩阵，$\Gamma_i = (\sum_{j=1}^{i} \beta_j) - I_g$，$\Pi$ 是 Y_{t-k} 的系数矩阵，它是反映协整关系的重要指标。当协整关系存在时，式（6.12）中的差分变量都将等于零向量，$\Pi Y_{t-k} = 0$。这样，检验协整关系则可以利用 Π 的秩及其特征值来判断。对 Π 的特征值进行降序排列，即：$\lambda_1 \geqslant \lambda_2 \geqslant \cdots \geqslant \lambda_g$。如果 Π 的秩为零，说明变量之间不存在协整关系。

Johansen 协整检验的检验统计量包括迹检验统计量 λ_{trace} 和最大特征值检验统计量 $\lambda_{\max}$：在 $\lambda_{\text{trace}} = -T\sum_{i=r+1}^{g} \ln(1 - \hat{\lambda}_i)$ 中，r 代表协整关系个数，$\hat{\lambda}_r$ 为 Π 的第 i 个特征值的估计值。迹检验统计量的零假设，H_0：协整关系个数小于等于 r；H_1：存在协整关系的数量大于 r；$\lambda_{\max}(r, r+1) = -T\ln(1 - \hat{\lambda}_{r+1})$，其零假设 H_0：存在协整关系的数量等于 r；H_1：存在协整关系个数等于 $r+1$。

第一步看 λ_{trace}。迹检验属于联合检验：$\lambda_{r+1} = \lambda_{r+2} = \cdots \lambda_g = 0$，

当 $\lambda_i = 0$ 时，$\ln(1 - \lambda_i)$ 也必然为零，数值介于 $0 < \lambda_i < 1$ 之间，λ_i 和 $\ln(1 - \lambda_i)$ 呈反向关联。在 λ_{trace} 大于临界值的情况下，拒绝原假设，协整关系数量大于 r，构建新的零假设：协整数量不大于 $r + 1$、$r + 2 \cdots$，假设检验将延续至 λ_{trace} 小于临界值为止。第二步看 λ_{max}。分析过程与第一步类似。

（2）Johansen 协整检验的结果

笔者对模型全部变量进行了 Johansen 协整检验，检验结果见表 6 - 5 和表 6 - 6。

表 6 - 5　Trace 下的协整检验结果

No. of CE（s）	特征值	统计	0.05 临界值	概率**
无	0.825852	41.53579	40.17493	0.0362
最多 1 个	0.42907	15.31804	24.27596	0.4307
最多 2 个	0.322209	6.910697	12.3209	0.3341
最多 3 个	0.069281	1.07696	4.129906	0.3481

迹检验显示在 5% 的显著性水平下存在两个协整向量；

* 表示在 5% 的显著性水平下拒绝原假设；

** MacKinnon - Haug - Michelis (1999) p - values。

表 6 - 6　Maximum Eigenvalue 下的协整检验结果

假设 CE（s）	特征值	最大特征统计	0.05 临界值	概率*
无	0.825852	26.21776	24.15921	0.026
最多 1 个	0.42907	8.407339	17.7973	0.6609
最多 2 个	0.322209	5.833737	11.2248	0.369
最多 3 个	0.069281	1.07696	4.129906	0.3481

最大特征根检验显示在 5% 的显著性水平下存在两个协整向量；

* 表示在 5% 的显著性水平下拒绝原假设；

** MacKinnon - Haug - Michelis (1999) p - values。

Trace 和 Maximum Eigenvalue 检验结果表明，两种方法均认可银行风险、房地产金融创新等变量之间仅存在一种协整关系，具体的协整关系见表6-7。

表6-7 协整关系

	Y	X_1	X_2	X_3
标准化协整系数（标准差）	1	171.94	-481.3657	0.071176
		-20.0652	-45.1427	-0.03953
调整后的系数（标准差）	D（Y）	-0.177975		
		-0.16475		
	D（X_1）	-0.002093		
		-0.0011		
	D（X_2）	0.002211		
		-0.00075		
	D（Y）	-0.177975		
		-0.177975		

表6-6给出了上述变量之间的协整关系，具体的协整方程如下：

$$Y_t + 171.94X_{1t} - 481.3657X_{2t} + 0.071176X_{3t} = u_t$$
$$(-20.0652)\quad(-45.1427)\quad(-0.03953)$$

为验证协整关系，还需检验残差项的平稳性。

令 $u_t = Y_t + 171.94X_{1t} - 481.3657X_{2t} + 0.071176X_{3t}$ 计算出 u_t 值，并再次利用ADF检验方法考察残差序列 u_t 的平稳性，检验结果见表6-8。

表6-8 u的单位根检验结果

变量	ADF检验值	检验类（c，t，n）	1%临界值	5%临界值	10%临界值
u	-4.3328	(0, 0, 3)	-3.920	-3.0655	-2.6734

注：检验类中的 c、t、n 分别代表截距项、趋势项与滞后阶数，对滞后阶数的选择根据 AIC、SC 基本信息准则确定。

从表 6 - 8 的 ADF 检验结果可以看出，在 5% 的水平下，u_t 变量的 ADF 检验值超过了临界值，意味实证结果拒绝了原假设，接受 u_t 为平稳序列的结果。

u_t 为平稳序列意味协整关系的成立，即银行风险、房地产金融创新、银行资本充足率、房地产投资银行贡献率之间存在着长期关联。笔者将协整方程进行简单调整，将含有 x_{1t}、x_{2t} 和 x_{3t} 的多项式从等式左侧移到右侧得到：

$$Y_t = -171.94x_{1t} + 481.3657x_{2t} - 0.071176x_{3t} + u_t$$

此时，x_{1t}、x_{2t} 和 x_{3t} 的系数分别为负、正、负，与前文的假设是一致的。x_{1t} 的系数为负，证实房地产金融创新与银行风险之间是负向关联，实证结果支持房地产金融创新能扩大房地产行业的资金来源，减缓与分散房地产资金来源过于依赖银行信贷的压力和风险；x_{2t} 的正系数说明房地产金融创新程度过低将增加银行风险，由于房地产金融创新程度较低，使得房地产资金过多的由银行体系支持，进而相应增加了银行信贷风险发生的概率；x_{3t} 的系数为负，说明银行资本充足率越高就越能降低银行风险增加的概率。

二 系统 GMM 模型

本部分实证分析使用 2004 ~ 2013 年 16 家上市银行构成的面板数据，根据该面板数据的特点，选取了系统 GMM 模型实证方法。

(一) 变量选取、数据来源及模型构建

1. 变量选取

在本部分的回归分析中，被解释变量仍然采用银行不良贷款率，这里将各年度各上市银行不良贷款总额除以贷款总额。房地产金融创新指标分别采用个人住房贷款规模和房地产贷款占银行信贷的比重去衡量。为剔除量纲和异方差的影响，对个人住房贷款规模进行对数处理。

除了上述房地产金融创新的解释变量外，上市银行的不良贷款率还取决于其他的因素，因此有必要对其他因素进行控制。选取影响银行经营绩效的财务变量作为模型的控制变量，具体包括：净资产收益率、股东权益比和贷款规模。其中，净资产收益率是上市银行的主要经营指标，反映上市公司的综合经营绩效。选择该控制变量一方面可以控制由非房地产类信贷对上市银行业绩的影响，避免将过多的影响因素放入残差之中所导致的内生性问题；另一方面可以控制上市银行非信贷业务经营状况对上市银行不良贷款率的影响。股东权益比反映了上市银行的资产结构和抗风险能力。从上市公司经营稳健性的角度看，股东权益比较高的银行应对风险的能力较强，可以承受更大风险。因此，加入该变量有利于控制由内生性资产负债管理所导致的模型内生性问题。贷款规模是控制上市银行经营环境的变量。当前中国的金融体系以间接融资为主体，从信贷流向看，主要流入国有经济部门和投资领域。因此，商业银行的贷款规模与宏观经济的走势具有较高的相关性。加入该变量可以控制由宏观经济因素导致的银行不良贷款率的变化。上述控制变量中，净资产收益率与股东权益比均为比值形式，信贷规模取对数后的值作为控制变量。[①]

2. 数据说明

以上所有数据均取 2004 ~ 2013 年 16 家上市银行的年度数据，数据全部来自各家上市银行的年度报告。为消除量纲与异方差的影响，对所有水平值变量取自然对数，其他比率指标未取对数（见表 6 - 9）。

[①]　系统 GMM 模型和前文的协整模型分别采用了不同的控制变量，主要原因在于系统 GMM 模型针对的是上市银行，而协整模型针对的是对银行系统。因此，两个模型在控制指标的选取上存在差异。

表 6 - 9　模型中各变量描述性统计

变量	符号	均值	标准差	最大值	最小值
不良贷款率（%）	*bull*	3.075	8.352	26.730	0.360
房地产贷款占比（%）	*fdczb*	8.936	2.725	16.630	4.000
个人住房贷款（对数）	*grzfdk*	14.207	5.046	33.807	1.286
净资产收益率（%）	*jzcsyl*	0.937	0.376	3.310	0.020
股东权益比（%）	*quanyi*	5.027	2.742	13.070	- 13.710
贷款规模（对数）	*dkgm*	51.800	7.453	70.100	33.860

3. 模型设定

根据上述变量设定，本部分将以上市银行不良贷款率作为被解释变量构造出基准模型。

$$bull_{it} = \beta_0 + \beta_1 fdczb_{it} + \beta_2 grzfdk_{it} + \beta_3 jzcsyl_{it} + \beta_4 quanyi_{it} + \beta_5 dkgm_{it} + \varepsilon_{it}$$

上式中，*bull*、*fdczb*、*grzfdk*、*jzcsyl*、*quanyi*、*dkgm* 分别为不良贷款率、房地产贷款占比、个人住房贷款、净资产收益率、股东权益比和贷款规模。β_1、β_2、β_3、β_4、β_5 依次为上述变量的回归系数，这里假定 β_2 和 β_3 为负，β_1、β_4、β_5 为正。此外，β_0 为截距项，ε_{it} 为残差项。

（二）GMM 分析过程

1. GMM 方法的有关说明

由于该面板数据是短面板，个体时间序列不长，因而扰动项的自相关或组间同期相关因素可以忽略。具体估计方法可以使用固定效应模型与随机效应模型进行估计。考虑到上市银行不良贷款率与解释变量（房地产贷款占比以及个人住房贷款）及控制变量（净资产收益率、股东权益比和贷款规模）间有可能具有双向因果关系，该关系是由各变量之间互相促进、共生发展而导致的，双向因果关系意味着模型的内生性未得到有效控制，因而可以考虑使用动态面板估计方法克服内生型导致的模型估计偏误。而使用动态面板模型估计对于控制不良贷款纵向跨时期联系而产生的惯性因素也有积极作用。由于被解释变量滞后期与随机扰动之间具有相关关系，因而固定效应模型或最小二乘虚拟变量法（LSDV）并不具有无偏性和一致性，无法使用传统的静态面板模型估计方法。为克服静态面板估计方法在动态面板估计中的问题，Anderson 和 Hsiao（1981）使用工具变量法对动态模型进行估计，具体的工具变量是选取了滞后两期的水平值作为一阶差分值的工具变量。在该方法的基础上，Arellano 和 Bond（1991）进一步将工具变量范围扩大到所有可能的滞后变量，进而首先提出了差分 GMM 方法。差分 GMM 方法虽然可以解决模型估计的内生性问题，但被使用的工具变量与内生变量之间的关联较弱，因而可能产生弱工具变量问题，Blundell 和 Bond（1998）结合差分估计和水平估计两种方法提出了新的方法，该方法被称为系统 GMM 方法。使用两组工具变量同时估计可以较好地提高估计效率。基于此，本书模型估计采用动态面板系统 GMM 估计方法。使用动态面板估计时，滞后期已经对时间维度的因素进行了控制，因而回归中未包含时间变量 t。

2. 自相关检验

为保证差分估计方法具有一致性，在进行系统 GMM 估计之前，应将扰动项 $\{\varepsilon_{it}\}$ 的自相关性进行检验。检验的方法使用 Arellano - Bond（1991）提供的扰动项自相关检验方法，该结果表明，一阶与二阶自相关检验 z 统计量分别为 1.177 和 -0.696，均是至少在 1% 的置信水平上接受原假设，认为扰动项差分一阶和二阶自相关系数均在统计意义上为 0，所以可以使用系统 GMM 方法对该模型进行估计。另外，为进一步检验模型的弱工具变量问题，使用 Sargan 差分检验工具变量的有效性，该检验的统计量为 11.085，至少在 99% 的置信水平上接受差分项是有效工具变量的原假设，因而可以使用系统 GMM 方法进行估计。系统 GMM 估的具体结果（见表 6 - 10）同时也给出了最小二乘虚拟变量法（LSDV 法，相当于固定效应回归）结果作为对照。

表 6 - 10　回归结果

	System GMM 模型 1	System GMM 模型 2	LSDV
不良贷款率（-1）	0.248*** (0.016)	0.166*** (0.028)	—
不良贷款率（-2）		0.077*** (0.008)	—
房地产贷款占比	0.080*** (0.013)	0.097*** (0.019)	-0.116* (0.068)
个人住房贷款规模	-0.053*** (0.009)	-0.037** (0.016)	-0.066** (0.032)
净资产收益率	-0.933*** (0.308)	-0.474** (0.208)	0.581 (0.700)
股东权益比	0.078*** (0.019)	0.117*** (0.033)	-0.665*** (0.079)
贷款规模	0.060*** (0.011)	0.043*** (0.016)	0.030 (0.029)
t	—	—	-0.283*** (0.062)
常数项	-1.525** (0.730)	-1.904* (1.122)	574.41*** (125.68)
Wald χ^2（F）	7989.06	480.96	36.54
Prob > χ^2	0.000	0.000	0.000
样本个数	129	119	135

注：括号内的数值为参数估计值对应标准差；* 表示在 10% 水平显著，** 表示在 5% 水平显著，*** 表示在 1% 水平显著。

3. 回归结果

表 6 - 10 给出的三种回归结果显示，模型的 F 统计量或 Wald χ^2

统计量均在1%的置信水平上通过检验，说明模型整体拟合程度很好。从解释变量的系数看，几乎全部解释变量都在至少10%置信水平上通过了有效性检验。说明解释变量与控制变量的选择能够较好地解释上市银行的不良贷款率。

（1）不良贷款率历史惯性的影响

动态面板（System GMM）回归滞后一期模型与滞后二期模型的结果显示，不良贷款率具有一定的惯性特征，即前一期和两期的不良贷款状况会影响当期的不良贷款率。其中，滞后一期弹性系数表现稳健，且为正向影响，其数值在0.2左右，说明即便在控制其他影响因素的情况下，当上市银行前一期不良贷款率有1%的增幅时，其当期不良贷款率的期望增加值约为0.6%。滞后二期不良贷款率的弹性系数也为正，但影响的程度会显著降低。不良贷款率受历史影响的结果与银行经营的跨期性相关，银行的信贷资产主要投放到实体经济部门，而实体经济部门的生产和销售活动具有跨期特征。银行在当期出现信贷不良贷款率上升时，会从两个方面影响到下一期的不良贷款率。一是不良贷款率当期上升可能导致银行出于规避风险的考虑而降低信贷投放的意愿，从而可能导致实体经济获取的金融支持不足，最终影响实体部门的绩效，进一步传导回银行信贷方面，引起不良贷款率的上升。二是不良贷款的递延效果，当期未被消化的不良资产，在下一期或多期仍会构成银行不良资产。因而，体现银行金融风险的不良贷款率具有递推的时间传导特征。

（2）房地产贷款占比的影响

房地产贷款占比变量在所有回归模型中系数均非常显著，在考虑上市银行不良资产率惯性（动态面板 System GMM）的情况下，该变量的系数仍然保持相对稳健，弹性系数在动态面板模型中维持在0.08~0.1之间，说明以银行房地产贷款占比为代表的房地产金融创新指标对上市银行风险的影响比较显著。房地产贷款占比与上市银行不良贷款率之间的正向关系表明，在控制了其他影响因素的情况下，房地产金融创新在一定程度上会抑制中国房地产金融（体现为商业银行信贷资产）的风险，即当商业银行房地产贷款占比下降时，商业银行的不良贷款率也有随之下降的倾向。

（3）个人住房贷款规模的影响

个人住房贷款规模是房地产金融创新的另一个衡量指标，它可以从金融需求结构的角度会对房地产金融风险产生影响。在动态面板 System GMM 回归以及 LSDV 回归结果中，个人住房贷款规模变量均非常显著，系数为负值且表现出非常良好的稳健性。其弹性系数都在 -0.05 左右，说明随着个人住房贷款规模的上升，商业银行不良贷款率有下降的趋势。虽然弹性系数较小（不到 -0.1），但也说明个人住房贷款类金融创新对银行金融风险的作用不可忽视。个人住房贷款规模的上升一方面意味着消费类房地产金融创新的增加，这里既包括由于金融产品创新导致的个人住房贷款上升，也包括由于金融制度和监管创新导致的金融创新。消费类金融产品创新对应着更加广泛的居民分布，因而风险更容易分散，同时系统性风险也更为可控。另一方面，个人住房贷款对房地产金融结构性风险具有调节作用。如前面章节所述，个人住房贷款对房地产企业提供了资金支持，因而个人住房贷款规模的上升意味着流向房地产企业的资金增加，可以进一步提高房地产企业偿还银行信贷的能力，进而降低了银行的房地产信贷风险。

（4）控制变量的影响

首先，净资产收益率对上市银行不良贷款率具有显著的抑制作用。虽然该变量在 LSDV 回归中并不显著，但在 System GMM 回归的两个模型中，净资产收益率都至少在5%的置信水平上对上市银行的不良贷款率具有反向的抑制作用，且影响的弹性系数较大。这表明，在净资产收益率较高的情况下，银行对风险控制的能力较强。该结论与银行经营的现实逻辑是相符合的。其次，股东权益比在所有模型中均显著，但系数的稳健性较差。在动态 System GMM 回归中，股东权益比与不良贷款率之间存在正向关系。对此结果，笔者猜测，较高的股东权益比可能导致银行经营上的激进倾向，最终导致不良贷款率上升。但由于不同模型中该变量的稳健性较差，因而上述猜测并未有良好的数据支持。再次，贷款规模的影响在动态 System GMM 回归模型中都在 1% 的置信水平上通过检验，因而对不良贷款率代表的风险具有显著的影响。在动态回归模型中，该变量的系数均为正值，且系数的稳健性较好。贷款规模对不良贷款率的正向影响意味着：在以贷款规模为代表的宏观经营环境扩张过程中，银行的不良贷款率会随之上升。

总体上看，回归结果比较理想，我们所关心的变量的系数都是显著的，且与之前对系数符号的猜测是基本吻合的。表 6 - 11 给出了影响不良贷款率的解释变量与控制变量的关系。

表 6 - 11　模型中各变量与银行不良贷款率的关系

变量	符号	参数符号	对不良贷款率的作用
不良贷款率滞后一期	bull（-1）	+	促进
不良贷款率滞后二期	bull（-2）	+	
房地产贷款占比	fdczb	+	
股东权益比	quanyi	+	
贷款规模	dkgm	+	
个人住房贷款	grzfdk	-	抵减
净资产收益率	zcsyl	-	

利用 16 家上市银行的面板数据分析表明，在中国当前阶段，房地产金融创新在一定程度上有利于房地产金融风险的分散和控制，金融创新是解决房地产金融风险过于集中的有效途径。

第四节　房地产金融创新与金融风险的关系分析

从前文的实证分析可以得出房地产金融创新与金融风险之间确实存在着正反两方面关系，一方面从美国的实证结果得出，过度的房地产金融创新能够扩大金融风险。另一方面，从中国的实证结果得出，适度的房地产金融创新能够减少银行压力，缩小中国金融体系中的系统性风险，增强经济体抵御金融风险的能力。在本节，我们将综合理论模型与实证分析的结果总结房地产金融创新与金融风险的关系。

一　过度的房地产金融创新将导致金融风险加大

基于理论研究与美国的实证分析结果，笔者认为，对于某些单一的金融风险而言，房地产金融创新将扩大金融风险的程度。一是房地产金融创新能够扩大金融链条的长度，增加参与主体的数量，进而扩大信用风险爆发的概率；二是房地产金融创新能够提高金融产品的杠杆比，从而加大金融风险爆发的破坏力。

（一）房地产金融创新将拉长金融链条，增加信用风险

房地产金融创新一般具有涉及主体多、链条长的特点。以传统信贷业务为例，传统信贷业务涉及的金融主体只有以商业银行为主的金融机构和借款者。相比之下，房地产金融创新业务与产品一般具有交易环节多、程序复杂等特点，这进一步增加了信息不对称以及信息在传递过程中失真的风险，进而给一些参与主体带来了类似传统房地产金融产品的利率风险、汇率风险，同时可能会带来抵押品价格风险、政策性风险，或者是放大信用风险。从扩大信用风险角度看，传统房地产金融中的信用风险主要是指借款者不能按时偿还金融机构而给金融机构带来的风险。而房地产金融创新则会放大

这种信用风险。

首先，来自借款者违约的可能性上升。这种情况和传统房地产金融信用风险类似，主要是由放贷机构和借款者之间信息不对称造成的。以房地产住房抵押贷款为例，商业银行将风险较高的次级房地产抵押贷款从资产负债表中剥离出来，重新组合并出售给专门从事房地产抵押贷款证券化业务的公司（SPV）。这就把高风险的次级债进行分割、组合，并形成了一个交易环节多、复杂的金融衍生链条。使得处于衍生链条末端的投资者缺乏对衍生链条上端贷款者的信息，也缺少获取风险的相关信息和监督手段，只能过度依赖信用评级机构对房地产金融衍生品的信用评级，增加了道德风险和利益冲突。其次，来自金融机构信用风险的可能性增加。在缺乏约束的交易结构中，金融机构为了追求自身利益最大化，可能采取机会主义行为，进行违规操作，随意降低放贷门槛，甚至实行零利率。更有甚者，对证券化产品的投资者故意隐瞒借款者的信用水平。最后，来自信用评级机构的信用风险。信用评级机构对证券化产品的信用评级对投资者来说至关重要。但是在产品证券化过程中，由于信用评级机构与发起行有利益关联，信用评级机构往往不能公正、客观地评估证券化产品。

由此可见，房地产金融创新因为信用链条延长而将风险传递给其他参与主体，扩大了这些经济主体面临的金融风险。此外，一些金融主体利用房地产金融创新工具而导致某类金融风险扩大的情况也时有发生，如某些市场参与者仅仅投资了房地产企业的股票，那么他们最担心的是引发股票波动的利率风险及房地产企业的信用风险；如果这些投资者投资了住房抵押贷款的证券化产品，他们面临的政策性风险、市场风险都将随之加大。

（二）房地产金融创新增加杠杆效应，扩大局部金融风险爆发的破坏力

杠杆效应也被称之为杠杆化，它通常是对衍生金融工具而言的。

在 20 世纪七八十年代，随着计算机、计量等分析工具的不断发展，对利率、汇率走势的预期能力不断提高，进而在传统金融工具的基础上利用保证金、权利金等方式签订远期、期货、互换和期权等金融创新工具开始出现。这可以通过 5% 左右的保证金便能够进行100% 的实际交易，即通过小额原始资金获取数倍的收益，这相当于物理学中的杠杆原理，故称之为杠杆效应。

房地产金融工具创新不仅仅能够产生类似于传统金融衍生工具所创造出的杠杆能力，而且它还给予商业银行等金融机构逃避监管、充分利用资产等提供便利。为了防止银行信贷风险，国际上对商业银行提出监管要求。如巴塞尔协议明确规定了商业银行必须满足最低资本充足率的要求。各国的中央银行也规定了商业银行必须计提存款准备金的要求。存款准备金制度增加了商业银行的资金占用成本、减少了商业银行可利用资本的数量。一般而言，房地产金融创新业务不在银行资产负债表内部，属于银行的表外业务，如房地产信托业务能够帮助银行逃避监管当局的限制。

显然，房地产金融创新工具的杠杆效应将加大房地产金融风险的破坏力，当房地产金融工具创新的杠杆功能随着金融链条的增加不断被传递和扩大。尤其是当实体经济的增值潜力无法满足杠杆比的时候，某些经济主体面临的金融风险被累积和扩大，最终会随着房地产价格泡沫的破裂而最终爆发。这种破坏力不仅会波及房地产金融领域中所有参与主体，而且会向实体经济领域延伸和扩散。

二 适度的房地产金融创新能够降低系统性金融风险

基于理论研究与中国的实证研究结果，笔者认为，从当前中国房地产金融风险的特性与实际出发，首当其冲的应是规避集中在银行体系中的金融风险，进而降低中国经济的系统性风险，房地产金融创新通过分散过度集中在银行体系的风险，提高其抵御金融风险的能力。

实证分析验证，目前由银行信贷支撑房地产金融有增加中国金融整体风险的可能性。推动中国房地产金融创新将能够减缓银行风险的压力，降低金融体系中的系统性风险。在此，笔者将综合理论模型与实证分析的结果总结中国房地产金融创新与金融风险的关系。

（一）适度的房地产金融创新能够分散过度集中在银行体系的金融风险

目前，中国房地产金融的风险主要体现为商业银行的系统性风险。该风险体现为两种具体形式：一种形式是配置失衡的风险。收益—风险对等原则是资本市场中最基本的原则，但在以银行信贷为主的房地产金融市场中，风险与收益的配置偏差在一定范围内是长期存在的。整个房地产金融链条中的借贷双方均在高收益的驱动下从事高风险的投资，但在其自身看来，风险仅存在于系统的层面上，因而其面临的房地产投资往往是高收益低风险的市场组合。这种错配幻觉导致边际风险递减的资产配置行为无法在房地产金融市场中占据主导，弱化了市场参与主体的行为约束。另一种形式是市场缺陷的风险。该风险与市场行为目的无关，而关乎市场行为能力。对金融市场能力的限制导致对风险处置能力的缺陷，造成风险的集中化。由于资本市场发展滞后所导致的房地产融资结构的单极化会导致房地产金融市场系统性风险的上升。其中，既包括体制约束及其市场缺位所导致的结构性风险，也包括市场主体的机会主义行为导致的边际风险的上升。而造成风险上升的根本原因在于房地产金融市场多元化程度不足。

多元化房地产金融体系中，市场风险可以在更多类型的主体和更广阔的市场范围内分散，更加有利于不同的监督主体采用多元行为模式控制房地产金融市场参与者的道德风险。即便在风险显露的情况下，也往往集中在个别市场中，并非在整个市场范围内形成巨大的破坏性。适度的房地产金融创新一方面提供了多种房地产金融工具，这些金融创新工具中很多是基于资产组合理论中收益既定条件下风险最小化的原则。通过组合资金中的负相关资产的同时买入或者正相关资产的买入和卖空组合进而降低资产的风险。像房地产信托资金、房地产投资基金都是由专业人士进行组合投资的，这就大大提高了房地产金融体系中某一市场或者某些风险爆发的概率。另一方面，原本房地产金融创新工具中较长的信用链条增加了某些主体的信用风险，但同时将过度集中在银行的风险分散给房地产信托、基金等房地产金融创新工具，同时又通过这些金融创新工具分散给广大投资者。以美国住房抵押贷款证券化为首的金融创新在化解房地产金融风险方面起到了一定的积极作用。比如，住房抵押贷款证券化很好地化解了商业银行的流动性风险，将风险分散到证券化的各个参与人，进而分散了集中在银行系统中的金融风险，扩大了银行体系内资金的流动性，降低了银行的挤兑风险，保证了银行等金融机构的健康运行，进而降低了金融体系的系统性风险。

（二）适度的房地产金融创新能够提高抵御金融风险的能力

金融风险与其他一般风险一样，都是客观存在的。在房地产市场领域，只要房地产金融存在，必然存在收益的不确定性，问题的关键是做好金融风险的规避和防范工作。从本质上而言，中国金融市场发展滞后限制了金融机构对风险的控制能力，即便意识到风险积累及其可能的破坏性后果，也可能表现出对风险的无能为力。总的来看，中国房地产金融风险的积累与金融创新滞后具有一定的关系。

在国内，无论是宏观角度的体制创新还是微观角度的市场创新，都严重滞后于经济发展对金融体系的要求。因而，降低中国目前房地产金融风险的根本出路在于推进房地产金融的适度创新。房地产金融创新是完善中国金融市场的重要手段，是房地产金融领域的重大突破。通过房地产金融创新能够拓宽房地产融资渠道，通过专业化的房地产金融工具创新能够增加避险工具，通过房地产金融中的组织创新和制度创新能够提高金融体系处理风险、化解风险、抵御风险的能力。以化解和分散房地产金融风险为主要目的的金融创新可以沿着以下思路推进：一方面从体制层面推动房地产融资模式创新。如改革住房公积金制度、住房抵押贷款制度、房地产信托基金制度等，从宏观层面创新金融体系的运行模式和监管模式。另一方面，从市场层面推动房地产融资产品的创新。如加快住房抵押贷款证券化市场发展，建立完善房地产投资信托基金（REITs）等（具体细节将会在后面章节中详细讨论）。

中国的房地产金融创新是一把"双刃剑"：一方面房地产金融创新将随着资金向房地产市场的集聚而增加一些主体所面临的金融风险，会使某类金融风险得到扩大；另一方面，房地产金融创新能够提高银行等金融主体抵御风险的能力，同时促进各交易主体所面临的金融风险分散化，降低汇集在银行体系中的金融风险，进而降低整个金融体系中的系统性风险。从中国经济发展的现实来看，房地产金融在推动房地产发展、城镇化建设、促进经济增长等方面都发挥了至关重要的作用，不能因为房地产金融创新给局部领域带来一些风险而不实施，而要看到房地产金融创新给当前整个中国金融体系与中国经济发展带来了哪些作用。对中国目前金融管理的重心而言，是要利用房地产金融创新工具规避商业银行体系发展中的风险，降低中国金融体系的整体性风险。对房地产金融所带来的局部金融风险而言，应该通过继续健全金融风险法规及监控机制等方法加以规避，将其降低到最低及可控的地步。

综上，本章通过协整模型分析与基于16家上市银行面板数据的系统 GMM 模型分析以及对美国房地产金融创新与金融风险的分析，实证研究了中国房地产金融创新与金融风险之间的逻辑关系。研究结果显示，处于从金融抑制状态向金融深化状态过渡的中国房地产金融的适度创新，有利于将高度集中在商业银行体系内房地产金融风险分散和控制，进而减少系统性金融风险发生的可能性。

第七章

国外房地产金融创新与风险防范
经验对中国的启示

中国房地产金融创新正处于起步阶段，还远远没有达到适度的标准。这就意味着在今后很长一段时间内，中国房地产金融创新还需要进一步推进。为了给中国房地产金融创新与风险防范提供参考，本章对三个典型国家房地产金融创新与风险防范的做法进行比较研究。

具体而言，本章内容一共包括四个部分：第一部分是美国房地产金融创新及风险防范，主要总结了美国房地产金融创新的进程、特点和风险防范的具体措施；第二部分是德国房地产金融创新及风险防范，主要总结了德国房地产金融创新的进程、特点和风险防范的具体措施；第三部分是新加坡房地产金融创新及风险防范，主要总结了新加坡房地产金融创新的进程、特点和风险防范的具体措施；第四部分是美、德、新三国房地产金融创新及风险防范的比较和启示，主要对比分析了美、德、新三国房地产金融创新和风险防范的异同之处，并在此基础上提出房地产金融市场调节与政府调控相结合，根据具体国情确定房地产金融模式，房地产金融模式多样化，房地产金融创新与风险防范并重，注重房地产金融法规的建设与完善，注意房地产金融创新的适度性等可借鉴的经验。

第一节　美国房地产金融创新及风险防范

一　美国房地产金融创新的进程

（一）自由探索阶段

在 20 世纪 30 年代之前，经济整体处在自由放任状态，当时的主流经济学说认为，应充分发挥市场经济的自身作用，政府无须干预。而美国的房地产金融此时也正走在一条自由探索的路上。美国的房地产金融最早是以储蓄贷款协会形式出现的，这种形式发源于 18 世纪的英国。储贷协会由若干会员组成，会员出资作为股东权益，再通过进一步吸收存款，形成资金池，在此基础上向有需要的会员发放住房贷款，协会的盈利来源于利差。随着美国城市化进程的加快，人们的住房需求不断增加，越来越多的人选择了以贷款的方式购买住房。从 19 世纪 70 年代至 20 世纪初，相继出现了抵押贷款公司、人寿保险公司等金融机构开展房贷业务，民间互助性金融机构也不断兴起，贷款产品的种类也越来越多。美国房地产金融市场朝着机构多元化、市场多层次化的方向发展。①

（二）政府干预阶段

1929 年的经济大萧条暴露出了市场的各种缺陷，"市场力量"的神话破碎，人们开始承认政府干预的必要性。大萧条的出现严重打击了美国的房地产金融市场，美国政府认识到完全放任市场自由发展是不可行的，应当对经济进行适度的干预。对此，美国政府采取了一系列措施对房地产金融市场进行调节。例如，为向遭受严重

---

① 陈洪波：《美国房地产金融政策及对中国的启示》，《中国房地产金融》2006 年第 2 期，第 24 页。

损失的金融机构提供政府贷款，1933 年，美国总统胡佛设立了复兴银行公司；为了能够继续满足美国居民正常合理的住房贷款需求，房主贷款公司成立；随后建立的全国抵押协会，用以加强对各类发放抵押贷款的金融机构进行监管，保证市场风险可控；美国政府还鼓励和支持私人贷款保险公司的发展，为借款人提供担保，降低信用风险等。在这一阶段，美国房地产金融市场开始由政府参与调解。在政府这只"有形的手"的指挥下，经济逐渐走出萧条，美国房地产金融体系的格局至此初步形成。

（三）新自由主义阶段

20 世纪 70 年代以后，政府的干预和调解出现失灵，崇尚自由主义的浪潮重新掀起，人们要求还市场以自由，重新重视市场机制本身的作用，减少政府的干预。但不同于最初的自由主义阶段，人们在推崇市场机制的同时，也认可政府对经济的适度调节。70 年代的美国利率不断增长，通胀愈发严重，经济停滞不前。房地产市场也受到宏观经济影响，起伏不定，此时的储蓄贷款机构面临重大危机。为解决这一问题，联邦政府颁布了《存款机构放松管制和货币控制法》，放开了对存款利率的管制；1982 年，政府通过法案，规定存款机构可以发放浮动利率的抵押贷款，放开了利率上限，同时对储蓄贷款机构的业务管制也逐渐放松，一系列诸如此类的宽松措施使得美国房地产金融朝着自由化方向发展，金融创新不断涌现，二级市场发展迅速。

（四）危机及恢复发展阶段

20 世纪 90 年代中期之前，绝大多数金融机构只向那些拥有较高收入的人群放贷，低收入者则很难得到贷款。但在 90 年代中期后，情况有所转变。一方面美国政府一直鼓励和支持公民住房自有，在大部分人拥有了自己的房屋后，政府开始将重点转向低收入人群，不断出台政策予以支持；另一方面随着房地产市场的发展，各贷款机构的竞争愈发激烈，为了能拥有更多客户，它们开始降低放贷标准，愿意为那些低收入人群提供住房贷款，并且数量不断增加，加之低收入者对于拥有一套属于自己的住房极度渴望，其贷款需求极其强烈。种种因素交织使美国的次贷业务迅猛发展，房地产市场温度骤升。然而 2006 年，美国的房价开始下降，美联储不断加息，致使借款人还贷压力增加，违约率飞速上升，涉足次级贷款业务的大金融机构相继亏损破产，次贷危机爆发。随后，美国吸取了次贷危机的教训，采取了一系列挽救措施，如开始对抵押贷款市场进行整顿改革，加强对各级市场的监管，防范房地产金融机构的非理性扩张等，使美国逐渐走出次贷危机的阴影，房地产市场在较短的时间内恢复了发展。[①]

二　美国房地产金融创新的特点

（一）住房抵押贷款主导住房信贷模式

住房抵押贷款是指购房者以自己所拥有的、可以上市流通的住房为抵押，向金融机构获取购房所用的大部分款项，贷款到期后，借款人若不能归还本息，则被抵押的房产由贷款金融机构依法处置进行清偿。住房抵押贷款最早出现在美国，目前美国的住房抵押市场已成为全球最大的房地产金融市场。住房抵押贷款在美国金融市场占有很大比重，有数据显示，在美国全部金融机构的待偿还债务中（包括长期和短期），住房抵押贷款成为第二大债务，仅次于美国政府债务。除了总量上的地位，美国住房抵押贷款的产品种类齐全，运行机制也很成熟，市场能够形成充分有效地竞争，一级市场与二

---

① 高静：《美国房地产信贷风险防范制度分析》，《世界经济与政治论坛》2007 年第 6 期，第 47 页。

级市场之间紧密配合，运作良好。成熟的住房抵押市场一方面使得美国购房者的需求得到了充分满足，另一方面也使房地产金融机构在利润驱动和政府政策刺激之下不断进行金融创新，推动美国房地产金融体系日趋完善。

（二）房地产金融机构多元化

在美国的房地产金融机构体系中，多元化特征十分明显，商业性机构、互助合作性金融机构、政策性住房金融机构都在这个体系中发挥着各自的作用。①

私营金融机构可以说占据了美国房地产金融机构体系的主体地位。由于美国是一个典型的市场经济国家，各种经济问题都要以"市场化"的方式解决，因此，房地产金融问题自然也要依据这一原则。美国的私营金融机构主要有商业银行、储贷协会、保险公司等，有相当数量的房地产金融业务都是由这些私营金融机构经办的，美国购房者的购房贷款也多半从这些私营金融机构中获得。由此可见其重要地位。

虽然要遵循市场化原则，但是政府的作用也是不可小视的。在美国房地产金融机构体系中，联邦相关机构占据了相当比重。典型的政策性金融机构有联邦住宅抵押贷款公司和联邦国家抵押贷款协会，即房地美和房利美。另外，联邦住宅局、退伍军人局和政府全国抵押贷款协会也属于纯政府金融机构。政策性金融机构的存在一方面能够弥补市场化的缺漏，鼓励和支持美国中低收入人群购买属于自己的住房，全面实现"居者有其屋"的目标；另一方面，政策性住房金融机构还能够帮助全面调节和管理房地产金融市场，如保障房地产建设资金的充足、保证住房抵押贷款的供应以满足广大购

---

① 朱雨可、李蕴：《美国房地产金融机制的启示》，《中国房地产金融》2003 年第 2 期，第 46 页。

房者的贷款需求、增强资金的流动性等等。这些作用仅仅依靠私营金融机构是无法实现的。

（三）面向中低收入者的住房抵押贷款担保机制

住房抵押贷款是借款人要用有一定价值的住房向金融机构作抵押才可获得的贷款。但是对于那些中低收入者来说，让他们拿出一套价值相当的房产十分困难，他们会因此贷不到款买房，而房子卖不出去，房地产市场就会萧条。为阻止这样的恶性循环出现，1934年，美国政府成立了联邦住房管理局，它的主要服务对象就是那些没有抵押品但是有贷款意愿的中低收入者，该机构通过收取一定的管理费，为借款人提供担保和保险。购房者在贷款到期时若无力偿清贷款，则由担保机构清偿，使贷款金融机构免遭损失。住房抵押贷款担保机制的建立大大降低了住房贷款金融机构的风险，同时也让更多原本无力购房的人能够拥有属于自己的住房。

（四）房地产金融创新与危机并存

众所周知，在美国房地产金融创新的进程中，发生了两次影响较大的危机，即储贷危机和次贷危机。20世纪80年代，美国政府为缓解滞胀，采取了紧缩货币政策，利率不断提升甚至曾达到16%以上，这使得储贷协会中很多住房抵押贷款沦为不良资产，亏损严重。21世纪初，房地产市场的一度繁荣以及政府的政策刺激，使得次级贷款业务疯狂发展，但之后为抑制通胀，美国政府不断加息，导致借款人还款困难，违约率骤增，引发次贷危机。这两次危机的共同点是都是由金融创新中的住房抵押贷款产品引起的。但是在危机后，美国的房地产金融并没有消极停滞，每一次都会积极探索如何走出困境，在解决问题、摆脱危机的过程中不断吸取教训，并在此基础上再次创新，扬长避短，最终使得美国房地产金融体系日臻完善。

三　美国房地产金融创新的风险防范

（一）　建立抵押贷款二级市场

为了转移和分散住房贷款的风险，建立了抵押贷款二级市场。美国的抵押贷款二级市场是全球发展规模最大、体制最健全、水平最高的市场。在抵押贷款二级市场，贷款金融机构可以将自己发放的贷款重新打包，再次出售给投资者，以此融通资金。抵押贷款二级市场的存在分散了房地产贷款金融机构所承担的风险，弥补了储蓄机构"存短贷长"的缺陷，使市场资金实现良性循环。对于贷款金融机构，其资金的需求在此得到满足，并且可以加大其放款规模，风险得以分摊；对于借款人，将更加容易获得住房贷款，刺激了消费需求，推动了房地产市场的发展；对于投资者，则满足了他们的投资需求。总之，抵押贷款二级市场的良好运行支持了房地产市场的发展，降低了房地产贷款风险。

（二）　设计出多种贷款产品组合

为了避免贷款品种单一而引发风险，设计出多种贷款产品组合。譬如，根据利率设计了定息抵押、可调整抵押，根据还款期限设计了平均摊还抵押、气球贷等，根据提供信用担保的机构不同设计了联邦住房管理局担保抵押、退伍军人管理局担保抵押、普通保险抵押等贷款形式。美国的住房贷款品种齐全，可谓五花八门，这不仅分散了风险，同时也全方位多角度地满足了不同借款人的不同需求。

（三）　建立住房抵押贷款担保机制

为分散房地产金融风险，建立了住房抵押贷款担保机制。建立抵押贷款担保机制是很多国家采取的一种分散风险的办法，但这一机制在美国发展得最为完善。住房抵押贷款担保机制为美国的中低收入者提供了贷款担保，使得原本因缺乏抵押物而无法获得贷款的人们在政府担保之下能够取得住房贷款，购置房屋。一旦出现借款人无法还款的情况，由担保机构进行清偿，贷款银行不受损失。这一机制的建立一方面让更多的美国人实现了"居者有其屋"，更重要的是，它还减少了借款人的违约率，降低了抵押贷款金融机构所承担的经营风险。

（四）危机促使更多风险防范措施出台

美国房地产金融恰恰因为其创新"过度"而使其遭受危机，次贷危机之后，美国政府吸取教训，开始采取多种措施走出危机。譬如，为了尽量使次级贷款借款人能够在合理范围内度过个人的债务危机，政府允许贷款金融机构采取多种灵活的次级贷款利率调整方案；为减少借款人进行次级贷款，政府降低了抵押贷款的申请门槛，使更多人在有贷款需要时能够选择联邦住房管理局提供担保的贷款；对抵押贷款市场进行整顿，禁止带有欺骗性的贷款行为等。正是因为这些创新性改良措施的实行，使美国重整旗鼓，在最短的时间内走出了危机的阴影。[1]

第二节 德国房地产金融创新及风险防范

一 德国房地产金融创新的进程

（一）停滞阶段

20世纪50年代的德国由于受到第二次世界大战的破坏，上百万套房屋被损毁，房地产市场一度供需失衡，住房紧缺。为了解决这一严峻的问题，德国政府实行了住房管制政策，住房全部由政府住

---

[1] 张宇、刘洪玉：《美国住房金融体系及其经验借鉴——兼谈美国次贷危机》，《国际金融研究》2008年第4期，第5页。

宅局负责以低租金分配给住户，不允许私人出售和出租住房，同时大力推进保障性住房建设。这些措施的实行使得居民的最低居住需求得到了满足，社会相对稳定，德国的房地产市场得到了一定的恢复和发展。与此同时，由于严格的住房管制，德国的房地产金融创新也受到了抑制，在这一时期，德国房地产金融创新几乎停滞。

（二）复苏阶段

20 世纪 60 年代开始，德国逐渐取消了住房管制政策，房地产市场朝着商品化方向发展。这一时期的重点是保障低收入群体的住房，同时促进发展自有住房。70 年代中期，德国政府开始推行住房私有化；80 年代开始鼓励私人建房购房，并对低收入家庭提供住房补贴，对参与住房储蓄计划的居民和信贷机构给予补贴。这些措施使得德国的私有住房比例大大增加，住房的质量也大幅提高。与此同时，由于住房管制的取消，商品化房地产市场逐渐发展，德国的房地产金融创新开始有所复苏。

（三）发展阶段

20 世纪 90 年代以来，德国政府进一步放松对房地产市场管制。这一时期的德国房地产市场略显饱和，因此住房政策也顺势调整。政策调控的对象范围由原来的广大阶层转变为获取住房能力较低的低收入者、老人、残疾者以及拥有较多子女的家庭等；对于公有住房转为私有住房的限制也进一步放宽；联邦政府开始权力下放，让地方政府根据各自不同的地域情况灵活制定和运用住房政策。住房政策的种种变化表明，德国政府开始逐渐退出房地产市场，房地产金融朝着更加自由化的方向发展。[①] 与此同时，政府管制进一步弱化，房地产市场发展迅速。受此带动，德国的房地产金融创新也得

---

① 左婷、郑春荣：《德国住房政策的转变及其原因分析》，《中外企业家》2011 年第 10 期，第 283 页。

到了迅速发展。

二 德国房地产金融创新的特点

（一）通过严格的管理确保房地产金融作用的充分发挥

首先，以存定贷。也就是说，若想获得住房储蓄贷款，必须要先在住房储蓄银行进行住房储蓄，非储户人员没有资格取得贷款。储户所得贷款额与存款额紧密挂钩，当储户的存款达到合同规定数额的一半后，储蓄银行会将贷款拨给储户，配给比例一般为1∶1。其次，利率较低且固定。德国住房金融的存贷利率一般低于市场平均水平，并且不随资本市场利率的波动而变化，既减轻了储户负担，又有利于房地产金融市场的稳定。最后，专款专用。法律规定，住房储蓄银行对于储户的资金只能用于发放建房、购房的贷款，不得挪作他用，通过严格的管理确保房地产金融作用的充分发挥。[①]

（二）通过信贷组合分散贷款风险

德国的法律规定，任何一家金融机构不得向贷款需求者提供全部贷款。德国居民若想得到所需的全额贷款，必须通过几种方式组合实现。一般的贷款途径主要有两个：一是抵押银行。居民可通过有效的房产抵押取得相应贷款，购房和建房所需的资金近一半来自抵押银行。二是住房储蓄银行。居民在住房储蓄银行进行储蓄并达到合同要求的比例后，便可获得和存款数量相当的贷款，居民从储蓄银行获得的贷款一般占总需求的1/3。倘若在这两种途径之后居民的贷款需求仍然无法满足，那么可以继续向商业银行申请短期贷、无抵押贷，但利息较高。通过多种信贷方式的组合，既降低了各金融机构的经营风险，也分散了借款人自身的风险。

---

① 刘敢庭：《德国的住房金融体制》，《金融信息参考》1998年第7期，第46页。

（三）政府奖励居民参与住房储蓄

为鼓励居民积极参与到住房储蓄中，德国政府对储户实施奖励政策，并且所得奖金免税。譬如住房储蓄奖金。对于年收入低于 5 万马克的单身居民，当其住房储蓄合同中的存款达到 1 万马克时，政府会对其进行每年 100 马克的奖励。以此类推，年收入水平不同，奖励金额也不同。又如雇员储蓄奖金。对于参加住房储蓄，并且年储蓄额低于 936 马克的雇员，雇主须给予雇员相同数额的马克，同时也会得到政府的奖励。政府的这种奖励政策可以激励居民更多地储蓄，进而产生更多的投资效益，有利于更好地推动房地产市场的发展。

（四）重视政府的宏观调控

德国政府对于房地产行业发展的目标定位主要是满足居民需求，保持社会平衡。为实现这样的目标，便需要政府的调节和干预。例如，直接投资保障房建设和政策性金融机构建设，采取奖励措施鼓励居民参与住房储蓄，通过调节税收保持供求平衡，对中低收入者提供政策倾斜等。这些调控手段推动了房地产市场的发展，更有效地维护了社会公平，实现了社会福利。但德国房地产市场并非由政府的"手"完全指挥，政府会根据不同经济发展形势，适当地放权，该让市场自由解决的问题政府绝不干预，政府收放自如的管理方式使得德国房地产既能活跃发展，又能实现其社会效益。[①]

三　德国房地产金融创新的风险防范

（一）土地与税收管制并存

在德国，若想购买土地进行住房建设是件很难的事情，德国政

---

① 陈红梅、黄石松：《借鉴德国经验，创新房地产金融政策，促进住房消费》，《国际金融》2009 年第 7 期，第 60 页。

府为了避免土地出现"问题地带"或者"鸡肋区域",是不会轻易出让土地的。一方面德国的土地不能够像其他商品一样自由交易,另一方面德国更不会将出售土地所得收入当作弥补财政赤字的主要来源。另外,德国是一个房地产税负很重的国家,它的一切相关税率都是基于全国人均水平设定的,一旦拥有房屋的水平超出标准,则税负将进一步提高。这些管制有效地将德国自有住房拥有比例控制在合理范围内。

(二) 独特的住房抵押贷款模式

独特的住房抵押贷款模式减少了政策对房价的影响。具体而言,德国的住房抵押贷款和许多其他国家不同,一是抵押贷款多数实行固定利率。由于利率固定,住房价格就不会受到政策变动的影响而大幅波动,同时购房需求也会比较稳定。二是贷款抵押物的价值稳定。德国住房抵押贷款的抵押物价值不随市场变化而变化,而是依据贷款时的价值一次敲定。这样,抵押物价值稳定,可贷款金额就稳定,购房需求和房价也会相应保持稳定,防止泡沫的出现。[①]

(三) 强调房地产业的社会效应

强调房地产业的社会效应,而不将其作为经济发展的支柱产业。在过去的十几年中,欧洲很多国家经济发展形势良好,如西班牙、爱尔兰等,但是仔细研究后会发现,这些国家经济发展很大一部分依靠的是房地产行业的"业绩",房地产业繁荣,则经济整体形势一片大好,但当金融危机到来时,房地产金融市场随之崩塌,整个经济自然难逃牵连。而德国与之不同,德国是一个高福利的国家,因此它强调的是房地产的社会福利性,该产业的发展更多的是为了维持社会平衡,而不是为了追求短期 GDP 的增长,去刺激房地产市场

---

① 李世宏:《德国房地产市场及房地产金融的特征分析》,《西南金融》2011 年第 5 期,第 43 页。

的非理性扩张。这在很大程度上提高了德国房地产市场以及整个国民经济的抗风险能力，这也是德国几十年来房地产市场持续稳定发展的重要原因所在。

（四）健全而严格的法律制度

德国的房地产相关法律法规比较健全，并且规定严格，正因为这样，德国的房地产投机行为得到了十分有效的控制。德国的房价有着独立的评估机制，由专业评估师认定，并且评估师要对其所定房价承担法律责任。① 房屋销售价格、房屋租金超过法律规定标准则构成违法行为，相关责任人要承担法律责任，更严重的情形则构成犯罪，要依法判刑。《地上权条例》《经济犯罪法》《建筑法》《租房法》等一系列法律法规共同构成抑制房地产投机的紧密法网，因此德国居民只长期投资房地产，而不会进行短期投机，有效防范了房地产投机的风险。②

第三节　新加坡房地产金融创新及风险防范

一　新加坡房地产金融创新的进程

（一）针对低收入者的改革阶段

在 20 世纪 70 年代中期以前，新加坡主要解决了低收入群体的住房问题。③

（二）针对中等收入者的改革阶段

20 世纪 70 年代中期，新加坡的经济发展状况开始好转，居民的

---

① 刘华、王艳：《德国房地产金融政策介评》，《银行家》2011 年第 1 期，第 100 页。
② 孙令军：《德国住房保障和住房金融的借鉴与启示》，《中国房地产》2006 年第 9 期，第 78 页。
③ 刘海龙：《新加坡的住房金融及其启示》，《北京房地产》1995 年第 2 期，第 40 页。

住房条件有所改善。1974 年，政府成立国营房屋与城市开发公司，为中等收入居民专门建设大型套房；1975 年，新加坡第二次住房改革开始，侧重点从低收入群体转向中等收入群体。对于那些加入中等入息公寓计划的居民，允许其购买组屋，很多计划内的居民利用公积金买到了组屋或公寓。在这一阶段中，广大中等收入者的住房需求得到了满足。

（三）私人住房产业发展阶段

20 世纪 80 年代，新加坡的经济飞速发展，人民生活水平有所提高，住房需求也进一步旺盛。1981 年，政府放开私人住房市场，允许居民通过利用公积金、向银行贷款的方式购置私人住房，私人住房可以自行居住或者出租投资。另外，这一时期的组屋市场的管制也逐渐放松，政府开始允许新加坡居民转售或购买二手组屋。至 90 年代中期，新加坡居民的整体居住水平已得到较大提高，因此政府又推出了"组屋更新"计划，对旧房屋进行修缮。经过这个阶段，新加坡的住房市场逐渐走向顶峰，"居者有其屋"的目标最终得到了实现，社会经济一片繁荣。[①]

二　新加坡房地产金融创新的特点

（一）公积金制度具有强制性

新加坡的公积金制度建立于 1955 年，是其住房金融的核心所在。这项制度规定，雇主和雇员必须按比例缴纳公积金，公积金存入雇员专用账户，并且这部分资金任何人不得随意动用，只有在雇员满足领取要求时方可使用。公积金制度的实行不是靠政府拨款，而是用法律强制人民储蓄，因而具有严格的强制性。另外，新加坡建屋发展局将购房者按照收入水平分为四个层级，其中除了具有较

---

① 胡昊：《新世纪新加坡住房发展的挑战与对策》，《中国房地产》2001 年第 11 期，第 74 页。

高收入的第四层级人群无法参与公积金制度之外，其余三个层级的居民均纳入公积金制度范围内，由此可见这项制度覆盖的广泛性。虽然公积金制度是强制性的，但它最终的目的是为了维护广大雇员的福利，是一种社会保险机制，十分有效地解决了新加坡的住房问题，也维护了社会的公平和稳定。①

（二）政策性金融机构占主导地位

新加坡的房地产金融机构多种多样，如政策性金融机构、商业银行、金融公司、契约基金组织、邮政储蓄银行等。但在整个住房金融体系中，政策性金融机构始终占据主导地位。最具代表性的政策性金融机构有两个，一是中央公积金局，于1955年成立，它是执行公积金制度的专门机构；二是建屋发展局，于1960年成立，主要负责新加坡住房的规划、建设和管理。政府通过向中央公积金局出售债券获得公积金归集款，而后政府再将这些资金以购房贷款、建房贷款、津贴等形式转入建屋发展局的账户中。二者在新加坡住房金融体系中发挥着重要的作用。

（三）政府干预色彩浓重

在新加坡整个房地产金融体系中，政府掌控着大部分资金，政府干预色彩浓重。一是政府通过向中央公积金局出售政府债券，获得并控制了公积金归集款，进而再向建屋发展局发放建房、购房贷款；二是公积金的使用要严格按照政府的规定，任何人不得随意使用，保证了公积金的安全性和使用的有效性；三是政府为住房建设提供了充足的经费，主要是通过供给补贴和需求补贴两种财政补贴形式，使保障房的建设能够持续、稳定地发展。在新加坡房地产金融体系运行中，类似的举措还有很多，正是新加坡政府的一系列调

---

① 殷燕、吴洪：《新加坡公共住房金融对我国的启示》，《中国证券期货》2012年第12期，第200页。

控，使"居者有其屋"的目标得以实现，保证了房地产市场的稳定，维护了社会的公平。①

三 新加坡房地产金融创新的风险防范

（一）严格的土地控制

政府控制土地，确保土地供应和价格稳定。在新加坡，绝大多数土地都是国有的。政府对土地采取计划经济的管理形式。《土地征用法令》是新加坡政府控制土地的首要利器，它规定政府有权征用私人土地用于国家建设，并且土地的价格只能由政府来决定。这样，一方面政府拥有了对土地至高无上的控制权，保证了住房建设所需的土地资源的充足供应；另一方面，政府对土地价格的决定权，使任何人不得随意抬高土地价格，保证了土地价格的稳定，避免了一些国家因土地价格疯涨而导致房价上涨致使居民买不起房的问题。此外，政府还将土地拥有权发放给土地管理局，由其负责土地的划分、征用等；将土地分发权交给国家发展部，由其决定土地的使用。这种机制使得权力在二者之间形成制约，避免了非法寻租的腐败现象发生。

（二）严格管理公积金

对公积金进行严格管理，防范公积金运转风险。新加坡《中央公积金法》严格规定着公积金的管理。该法对于公积金的机构设置和职能以及公积金的归集、提取、使用、违法情形等均做出了明确规定。《中央公积金法》为新加坡公积金制度廉洁、独立、有效地运转提供了法律保证。另外，新加坡中央公积金局实行独立运作，机构内部职能划分明确，监督机制严格。中央公积金局实行会员制，每个会员拥有专属账户，并且定期由国家审计部门进行审计，结果

---

① 贾俐贞：《新加坡住房制度的五大特点》，《中国党政干部论坛》2011 年第 11 期，第 57 页。

要对外公开，保证了公积金运作和管理过程的高度透明化，使外界能够有效对其进行监督。对于公积金的严格管理有效地防范了公积金的运作风险，有利于新加坡住房政策的落实，维护了社会的公平稳定。[①]

（三）严格控制房价和房租

政府给予建屋发展局很多优惠政策，以降低房屋建设成本，政府对于房价从房屋的建设阶段就开始控制。另外还规定，房屋销售价格必须经由国家发展部批准并结合低收入群体的收入水平最终确定。一般新加坡的房屋价格要低于其建设成本，并且不高于低收入家庭平均水平的 20%，所有超出部分都由政府进行补贴。近年来，即便新加坡的房价一直持续上升，但是它始终保持在低收入居民能够负担得起的范围内。许多国家在房地产市场快速发展的过程中房价飞涨，百姓无力购买，导致房地产泡沫的出现。而新加坡正是由于政府对房价的有力控制，避免了此类风险的发生。

第四节　美、德、新房地产金融创新及风险防范的比较与启示

一　美、德、新房地产金融创新及风险防范的共同特点

（一）政策性和商业性模式有机结合

综观各国的房地产金融发展情况，没有一个国家是采取单一的政策性模式或商业性模式，要想实现房地产金融的全面发展，必须将政策性和商业性进行有机结合。商业性房地产金融能够利用市场

---

① 朱启文：《新加坡中央公积金制度与我国住房公积金制度的比较与启示》，《中国房地产金融》2011 年第 4 期，第 42 页。

机制和价格杠杆来获取资金，是解决融资问题的主要渠道，但是商业性房地产金融的主体多为营利性机构，为了实现利润，常常会难以顾及中低收入阶层，此时便需要政策性房地产金融发挥作用。政策性房地产金融能够对商业性房地产金融进行政策引导、提供保障和支持，并通过给予优惠贷款、提供担保等方式，解决中低收入者的住房融资问题，保障了社会的公平和稳定。商业性和政策性房地产金融之间是相互促进、相互补充的关系，各国正是将二者进行了有机结合，才保证了房地产市场均衡发展，使房地产金融体系能够覆盖全社会，更好地解决国民的住房问题。①

（二）注意满足不同层次住房的融资需求

在这些国家房地产金融的发展中，各国均能够根据各自的实际情况制定多元化与多层次政策。各国会按照收入水平，将居民分为不同等级，并依据各等级居民的住房需求、支付能力，有针对性地设计不同的融资方案。譬如，德国政府的奖励政策，不同层次年收入的居民所享受的奖励方案不同，这种方式不仅公平合理，更有效地刺激了住房需求。这类充分剖析市场、划分市场需求的模式极具效率，能够使现有资金在各部门之间实现合理配置并有效使用，更重要的是，还恰到好处地满足了不同人群的不同住房融资需求。根据不同层次的住房需求推进房地产金融创新，有效避免了单一发展方案造成"顾此失彼"的现象发生，一定程度上助推了社会公平的实现，也有利于房地产市场更加健康稳定发展。

（三）不同程度的政府干预

房地产不同于其他商品，它关乎国计民生，具有较强的特殊性，因此各国的房地产金融创新中都有着不同程度的政府干预色彩。一

---

① 陈铭恩、雷海章、孔鹏：《美国、德国、新加坡住房金融的经验与启示》，《经济纵横》1999年第10期，第62页。

方面若完全按照市场原则，房地产市场将有可能只成为"有钱人"的市场，中低收入阶层的住房问题不会得到解决；另一方面房地产的融资期限一般较长，在这一过程中难免会出现各类风险，如信用风险、流动性风险等，容易引发金融机构的损失，影响其积极性。因此各国政府均对房地产市场进行了或多或少的干预：通过减免税收、提供担保等优惠措施，使中低收入者能够贷得上款、买得起房；通过财政补贴，降低金融机构承担的风险和损失，提高金融机构的积极性；通过制定法律法规，严格规范房地产市场上各主体的行为；等等。政府的适度调节和干预为房地产金融创新创造了良好的发展环境，减少了各类非理性因素对房地产市场的影响，有利于房地产市场的健康发展。

二　美、德、新房地产金融创新及风险防范的不同特点

（一）房地产金融主导模式不同

美国房地产金融的核心是住房抵押贷款，住房抵押贷款市场已成为美国房地产金融市场的基础。除此之外，美国还拥有发达的二级市场将贷款证券化，两级市场紧密连接，相互配合，分散了风险。再加上政府对抵押市场的适度调控，使得房地产金融市场运行得更加安全、稳健。德国房地产金融的核心是储蓄贷款，通过居民参与住房储蓄计划筹集资金，并且这部分资金只可用于建房、购房的贷款发放，不得他用。这充分满足了居民住房贷款需求，实现居者有其屋。新加坡房地产金融的核心是中央公积金制度，法律规定公积金不得随意使用，保证了资金在住房保障领域使用的有效性和充足性。[①]

[①]　雷鹏飞：《美国、德国、新加坡三国住房金融体系模式的比较》，《中国房地产金融》2001年第1期，第44页。

（二） 政府干预的程度和方式不同

在美、德、新三国的房地产金融创新中，各国政府都或多或少地参与其中。美国政府对房地产市场的干预多是间接的，它在更大程度上注重对市场的尊重。美国政府对市场的干预较为"温和"，譬如将房地产金融市场的程式规范化、统一化，以便于使市场交易成本降到最低，同时吸引更多的投资者参与市场；政府成立各种住房抵押贷款担保机构，提高市场的整体信用，支持房地产金融二级市场的发展。因此，与其说干预，不如说美国政府对市场的作为是一种引导。相比之下，新加坡政府则是典型的直接干预型，政府严格控制土地及其价格；成立建屋发展局，直接负责房屋的建设管理；强制居民参与中央公积金，并决定所集资金如何使用；政府提供建房和购房补贴，保证保障性住房的建设，刺激消费需求。这一系列的措施都是政府的"手"在调控和指挥着整个房地产市场。德国政府的作用力处于美国和新加坡之间，主要方式有：奖励居民参与住房储蓄，并规定专款专用；严格控制土地，防止土地资源浪费；注重社会福利，让房地产的发展服务于社会效益。但是德国政府在干预的同时会适时放权，该让市场解决的问题仍会交还给市场，遵循市场化原则。

（三） 融资方式不同

在美国的住房抵押贷款体系下，其资金主要来源于市场。金融机构在发放抵押贷款之后，将其打包在二级市场出售，由此吸引了大量的投资基金流入房地产金融体系当中，成为房地产金融机构发展长期稳定的资金来源。德国住房储蓄制度决定其房地产资金的主要来源于居民储蓄，并且这部分资金要求专款专用，是一种封闭式的融资方式。新加坡的融资渠道主要是中央公积金，通过将居民养老、购建房、医疗等保险基金统一集中在公积金账户，再将相当一部分资金拨给房地产金融使用，形成了房地产金融长期稳定的资金来源。总体上看，美国的融资方式是开放式的，相比之下德国和新加坡的融资方式是封闭式的。

（四）运作机构不同

美国房地产金融更多地由商业性金融机构运作，如商业银行、储蓄贷款协会、人寿保险公司等。而这些商业性金融机构在美国所有金融机构中也占据很大的比重。相比之下，美国的政策性金融机构一般不直接参与放贷，只是进行担保、发行证券等活动。在德国，住房储蓄制度是整个房地产金融的核心，住房储蓄银行是其主要的房地产金融机构，除此之外，还有抵押银行、投资公司、邮政储蓄公司等，这些商业性金融机构也发挥着重要作用。因此，德国的房地产金融也是以商业性为主，但政策性同样重要。新加坡是典型的偏重政策性房地产金融的国家，建屋发展局建设的组屋要占住房总数量的八成以上，居民所申请的贷款也多为政策性贷款，其房地产金融机构相比美国和德国要略显单一，主要是以中央公积金局、开发银行等政策性的金融机构为主（见表7-1）。

表7-1　美国、德国、新加坡房地产金融模式的比较

	美国	德国	新加坡
主要模式	住房抵押贷款模式	住房储蓄模式	中央公积金模式
融资来源	资本市场	住房储蓄	居民工资
政府干预	弱	较强	强
市场作用	强	较弱	弱
主要机构	商业性金融机构	住房储蓄银行	中央公积金局、开发银行

资料来源：根据现有研究文献整理所得。

三　对中国的启示

（一）房地产金融市场调节与政府调控相结合

房地产金融发展既要遵循市场原则，也要有政府适度调控。市

场化原则是首要原则，只有放开市场，放宽管制，让市场能够形成充分竞争，优胜劣汰，才能保证房地产金融的高效运作，使其保持发展的活力和动力。美国房地产金融的市场化特征最为明显，相比之下，德国和新加坡的市场化色彩少了一些，但是政府的一些调控行为也是建立在遵循市场化原则基础上，最终仍会将权力适时放还于市场。例如，新加坡公积金的投资方向和利率，同样是要依据市场化的方式，在充分考虑居民的利益后确定。换言之，政府在尊重市场的同时，政府干预也必不可少。市场不是万能的，当市场失灵之时就需要政府的"手"来调控。由于房地产涉及民生问题，并且可能引发的风险较多，因此需要政府的政策引导，通过提供担保、财政补贴、税收优惠、加强立法等措施，解决中低收入者住房问题，保障金融机构的风险可控，规范市场秩序等，这些都是市场机制所做不到的。因此，中国要在房地产金融发展中正确合理运用市场机制和政府调控两个手段，处理好二者的关系，实现房地产金融全面、稳健地发展。

（二）根据具体国情确定房地产金融模式

一个国家的房地产金融模式是与其经济发展水平紧密相关的。对于经济发达、市场化水平高的国家，会更多地利用市场机制发展市场，相应的金融机构也多以商业性金融机构为主，而政府的职能是提供政策引导、制度支持，解决低收入者的住房问题。例如，美国完善的市场机制保证了住房抵押贷款系统的市场化运转。对于经济不是特别发达，并正处于快速发展时期的国家，政府的干预则占主导地位，市场上政策性金融机构发挥着主要作用。因此，中国房地产金融制度的确立要立足本国国情，突出自己的特点。另外，没有"一劳永逸"的制度，要随着经济发展水平的变化而不断灵活调整。

（三）房地产金融模式多样化

综合美国、德国和新加坡的发展经验可以看出，它们的房地产金融发展都是多种模式并存的。各种模式均各具特色，职能不同，覆盖范围也不同。虽说美国房地产金融以住房抵押贷款模式为主，但政策性金融也一定程度的存在；新加坡虽是中央公积金模式，但也要依靠商业银行的贷款支持。商业性的金融模式能够充分利用市场资源，高效解决融资问题；政策性金融模式能够引导房地产金融的发展顺应国家政策，规范市场行为，更好地实现社会公平。另外，还有契约性金融模式等。只有多种模式之间相互配合，才会有助于房地产金融全面良好的发展。因此，中国的房地产金融模式也应当根据自身情况，突出主体模式，同时注重多样化发展。

（四）房地产金融创新与风险防范并重

房地产金融创新的同时要重视风险防范。美国次贷危机的发生表明，房地产金融创新是一把双刃剑，既能够促进房地产金融积极、高效地向前发展，但同时也会带来风险，引发危机。一般金融衍生品的高报酬背后都必然伴随着高风险，但这些风险常常被掩盖，而不能被及时发现，致使人们无法正确认识和及时应对风险，久而久之，危机的发生便成为必然。近年来，中国一直前进在房地产金融创新的路上，并不断取得进展，但风险防范机制尚不健全。因此，在进行房地产金融创新的过程中要高度重视风险的存在，既要规避因政治、经济动荡引发的系统外风险，也要防范因信用问题、资金短缺等导致的系统内风险。

（五）注重房地产金融法规的建设与完善

健全的法律法规是房地产金融发展的坚实保障。通过总结美国、德国和新加坡的经验可以看出，完善的法律法规对于房地产金融的健康发展至关重要。譬如，德国通过立法有效控制了房价，抑制了房地产市场的投机行为；新加坡的《中央公积金法》规定了公积金的归集和使用，保障了公积金制度的顺利运行。因此，中国也应当重视房地产金融相关法律法规的建立，保证各种房地产金融活动有法可依，将不法动机扼杀在摇篮里，对不法行为严厉依法打击。通过立法规范房地产金融市场的秩序，避免非理性因素对市场的侵蚀，减少各类风险的发生，为房地产金融提供良好的发展环境。

（六）注意房地产金融创新的适度性

金融创新能使价格风险、信用风险等金融风险得以有效转移。具体而言，可以通过减少信息不对称、降低代理成本和交易成本提高效率，进而通过增加风险分担的机会来降低风险。同样，房地产金融创新也能够在一定程度上转移和分散房地产金融市场的风险。然而，通过房地产金融创新转移和分散房地产金融风险必须满足的一个关键条件是"适度"。只有适度的房地产金融创新才能够转移和分散房地产金融风险，适度的房地产金融创新可以减少房地产金融对于银行贷款的依赖，进而达到分散风险的目的。房地产金融创新一旦超过适度的标准，就可能导致房地产信贷资产泡沫和负债的急剧增加，形成新的风险。

对于中国而言，目前的房地产金融创新程度并没有达到中国房地产业和房地产金融市场的发展要求，中国房地产金融创新还有很大的发展空间，因此，中国目前应该在力求风险最小化的前提下鼓励房地产金融创新发展，但同时应注意创新的适度性，避免因过度创新形成新的风险。

第八章

中国房地产金融创新与风险防范的对策

自从 1998 年中国住房体制改革市场化以来，房地产金融快速发展，在调节房地产市场运行、保持金融市场稳定、促进宏观经济发展等方面发挥了越来越重要的作用。但由于中国房地产金融具有一定的金融抑制特征，其促进房地产发展的作用并没有完全发挥出来，房地产发展对推进房地产金融深化的要求日趋强烈。

2007 年，美国次贷危机引发了人们对金融深化理论的反思，[①]有些学者更是把房地产金融创新视作引发次贷危机进而引发全面金融危机的重要因素，认为房地产金融创新与金融风险间存在一种因果关系。国内学术界对房地产金融创新的态度也有所改变，由提倡房地产金融创新到限制和抵触其发展，住房抵押贷款证券化等房地产金融创新实践也逐渐偃旗息鼓。笔者认为，美国次贷危机爆发的根源不能简单地归结为金融创新，而是由多重复杂因素相互交织与叠加的结果，如果说与金融创新有关，也只能说是过度金融创新的结果，不能成为简单停止或放缓房地产金融创新与深化进程的理由。笔者通过局部均衡模型论证并结合具体数据的实证研究发现，中国房地产金融创新与金融风险的关系呈现比较复杂的非线性关系：适度推进的房地产金融创新，能够有效地分散集中在商业银行的房地

---

① 李志锋：《房地产金融理论研究的方法论创新——复杂性科学的方法论对房地产金融理论研究的影响》，《经济问题》2014 年第 5 期，第 14 页。

产金融风险，提高金融创新主体抵御风险的能力，降低整个金融体系中的系统性风险；脱离实体经济需要去发展超出金融市场承载能力的过度房地产金融创新，将导致过多资金向房地产市场集聚，进而催生新的金融风险，甚至形成危及整个市场的系统性风险。因而，结合中国房地产金融创新的阶段性特征，一方面不能因噎废食，要针对中国房地产金融创新正处于从金融抑制状态向金融深化状态过渡的阶段性特征，适度推进房地产金融创新，逐步分散与化解房地产金融风险；另一方面要强化金融风险防范工作，防止过度创新催生的新风险。

为此，本章的研究重点是根据中国房地产金融创新的实际，结合局部均衡模型论证与实证研究结论，从适度推进中国房地产金融创新与强化对过度金融创新可能导致的金融风险防范两个方面提出对策。在适度推进中国房地产金融创新方面：一是分层推进房地产金融产品创新；二是建立多元的房地产金融机构体系；三是推进房地产金融一级与二级市场协调创新；四是创新房地产金融制度与政策；五是实现四个层面创新的同步推进与协调运行；六是建立和完善相关法律法规；七是结合实际科学构建指标体系。在强化对过度金融创新可能导致的金融风险防范方面：一是强化风险的多主体分担摊薄系统性金融风险；二是注重过度创新风险预警扼杀系统性金融风险苗头；三是加强过度创新双层管控防范系统性金融风险累积；四是通过分类施策与分城施策有针对性地化解金融风险；五是完善信用评级机制把好金融创新市场准入关。

第一节　适度推进房地产金融创新的对策

中国房地产金融体系与欧美发达国家相比还不完善，但中国正处于城镇化建设快速推进时期，房地产高速发展的潜力与大趋势短

期内不会改变，急需房地产金融业的支持。但以规模扩张和简单的
业务创新为特征的房地产金融创新正处于从金融抑制状态向金融深
化状态过渡的金融创新阶段，因此加大中国房地产金融创新力度，
将是中国在较长时间内的必然选择。然而，理论与实证研究表明，
房地产金融创新是一把"双刃剑"，在创新的积极效应释放过程中如
果不注意创新的适度性，即使像美国这样金融监管非常严格的国家，
也会由于房地产金融衍生产品的过度开发而带来金融危机。因此，
对尚处于房地产金融市场发展初级阶段的中国，要实事求是地认清
自己、评估自己，并根据自身能力，设计出适合本国国情的房地产
金融创新之路。在金融体制还不完善、房地产金融人才和实践经验
都相对匮乏的情况下，对房地产金融进行适当支持和风险可控的适
度创新应当是房地产金融发展的战略选择。推进房地产金融适度创
新要尊重房地产金融创新的一般规律，[①] 有计划推进房地产金融产
品、机构、市场和政策制度四个层面的创新，合理配置房地产金融
资源，在充分发挥房地产金融资源对房地产促进作用的同时，将房
地产金融对房地产泡沫和金融危机的催生作用降低到最小限度，避
免因过度创新而引发金融风险甚至系统风险。

一　分层推进房地产金融产品创新

房地产金融产品或工具创新是房地产金融创新的末端环节与最
终表现，房地产金融创新的成效归根结底要体现在产品创新上。目
前，中国房地产金融创新产品单一、匮乏，这是中国房地产金融创
新面临的主要问题。除了面向企业的贷款与面向消费者的按揭贷款
以外，证券、信托、基金和债券等房地产金融创新产品发展严重滞
后，而且现有的少许关于房地产金融创新的融资产品大多门槛较高、

---

① 张长全、罗莉：《我国房地产金融创新的路径探讨——基于次贷危机爆发后的思考区域金
融研究》2009 年第 1 期，第 38 页。

风险较大且缺乏配套的金融避险工具，市场需求有限，形不成规模。因此，适度创新房地产金融产品、大力开发房地产金融避险工具迫在眉睫。要在互联网金融充分发展、传统金融业务互联网化的大背景下，在确保金融产品的安全性、规范性和创新适度性的基础上，有序推进房地产金融产品创新，扩大直接融资比重，不断优化房地产金融结构。一是传统房地产金融产品创新的重点要放在调结构与提效益上。例如，目前中国银行提供的住房按揭贷款产品，经过多年的发展，已相对成熟，又由于其风险较低，成为商业银行普遍喜爱的主营产品，不存在扩大规模与市场的问题。但住房按揭贷款产品受房价、经济形势影响较大，对国家宏观调控政策也比较敏感，客观上存在由于房地产价格泡沫破灭、经济形势下滑与国家调控政策从紧而产生金融风险的可能。因此，这类房地产金融产品创新重点要放在调结构与提效益上，多在放贷期限结构、利率结构的优化上下功夫，化解其单一过快发展导致的金融风险局部集聚问题。二是对有一定发展基础的房地产金融产品应快速形成规模，扩大市场影响力。例如，住房按揭贷款证券化产品在中国已有所尝试，有一定的发展基础，推动这类产品的发展有利于房地产经营的专业化，扩充资金融通渠道，引导资源的合理配置，提高银行资产的流动性，降低商业银行贷款的资金流动性风险，使房地产金融市场与资本市场有机互动，形成连锁效应。可以借鉴国际上尤其是美国的经验，有序推进住房贷款的证券化，通过对住房按揭贷款证券化产品的大力开发，形成规模，扩大市场影响力，以此扩充资金融通的渠道，分散银行房贷业务风险，提高银行资产的流动性，使住房金融市场与资本市场实现互动。三是发展潜力较大的房地产金融衍生产品，要注重发展思维创新，积蓄发展后劲。政府可以通过创建并推行房地产金融衍生品，为银行业、房地产企业和普通购房者提供避险工具。值得强调的是，在房地产金融衍生产品的设计过程中，需要认真考察其合理性。例如，衍生产品可以采取不同的还款期限，避免还款资金流过于集中。

二　建立多元的房地产金融机构体系

房地产金融市场中主要的资金需求者和供给者以及有关服务的提供者是房地产金融机构，而房地产金融业务只有通过一定的金融组织机构才能实现。中国房地产金融组织机构伴随着房地产业和城镇住房制度改革迅速发展，在推进房地产金融发展方面扮演着非常重要的角色。但中国现行的房地产金融组织机构体系离融资市场化、住房商品化的目标要求还有很大距离，还不能完全满足房地产快速发展的要求。因此，要针对中国房地产双轨制特点，积极构建多元的房地产金融机构体系。[①]

（一）注意发挥政策性房地产金融机构的作用

政策性房地产金融机构的发展在房地产金融创新中扮演着非常重要的角色。政策性房地产金融机构可以弥补商业性房地产金融机构的不足，为低收入群体提供附有优惠条件的融通资金服务。[②] 政策性房地产金融机构的基本职能主要体现在两个方面：一是为保障性房地产发展提供资金保障；二是重点支持中低等收入群体，注重坚持公平分配原则。为更好地发挥政策性房地产金融机构的作用，可以采取以下对策：一是鼓励现有的政策性房地产金融机构发展壮大。自 21 世纪以来，中国政策性房地产金融发展较快。例如，2004 年中国建设银行便与德国施威比豪尔住房储蓄银行合资成立了中德住房储蓄银行，这是中国成立较早的一家住房储蓄银行。但由于多方面

[①]　张笑寒：《我国房地产金融机构的现状和发展设想》，《中国房地产金融》2000 年第 4 期，第 9 页。
[②]　王苗苗：《完善我国政策性房地产金融机构建设的思考》，《长江大学学报》（社会科学版）2012 年第 3 期，第 48 页。

原因这家银行并没有形成规模。为了能够将更多的闲余资金通过住房储蓄形式集聚起来，拓宽房地产资金来源渠道，对类似住房储蓄银行性质的政策性房地产金融机构，政府还要出台政策，支持其快速发展，并形成规模。二是加大政策性房地产金融机构组建的力度，在房地产保险公司、房地产贷款担保机构等机构建设方面提供政策条件，为保障性住房建设提供新支持。三是加强政策性房地产金融机构在保障性房地产供给与需求方面的支持力度，在生产层面为保障性住房开发企业提供低息贷款，在消费层面向中低收入阶层发放低息贷款。

（二）建立并完善专业房地产金融机构

住房储蓄机构、住房合作社等专业性质的非银行房地产金融机构是房地产金融机构的重要组成部分，其合作性质使其成为解决内部成员住房问题的有效渠道。多年来，中国尝试并建立了一些如住房储蓄银行等专业性质的房地产金融机构，但这些金融机构尚不具备金融功能，有些虽具有金融功能但业务范围有限、发展缓慢，并没有形成规模。伴随中国房地产市场日益成熟，亟须逐步建立专业性的房地产金融机构，并逐渐使其成为房地产金融业的主力。一是有效推动现有专业性质房地产金融组织机构积极、稳健、健康发展，并形成一定规模。二是鼓励和支持新的专业性房地产金融机构建设。重点是要加强专业性质的房地产保险公司、房地产投资基金公司以及房地产财务公司的建设，并在降低房地产金融风险、拓展融资渠道、提供咨询服务等方面发挥更大的作用。此外，还要支持房地产信托投资公司、住房储蓄机构、住房合作社、信用评级机构等各类专业性质的房地产金融组织的创建和发展，共同推动中国房地产金融市场的繁荣发展。[①] 三是创新专业性房地产金融机构的运营方式，

---

① 李艳虹：《对发展我国房地产金融机构的构想》，《中国房地产金融》2001 年第 5 期，第 31 页。

实行股份制改制，突出互助性，以安全性、流动性为原则，实现独立核算、自主经营与自负盈亏。四是加强政府的宏观调控，通过行政手段、参股控股等形式对房地产金融机构规范管理，降低其运行中的金融风险。

（三）推进房地产中介金融机构规范发展

虽然世界各国的房地产金融业务各有不同，但总的来说主要包括商业性房地产金融业务及政策性房地产金融业务两类。在房地产政策性机构和商业性机构合作发展过程中，房地产中介金融机构发挥了桥梁和纽带作用。为了加强政策性与商业性房地产金融机构及同一性质房地产金融机构的协调发展，根据中国房地产发展的实际，可以借鉴国外的成功经验，大力发展房地产中介金融机构，在形成高效运作的多元化房地产金融机构体系中充分发挥其桥梁和纽带作用。但由于中国房地产中介市场发展较晚，房地产中介金融机构的无资格经营、超范围经营以及执业行为不规范等问题比较突出，一些中介机构缺少专业的估价制度，导致买方难以相信市场价格与实际价格的一致性，造成买卖双方信息不对称而引发的市场低效率等问题，因此，需要有针对性地采取有效措施规范其发展。一是建立和完善监管机制，定期组织房地产中介金融机构开展专项检查整治工作，并联合工商、监察等部门着手建立多部门共同联动的长效监督机制，规范行业行为，提高中介机构诚信执业水平。二是改进日常监管方式，积极制定房地产中介金融机构信用采集与评定管理办法，引进房地产中介金融机构网络监督管理机制，加强诚信建设与动态监管。三是推动教育培训与行业自律建设，积极为房地产中介金融机构搭建交流平台。鼓励支持行业协会开展行业自律与业务培训活动，行业协会可定期组织房地产中介金融机构业务知识交流沟通会和执业人员业务知识培训班。重点加强对房地产经纪业务的管理，规范中介市场秩序，促进经纪行业健康有序的发展。

三 推进房地产金融一级与二级市场协调创新

发达的房地产金融市场是由一级市场、二级市场等构成的多层次市场。其中，一级市场是发行市场，包括住房抵押贷款市场、房地产开发信用借贷市场等；二级市场是流通市场，它是建立在住房抵押贷款市场的基础上，以开发住房抵押贷款的相关证券为核心，可以将一级市场中的风险进行分散。相对于房地产金融一级市场的快速发展，中国房地产金融二级市场还处于萌芽状态，房地产金融市场过度集中于间接融资市场，两级市场发展很不平衡。受美国次贷危机的影响，2008 年以后中国房地产金融二级市场发展势头更是有所减弱，不利于一级市场风险的转移、释放与资金流动性的增强。2005 年 3 月，国务院批准国家开发银行和中国建设银行进行住房抵押贷款证券化试点，这为中国住房抵押贷款证券化再次发展打开了政策窗口。考虑到中国房地产金融创新与深化的大趋势，当前在政策的引导下，要注重对试点经验的总结，在重视房地产金融一级市场发展的同时，在风险可控的范围内，积极推动房地产金融二级市场的创新，突破市场层面房地产金融创新的瓶颈制约。[1] 应在一级市场重点加强住房抵押贷款市场、房地产开发信用借贷市场建设的同时，推动二级市场适度开发住房抵押贷款的相关证券，将一级市场中的风险进行分散，对债权进行深加工和转移，并为房地产金融创新产品提供市场载体。通过两级市场的协调创新，提高房地产金融配置效率，进一步优化房地产金融的量性扩张，同时促进房地产金融行为主体的塑造和房地产金融的健康成长。[2]

---

[1] 郭连强、刘力臻:《我国房地产金融创新的有关问题研究》,《求是学刊》2015 年第 3 期,第 68 ~ 69 页。

[2] 郭连强、刘力臻、祝国平:《我国房地产金融创新面临的突出问题与对策》,《经济纵横》2015 年第 3 期,第 107 页。

四　创新房地产金融制度与政策

房地产金融制度与政策创新是房地产金融创新的重要内容。随着中国房地产市场的不断发展，房地产对金融政策的敏感性也在不断提高，金融政策已经成为调控房地产业的重要手段。然而，从实际运行情况看，由于中国房地产金融发展较晚，房地产金融制度与政策还不完善，[①] 亟须通过房地产金融制度与政策创新加以解决。[②]

（一）创新房地产金融制度

1. 发展与创新住房公积金制度

住房公积金制度是中国目前重要的房地产金融制度，针对住房公积金覆盖面窄、使用效率较低、配套政策法规有待完善等突出问题，可以从以下几方面加以完善：一是加强公积金日常管理工作，加大公积金使用监管力度。通过法律法规建设提升住房公积金运营的规范化、制度化与法治化程度。通过相关制约机制的建立，对住房公积金制度运行的各个环节实现全程规范管理，规避公积金运营中可能发生的道德风险，以维护消费者的合法权益，提高公积金的收缴比例与覆盖面。二是处理好公积金管理中心与委托行之间的委托—代理关系，努力提高公积金的使用效率。

为提高公积金的使用效率可以采取以下措施。一是采用行政手段规定委托行发放公积金的贷款比例；二是建立激励制度以增加委托行发放公积金贷款的积极性；三是扩大公积金管理中心的管理职责，充分发挥公积金在居民住房消费中的作用；四是加强住房公积金配套政策法规建设，重点在缴纳、管理与使用三个层面明确政策法律内容，强化细则管理。

---

① 郭连强、刘力臻：《我国房地产金融创新的有关问题研究》，《求是学刊》2015 年第 3 期，第 68～69 页。
② 尹朝华：《我国房地产金融制度存在的问题》，《西南金融》2011 年第 3 期，第 13 页。

2. 建立与完善有利于房地产金融创新的政府担保制度

建立政府担保制度有利于增加住房抵押贷款的规模，为中低收入的购房者提供还款保障，并为银行降低了住房抵押贷款的违约风险；同时有利于开展住房抵押贷款证券化，降低银行经营风险，拓展银行业务规模和范围，加速资金流动。基于建立政府担保制度的意义，可考虑设立专门的政府担保机构。一是成立专门的政府住房抵押贷款保险机构。可借鉴美国等其他国家在这方面的成功经验，发挥政府优势，积极参与住房抵押贷款保险领域的建设，成立专门的政府住房抵押贷款保险机构。二是成立类似美国政府抵押协会的二级市场政府机构。联邦住房抵押公司、政府国民抵押协会和联邦国民抵押贷款协会是美国房地产金融二级市场的三大运作机构，它们对美国二级市场的发展起到了至关重要的作用。中国也可以效仿美国，成立类似的金融组织机构，在房地产金融市场中发挥蓄水池的作用。

3. 完善房地产金融创新监管制度

房地产金融机构提供多元化的产品和服务，使房地产金融风险表现出许多新的特征，这对中国房地产金融创新监管制度提出了新的要求。可借鉴国际上成功的经验并吸取它们的教训，完善中国房地产金融创新监管制度，确立新的监管理念、目标、方法及评价体系，逐步建立起统一、高效、全面的房地产金融监管制度。一是加强房地产信贷违规行为监管制度建设。房地产信贷的违规行为可能会给房地产金融业造成不可估量的后果，因此应加强对房地产信贷违规行为的监管制度建设，认真落实国家出台的房地产金融调控政策以及银监会加强监管的要求，控制好个人住房按揭抵押贷款风险，以推动整个房地产金融业的健康发展。二是加强房地产金融市场对外资的监管制度建设。房地产金融市场对外资的监管制度建设重点要放在外资进入房地产市场的渠道监管上。地下钱庄是外资进入中国房地产金融市场的重要途径，因此应加强对地下钱庄的打击力度。此外，外资也可能以其他形式进入国内市场，然后转投房地产金融业，因此金融监管部门需要加强对各种渠道进入房地产金融市场的外资进行监管以及对外商独资房地产公司较隐蔽的增资和融资行为进行监管。三是通过完善房地产信托的相关法律法规、建立规范的准入机制、实行差别化的管理制度、建立信息披露制度等举措，逐步构建与完善房地产信托监管制度。

（二）创新房地产金融政策

1. 准确把握宏观经济形势，创新房地产金融调控政策

影响房地产金融发展的因素较多，除了房地产本身因素外，宏观经济形势、货币流通速度、汇率变化、税制改革、城市化水平等都会对其产生较大的影响。所以，必须根据宏观经济形势及其他外部因素的变化，制定与实施房地产金融调控政策，选择合适的调控方式、时机和力度，否则房地产金融政策的有效性就会大打折扣。目前，由于中国市场机制和金融体系尚不健全，房地产市场的结构性问题显著，利率、汇率、货币供应量等间接调控手段的作用并不显著，因此应尽量有针对性地选择直接调控手段对房地产金融进行调控。房地产金融政策在传导过程中存在时滞和变异的特点，这是政府无法规避的问题，因此房地产金融调控政策的制定与实施要打出提前量、提高前瞻性，消除政策时滞对金融政策效果的影响，避免调控力度过大和过猛，保证调控力度的适中。

2. 实行多元化、分层次的房地产金融政策

中国房地产市场具有"双轨制"特点，因此中国房地产金融应该实行多元化、分层次的政策。要以满足不同收入人群合理的房地产消费需求为目的，通过以市场为导向的房地产金融政策的制度满足高收入群体的房地产金融需求；通过具有合作性质的房地产金融政策的制定满足中等收入人群的住房改善需求；通过保障性房地产

金融政策的制定满足低收入人群的基本住房需求。这样不仅可以形成稳定的房地产资金的来源用以支持房地产市场的发展，而且也有利于解决低收入群体的住房金融问题。差异化、多层次的房地产金融政策体系的构建，既保障了住房刚性需求，又尊重了市场规律，能够兼顾经济性和民生性，均衡处理各种关系，规避短期效应。

3. 完善房地产金融政策的传导机制

目前，中国的房地产金融政策传导机制是：首先，由人民银行、国务院等机构部门对房地产市场的形势做出判断，根据判断的结果制定、出台相应的房地产金融政策；其次，各商业银行执行央行制定的房地产金融政策，地方政府执行国务院等机构部门制定的房地产金融政策。由于信息的不对称及政府（中央政府和地方政府）、商业银行、房地产企业各方利益的不一致，在房地产金融政策的传导中很多问题都会相应地显现出来，有中央政府和地方政府之间的矛盾，有政府和房地产企业之间的矛盾，有中央银行和商业银行之间的矛盾。这些矛盾会造成各方（各级政府和金融机构）在执行金融政策时相互影响、相互制约，致使房地产金融政策传导不畅，削弱了房地产金融政策效果。因此，在今后房地产金融政策的制定与实施中，在中央层面要保持金融政策的中立性，平衡金融政策相关主体的利益，避免出现利益偏向；在地方层面，要通过中央政府的权力下放，增加地方政府房地产调控空间，在中央政策的框架下，让各地根据本地区的客观发展情况制定相应的房地产金融政策；在企业层面要以国家与地方政策为引导，并根据企业具体实际有针对性制定战略举措与实施细则。通过不同层面的协调沟通，促进房地产金融政策的传导机制更加通畅、调控效果更加明显。

五 实现四个层面创新的同步推进与协调运行

房地产金融创新是一项系统工程，涉及金融政策与制度、金融机构、金融市场、金融产品四个方面，需要四个层面房地产金融创新同步推进与协调运行。房地产金融制度与政策的创新是基础，房地产金融市场、金融机构、金融产品的创新要在房地产金融制度与政策创新的框架内协调推进。房地产金融市场创新是房地产金融机构与产品创新的载体，要通过市场的创新引导房地产金融机构及金融产品创新。房地产金融机构处于市场与产品的中间环节，在房地产金融创新中要发挥创新主体作用，带动房地产金融产品的创新。房地产金融产品创新是房地产金融创新的末端环节与最终表现，房地产金融创新的成效归根结底要体现在产品创新上。要在房地产金融制度与政策、房地产金融市场、房地产金融机构协调创新维度内，有序、适度地推进房地产金融产品的创新，并通过金融产品创新影响、推进房地产金融制度与政策、金融市场、金融机构的协调创新。

六　建立与完善相关法律法规

基于中国目前房地产金融发展的现状，要适时建立符合中国房地产市场发展实际的房地产金融相关法律法规，而不是要等到市场发展成熟时才去立法。目前完善中国房地产金融创新的相关法律法规可以从以下几个方面入手。第一，修改已有的法律法规，确定房地产金融的法律地位。有了明确的法律规范，房地产金融才可以在一定的条件下放手创新。因此，应该在现有的《公司法》《建筑法》《商业银行法》等法律法规中加入房地产金融相关内容，以法律法规的形式制约贷款人和开发商的行为。第二，加快房地产金融立法进程。应尽快出台规范房地产金融发展的专门法律，同时配套出台一系列法规办法，确保房地产金融业务有法可依，保障房地产市场的稳健运行。第三，真正落实责任问责制度。在注重修定与立法的同时，更要重视有关法律法规的执行与落实。对触犯法律法规、房地产金融欺诈和恶意增加房地产金融隐患等违规行为，必须依法追究其相应的法律责任，真正将责任问责制度落到实处。第四，商业银行等金融机构也应加强房地产金融创新具体规章制度的制定。商业银行等金融机构是中国房地产金融创新的重要主体之一，没有这一层面的法规相配套，房地产金融创新的法律法规体系是不完整的。第五，实现房地产金融法律制度建设与房地产金融监管的有效结合。各监管部门要严格依据相关法律法规，充分发挥好监管作用，央行要定期报告房地产金融的运行情况，银监会要将房地产金融纳入重点监管范围，加强对其监管力度。第六，中央政府应将权力适当下放到地方，允许地方政府根据本地区的实际发展情况制定房地产金融相关的地方法规、制度，推动具有不同地域特色的房地产金融的发展。[1]

七 结合实际科学构建指标体系

房地产创新程度的科学计量是有序推进房地产金融创新的前提。在国外房地产金融深化多年的实践中，建立了相关的指标体系，形成了较为成熟的金融创新程度测量方法，为我们提供了借鉴参考。但由于各国市场化水平、金融开放程度、经济发展状况存在较大差别，不可能有一个一劳永逸、普适性的衡量方法。简单地承袭建立于发达国家基础之上的房地产金融创新程度计量方法与具体指标体系，容易导致计量结果失真与结论不切合实际的问题。根据西方房地产金融创新测量方法，中国房地产金融创新程度可能极低，但相对于中国房地产发展的实际看，房地产金融创新程度可能已超出一定的标准，甚至个别时段或个别环节已存在了创新过度的倾向性问题，如果简单套用，容易加剧房地产金融创新风险的积累，甚至引发系统性金融风险。另外，从国内外现有的研究成果看，关于金融

---

[1] 郑印霞、邵四华:《我国房地产金融发展趋势与创新研究》,《中国房地产金融》2011 年第 2 期。

创新程度计量的研究方法很多，计量指标也很丰富，但暂时还没有针对具体产业金融创新程度与风险计量的方法与指标体系。因此，需要结合中国房地产发展的实际，关注国内外关于金融创新程度的计量指标体系研究前沿，借鉴已有的研究成果，在充分分析房地产及房地产金融发展特殊性的基础上，深入研究探讨适合国情的房地产金融创新程度计量方法与指标体系，这是有效推进房地产金融创新的基本前提。

第二节 防范房地产金融创新风险的对策

国外的房地产金融发展、深化理论及实践表明，房地产金融创新在促进经济增长的同时，也蕴含一定的金融风险，如果不注意金融风险的防范，当过度金融创新带来的金融风险积累到一定程度，不但会影响房地产市场的健康发展，也会危及整个金融体系的稳定。另外，由于中国金融约束较强，金融深化与金融监管政策还处于不断完善过程之中，因此房地产金融创新主要依靠传统商业银行业务的创新与演化，金融创新风险过于集中与出于利益最大化的局部过度创新等特点比较明显。这就要求我们必须适度推进房地产金融创新，将房地产金融创新与房地产金融风险防范结合起来，实现房地产金融创新与风险防范的并重。要高度重视房地产金融过度创新可能带来的金融风险，未雨绸缪，防范房地产金融风险给宏观经济带来的负面影响，不走先金融创新后金融风险防范与重金融创新轻金融风险防范的老路。

一 强化风险的多主体分担摊薄系统性金融风险

（一）探讨房地产指数期货建设，开发房地产金融创新避险工具

由于房地产行业普遍存在着政策风险和金融风险，因而需要开

发房地产金融衍生品来分散风险。针对中国房地产行业普遍存在的高价格、高空置率和高不良贷款等短时间内难以解决的问题，可以通过构建并推行如房地产指数期货等房地产金融衍生品，为银行业、房地产企业和普通购房者提供避险工具。房地产指数期货是一种标准化的合约交易，主要是为房地产市场的参与主体提供规避房价暴涨暴跌的工具。如果银行、房地产商、投资者等预期住房价格下跌会给自身造成损失，便可以选择卖出房地产指数期货合约，一旦房价真的下跌，他们便可以在期货交易中获利来对冲和弥补房屋价值的损失。同样，对于担心房屋价格上涨的购房者，可以先买入房地产指数期货合约，分享房价上涨的收益、抵消住房价格上涨导致购房成本上升的风险。

（二）努力拓宽融资渠道，分散房地产金融过度创新风险

一是大力推行"信托＋银行"式的房地产金融组合工具，增加房地产资金的供给渠道，缓解银行房贷风险过于集中的压力。房地产是天生的信用担保品，与银行业、信托业有着天然的联系。由于房地产开发通常需要大量资金，仅仅单独依赖银行间接贷款或者信托模式筹集资金往往无法弥补资金缺口，因此拓宽房地产融资渠道十分必要。从发展趋势看，信托业将成为商业地产的主流融资模式之一，大力推行"信托＋银行"式的房地产金融组合工具，为房地产业融通资金具有重要的现实意义。"信托＋银行"式的房地产金融组合工具是指以信托为前端融资、银行为后端资金支持的金融组合工具，是有利于房地产信托投资基金与商业地产携手成长的一种资金融通模式。房地产信托投资基金的参与，不但缓解了银行放贷与房地产企业融资的压力，也为房地产的发展提供了良好的融资渠道，还可以使广大投资人通过参与信托基金获得相对稳定的投资回报。因此，要加快发展"信托＋银行"式的房地产金融组合工具，拓宽房地产直接融资渠道，降低银行信贷风险。二是积极创新房地产企业融资方式。目前，房地产企业资金融通以间接融资为主，房地产金融风险过于集中。因此，借鉴国外成熟的经验，适当放宽房地产企业上市的条件，使其通过股票上市、增发股票和发行公司债等融资渠道，提升从资本市场上融资的规模与比重，扩大房地产企业直接融资渠道，将过于集中在商业银行的房地产金融风险转移、分散到金融市场众多的参与者身上，以缓解房地产金融创新风险过于集中在商业银行的压力。另外，要在房地产宏观调控政策收紧与房地产金融监管趋严的背景下，鼓励房地产开发企业通过公司债、定向增发进行融资、房地产信托投资基金等金融创新融资方式，增加直接融资的比重，降低集中依靠商业银行来融资的风险，让房地产金融市场呈现银行、股票、债券、基金和房地产信托投资基金共同发展的多元化格局。三是将保险资金适当引入房地产融资市场，实现资金来源主体的多元化。四是完善住房公积金制度，规范住房公积金使用投向，提高资金使用效率，扩大住房公积金的覆盖面，增加政策性房地产资金的融资渠道。五是改革与完善金融体系与金融制度，为人们金融资产的增值提供渠道，为投资者提供包括银行储蓄在内的多种选择的投资渠道，提高银行信贷与社会资本流向房地产市场的机会成本。

（三）发展和完善适合国情的房地产金融保险制度

建立和完善适合国情的房地产金融保险制度，就是要强化对房地产金融的再保险，是在一个更广泛的范围内对房地产金融机构风险进行分散，有助于增强抵押担保物的信用能力，促进房地产金融的发展。很多发达国家成功推出了房地产贷款保险服务，对房屋和信用进行了多层次的立体保险，既有效控制了抵押标的物的贬值风险，也对借款人还款能力和信用等方面进行了担保，同时对借款人商品房抵押贷款进行保险，既增加了购房者信用，也减少了购房者的违约风险。因此，中国有必要借鉴国外成功的经验，推行房地产金融保险制度，通过对房地产金融再保险，分散房地产金融风险。一方面要积极建立房地产金融担保机构，发挥导向与带动作用，推动政策性房地产金融创新，为政策性房贷提供保险服务，以化解政策性房贷金融风险；另一方面要针对房地产金融保险的范围、方式、条件等，对房地产金融再保险予以一定的优惠政策，如房地产金融的保费减免或者给予税率优惠等，以鼓励和促进房地产金融保险业的快速发展。在注意发挥政府在房地产金融创新担保与保险作用的同时，要重点依靠社会力量组建房地产贷款保险组织，针对中国目前居民平均收入水平还不是很高、中低层群体的收入占有较大的比重及他们的收入水平有波动性等情况，鼓励发展商业性的担保与保险服务，降低房地产金融创新的风险。[①]

二 注重过度创新风险预警扼杀系统性金融风险苗头

从 20 世纪 90 年代的日本经济危机到 2008 年的国际金融危机，国外房地产金融创新的实践印证，房地产金融创新在带动房地产业快速发展的同时，如果缺乏金融风险预警机制，而后续干预措施不能及时到位，房地产市场也很容易演变为经济泡沫的温床，产生与积聚新的金融风险。近年来，我国金融资产规模快速增长，受新常态下实体经济利润率下降的影响，部分金融资产以获取最大利益为目的流向房地产市场，推动了房地产金融的高杠杆化，并在一些热点城市催生了房地产泡沫，增加了房地产金融风险。因此，密切关切房地产市场过度创新与过多金融资本流入房地产带来的金融风险，建立房地产金融创新风险预警机制对保证房地产金融和房地产市场的健康发展十分必要。

---

① 曲世军:《中国房地产金融风险判断及防范体系架构研究》，东北师范大学博士学位论文，2008。

（一）　选择切合实际的金融创新风险预警方法

金融风险预警机制是通过输入一系列的预警指标，经过预警模型处理后输出真实、及时、有效的预警"信号"，作为对金融体系未来健康状况进行预测的判断标准，为决策提供参考。国外一些发达国家对房地产金融风险的预警，主要是通过房地产金融风险的各种预警模型来预警房地产金融危机发生的可能性。借鉴国外房地产金融风险预警实践经验，对中国未来房地产金融风险进行预警可以采取指数预警法、统计预警法、回归预警法。

（二）　房地产金融风险预警的步骤

房地产金融预警机制构建必须要经过严格的、系统的程序设计，以保证房地产金融风险预警机制的实用性、适用性、有效性和及时性，真正达到风险预警的目的。一是全面、完整、及时地收集必要的房地产金融信息，并确保信息的真实性、可靠性；二是结合中国房地产金融发展的实际情况，选择合适的金融风险测评模式，也可以同时选用几种不同的方法综合、全面、系统地对房地产金融风险进行测评；三是对房地产金融风险进行识别，并分析引起这类风险的主要原因；四是制定房地产金融风险控制指令和风险处置行为标准，并与风险预警信号测评模式建立对应关系，确保风险测评的准确性和管理的连续性，根据风险危害性的大小确定预警强度，并采取适当的预防措施。

（三）　房地产金融风险预警机制建立的保障措施

1. 加强大数据资源的整合利用

伴随互联网技术的迅速发展与普及，金融电子化已经渗透到了各行各业，推动海量（Volume）、多样（Variety）和高速（Velocity）的大数据流形成。因此，风险预警机制的建立首先要强化大数据资源整合利用，充分做好统计、分析和利用工作。要加强各方面信息资源的整合，建立金融机构和政府部门、房地产企业以及房贷用户之间共享的信息网络，充分利用内部网络、互联网等现代信息传输工具，实现网络化监控。要整合各方面的力量，充分利用银行庞大的资源和客户体系以及多年经营沉淀在银行内部系统已经累积的庞大数据资源，形成大数据资源优势，通过对数据的挖掘和加工，去芜存菁，强化对房地产企业的资金流和房地产公司的信用和行为数据的收集、统计分析和深挖掘，第一时间预测到房地产企业的最新变动，预判房地产金融创新风险苗头，并及时规避与化解。

2. 建立房地产信贷风险预警机制

房贷的质量与安全性是衡量商业银行资产质量与安全的主要指标，也是房地产金融风险大小的重要衡量标准。在房地产信贷流程中，越早发现金融风险隐患，越有利于化解与规避金融风险，因此建立房地产信贷风险预警机制意义重大。目前，房地产信贷风险预警机制的核心任务是对房地产信贷风险和客户信用进行预警分析。为此，商业银行在办理房地产信贷前要进行区域、行业和企业等全方位的分析，对客户实施多层次、连续性的贷前、贷中和贷后跟踪监测和预警分析，充分把握整个信贷流程的历史和现状，做好综合分析和趋势判定。在做好贷前评估与贷中操控的同时，还要做好贷后优化管理，通过全方位、多环节的预警研判，对潜在金融风险进行预测，并及早采取有效的解决办法，将金融风险隐患扼杀在摇篮之中。

3. 把好房地产抵押担保风险预警关

政府部门对房地产金融业务应把好相应的审核关，有效地预防房地产金融风险。相关政府部门要严格按照担保法、房地产抵押担保管理办法等法律法规，办理房地产金融相关抵押担保业务，并且实行双人审核制，严格审查住房贷款抵押物真实性、合法性和变现能力等，通过对抵押资产评估报告的真实性核对和审查及相关抵押担保物的审核和跟踪评估，把好房地产抵押担保风险预警关，及时发现风险苗头，避免风险的积累，有效减少房地产金融不可预测的风险。

三　加强过度创新双层管控防范系统性金融风险累积

目前，中国房地产金融创新风险监管主要集中在房地产金融市场层面，风险监控的范围与力度较小，远没有达到巴塞尔《有效银行监管的核心原则》所提出的标准。因此，在中国房地产金融已出现苗头性风险的情况下，面对突破传统金融创新的现代金融创新的新态势，必须科学地把握金融创新与监管之间的关系，全方位深度调整监管思路，逐步建立起统一、高效、全面的房地产金融监管制度，建立金融机构与政府部门的双层管控机制，合理确立监管目标、方法与评价指标，提高对房地产金融风险的监控覆盖面与敏锐度，确保房地产金融体系的稳健运行。

（一）在金融机构层面要建立内部网络，对房地产金融创新风险进行实时监控

目前，商业银行是中国房地金融活动的主要参与主体，商业银行贷款仍然是房地产企业资金的主要来源，因此商业银行建立内部网络实时监控系统，将有助于从金融企业层面对房地产金融创新风险进行监控。例如，工商银行内部网络信贷管理系统和会计结算系统实施了实时联网，每个企业的资金流动情况会如实反应在工商银行内部网络上，这样不管是北京的房地产企业还是上海的房地产企业，只要与工商银行有业务往来，工商银行的内部网络监控系统就能及时监测到，一旦房地产企业的资金流出现危险，工商银行就能够在第一时间察觉，并对风险进行有效控制。

（二）政府层面要强化对房地产金融创新安全的管控

房地产金融创新的复杂性决定，单纯依靠市场力量来保证房地

产金融创新的安全是不够的，市场失灵需要政府干预和调控来弥补，因此构建保证房地产金融创新安全的政府管控体系是必然的选择。

1. 政府要制定长远的房地产金融创新与发展规划

合理进行土地利用与开发，对房地产金融创新风险实施宏观调控。要采用各种系统工具，如租价工具（如地租和土地价格等）、税收工具（如对房地产企业按差别税率征税和减免税等）、利率工具（如通过利率调节货币的供应和需求，间接调控房地产市场等）等，来调控和管理房地产金融创新风险。

2. 加强对房地产信贷违规行为的监管力度

2014 年 9 月 30 日，央行发布文件放宽了商业银行房贷的限制标准，增加了金融机构房贷的利率空间，这在促进房地产市场发展的同时，也增加了房地产金融监管的难度。另外，目前很多商业银行，尤其是下属分支机构，由于信息不充分和视线狭窄等原因，对系统性和局部性风险认识不够，导致对房贷过程中出现的风险无法及时监控，因此必须加强房地产金融风险多层次联合监控，提高房地产信贷违规行为的监管重视程度，控制好由于利率调控空间放宽而使个人住房按揭抵押贷款增加的风险。

3. 加强对非正规金融进入房地产金融市场的监管力度

近年来，房价上涨过快，房地产市场的投机性不断增加。2013 年下半年房地产市场出现了根本性变化，房价与成交量双双下调，2014 年房地产市场更是出现了持续低迷。需要指出的是，越是低谷时期越要警惕非正规金融出于房价见底反弹的预期而通过不同渠道进出房地产市场的风险。对此，要建立规范的准入机制，加强对地下钱庄、民间借贷、房地产信托基金的监管，防范房地产金融的隐蔽性、潜在性风险。要从严控制房地产中介组织与开发企业开发众筹买房、首付贷等非法金融产品；从严处置没有取得相关金融资质的房地产中介组织与开发企业通过 P2P 网络借贷平台与股权众筹平台开展融资活动。建立房地产信息披露制度，为加强房地产金融监管提供信息基础。

四　通过分类施策与分城施策有针对性地化解金融风险

受经济发展水平、市场化程度等客观条件差异的影响，各地区、各城市房地产金融发展水平千差万别，对此应该赋予地方政府更多的房地产金融风险防范自主权。部分一线与二线城市房地产金融发展程度较高，房地产市场的泡沫化程度也较大，房地产金融风险较为突出。同时，受房地产市场投机性需求较大的影响，这些城市的房地产金融来源更为复杂，违规流入房地产市场的资金相对更多。因此，对这些城市房地产金融风险的防控不仅要注重房地产金融一般性风险的防范，持续性采取紧缩性信贷政策，还要加强相关房地产的非正规融资和信贷的严格监管。对房价上涨压力较小与房地产市场发展相对较为稳定的三、四线城市，房地产信贷政策不宜收得过猛，在防范房地产金融风险的同时，也要重视房地产的去库存。另外，不同城市的房地产金融风险大小的差异是相对的，在实施差异化金融风险防范对策的同时，也要防止一刀切的"差异"化政策。即使在一、二线城市，也要注意保护合理的刚性需求，对首套住房需求首付比例应该保持合理较低的水平，防止准入门槛过高而误伤合理的住房需求，但对于投资或者投机性的住房需求则要坚决采取去金融杠杆的举措。三、四线城市也存在房地产过度投资与投机的需求，对这部分需求也要进行必要的限制与管控。

五　完善信用评级机制把好金融创新市场准入关

信用风险是房地产贷款的主要风险，如果能有效判断信用级别和预防信用风险，就能有效预防房地产金融风险。为顺应房地产金融发展的需求，中国很多地区先后建立了房地产信用评级机构。与此同时，中国的个人信用评级体系也初步建成。然而，受到多种因素的制约，如房地产信用评级中信用资料数据库缺乏、信用信息不完整、数据资料库规模不大等问题，对房地产企业及个人的信用评估很难做到公正、真实、客观，很难将房地产企业贷款风险与住房抵押贷款的风险控制在一定的范围之内，更无法把好房地产金融过度创新的市场准入关口。因此，建立与完善房地产业信用评级体系已迫在眉睫。一是夯实房地产业信用评级和资产评估体系的网络基础。在房地产金融发展的初期，充分发挥政府的调控资源优势，收集可靠的基础数据，结合不动产登记制度的推行，构建起信息化的房地产业信用评估系统性平台。二是加强企业和个人通用信用档案建设。要建立一个包括全国房地产企业和个人在内的通用信用档案系统，为金融机构甄别贷款人信用级别提供便利，让金融机构不但可以全面了解贷款者的信用度，还可以根据此系统对不同信用级别的贷款者给予不同的贷款条件和金额。三是转变房地产信用评估机构的发展与管理模式。发展模式的转变就是要由政府驱动型转变成市场驱动型。要让房地产信用评级机构和资产评估机构的兴衰取决于其能否满足市场的需求，由市场对其进行评判，而政府则要加强监督管理和立法支持。四是设立统一的房地产信用评估标准和指标体系，并根据不同时期的经济形势进行动态调整，结合不同地区的发展实际设计细则，使其具有更强的可操作性。

结　语

通过定性分析、逻辑推理与数理建模的理论抽象、实证验证、对比分析等系统研究，本书得出以下结论。

第一，局部均衡模型抽象印证，在接近常态的高风险均衡状态下，房地产金融创新与金融风险之间呈现出 U 形曲线关系，说明金融创新存在最适度的规模。在房地产金融创新未达到最适度规模前，金融创新有助于改善市场机构、增强市场流动性、提高市场效率，进而有利对金融风险的控制。但房地产金融创新对金融风险的控制效果存在边际递减趋势，当金融创新超出最适度的规模后，金融创新将导致金融风险的上升。因此，有序、适度推进房地产金融创新，能够分散过于集中的金融风险，降低整个金融体系中的系统性风险；脱离实体经济需要与超出金融市场承载能力的过度房地产金融创新，将导致过多资金向房地产市场的集聚，催生新的系统性风险。

第二，中国房地产金融创新的阶段特征决定其金融风险的局部集聚源于金融约束，而不是金融创新。房地产金融创新长期推进的稳步性与短期波动性相伴生、深度依赖商业银行房贷业务创新、个别时段苗头性风险开始凸显、风险形成的集中性、隐蔽性与潜在性等突出特征说明，中国房地产金融创新处于从金融抑制状态向金融深化状态过渡的阶段，局部金融风险的集聚源自金融约束，而不是金融创新。

第三，通过协整模型分析与基于 16 家上市银行面板数据的系统 GMM 模型分析，实证研究了中国房地产金融创新与金融风险之间的逻辑关系。研究结果显示，处于从金融抑制状态向金融深化状态过渡的中国房地产金融的适度创新，有利于高度集中在商业银行体系内房地产金融风险的分散和控制，进而减少系统性金融风险发生的可能性。

第四，借鉴国外房地产金融创新与风险防范经验，根据中国房地产金融创新的实际，得出结论：中国房地产金融必须走金融创新与金融风险防范并重之路，一方面要适度推进房地产金融创新，逐步分散与化解局部集中在商业银行体系内的房地产金融风险；另一方面要强化金融风险的预警与管控，防范房地产金融过度创新带来的系统性金融风险。

未来研究设想：本书通过局部均衡模型构造，论证了房地产金融创新与金融风险之间的 U 形非线性关系，但没有给出适度创新的阈值，这是以后努力的方向。房地产金融创新不仅有量的扩张，而且包括结构的优化，单纯从量上研究适度创新中的“度”是不全面的。这就需要在后续研究中，在资料可得的基础上，从总量与结构两个维度的结合上来探寻房地产金融适度创新的最优阈值。

主要参考文献

柏宝春：《我国房地产投资信托基金发展问题研究》，《中国房地产金融》2013 年第 1 期。

陈岱孙、厉以宁：《国际金融学说史》，中国金融出版社，1991。

陈红梅、黄石松：《借鉴德国经验，创新房地产金融政策，促进住房消费》，《国际金融》2009 年第 7 期。

陈洪波：《美国房地产金融政策及对中国的启示》，《中国房地产金融》2006 年第 2 期。

陈柳钦：《金融发展理论与我国金融改革的选择》，《国家行政学院学报》2003 年第 6 期。

陈铭恩、雷海章、孔鹏：《美国、德国、新加坡住房金融的经验与启示》，《经济纵横》1999 年第 10 期。

程红梅：《中国当代房地产金融思想发展研究（1978~2005）》，复旦大学博士学位论文，2007。

仇娟东、何风隽、艾永梅：《金融抑制、金融约束、金融自由化与金融深化的互动关系探讨》，《天津财经大学学报》2011 年第 6 期。

崔光华：《西方金融创新理论综述》，《中国商人·经济理论研究》2005 年第 4 期。

崔巍、朱勇、严深：《住房制度改革新阶段中的金融问题研究》，《金融研究》1999 年第 3 期。

邓彪：《基于银行系统性风险防范的我国房地产金融监管研究》，

湖南大学硕士学位论文，2012。

费淑静：《房地产投资信托基金发展的国际经验及对我国的启示》，《理论学刊》2009 年第 7 期。

高广春：《去化与结构化——新常态下房地产金融之两个关键词》，《银行家》2015 年第 2 期。

高国华、潘英丽：《资本监管、市场约束与政府监督——银行监管政策组合与权衡的实证研究》，《世界经济研究》2010 年第 8 期。

高静：《美国房地产信贷风险防范制度分析》，《世界经济与政治论坛》2007 年第 6 期。

〔美〕戈德史密斯：《金融结构与金融发展》，周朔译，上海三联书店，1994。

郭连强、刘力臻：《我国房地产金融创新的有关问题研究》，《求是学刊》2015 年第 3 期。

郭连强、刘力臻、祝国平：《我国房地产金融创新面临的突出问题与对策》，《经济纵横》2015 年第 3 期。

韩伯棠、程嘉许、周毕文：《商业银行房地产金融流动性风险分析研究》，《北京理工大学学报》（社会科学版）2011 年第 1 期。

何红：《房地产金融创新与风险防范》，《黑龙江对外经贸》2010 年第 4 期。

胡昊：《新世纪新加坡住房发展的挑战与对策》，《中国房地产》2001 年第 11 期。

霍夏芳：《探析中国房地产金融发展问题及对策》，《北方经济》2012 年第 8 期。

贾俐贞：《新加坡住房制度的五大特点》，《中国党政干部论坛》2011 年第 11 期。

蒋志宏、卜俐引：《探讨我国房地产金融创新之路》，《现代商业》2010 年第 18 期。

金中夏：《爱德华·肖和罗纳德·麦金农的金融深化理论的贡献与不足》，《世界经济》1988 年第 6 期。

孔煜：《房价波动、银行信贷与经济增长》，《财经理论与实践》2009 年第 5 期。

雷鹏飞：《美国、德国、新加坡三国住房金融体系模式的比较》，《中国房地产金融》2001 年第 1 期。

李健飞、王晶：《宏观调控背景下的房地产金融创新》，《宏观经济研究》2005 年第 3 期。

李世宏：《德国房地产市场及房地产金融的特征分析》，《西南金融》2011 年第 5 期。

李艳虹：《对发展我国房地产金融机构的构想》，《中国房地产金融》2001 年第 5 期。

李志锋：《房地产金融理论研究的方法论创新——复杂性科学的方法论对房地产金融理论研究的影响》，《经济问题》2014 年第 5 期。

李志远：《论我国房地产金融创新》，《经济问题探索》2001 年第 12 期。

廖勤翔：《房地产投资信托基金研究》，《宏观经济管理》2008 年第 3 期。

刘敢庭：《德国的住房金融体制》，《金融信息参考》1998 年第 7 期。

刘海龙：《新加坡的住房金融及其启示》，《北京房地产》1995 年第 2 期。

刘华、王艳：《德国房地产金融政策介评》，《银行家》2011 年第 1 期。

刘哲婧：《我国房地产金融产品创新的对策研究》，《经济论坛》2007 年第 11 期。

龙志强、周伟英：《浅析金融创新理论与金融体系创新》，《商业经济》2006 年第 7 期。

卢立宇：《中美房地产融资比较研究》，重庆大学硕士学位论文，2006。

陆却非、葛丰：《基于房地产投资信托基金的我国金融深化的预期效应分析》，《系统管理学报》2011 年第 2 期。

吕剑：《金融约束理论：中国转轨时期金融改革的思考》，《中国物价》2010 年第 11 期。

马雪彬、李磊：《资产证券化——摆脱房地产行业宏观调控窘境的金融创新》，《开发研究》2007 年第 2 期。

〔美〕麦金农：《经济发展中的货币与资本》，卢骢译，上海三联书店，1988。

〔美〕麦金农：《经济自由化的顺序——向市场经济过渡中的金融控制》，李若谷、吴红卫译，中国金融出版社，1993。

孟旭：《我国商业银行房地产开发贷款的信用风险度量研究》，湖南大学硕士学位论文，2013。

米军、黄轩雯、刘彦君：《金融发展理论研究进展述评》，《国外社会科学》2012 年第 6 期。

缪燕燕：《房价过快上涨背景下的房地产金融创新》，《新金融》2010 年第 7 期。

曲世军：《中国房地产金融风险判断及防范体系架构研究》，东北师范大学博士学位论文，2008。

施兵超：《卡普—马西森金融发展模型评析》，《财经研究》1996 年第 6 期。

〔美〕施马尔尼斯：《施蒂格勒对经济学的贡献》，崔大沪译，《现代外国哲学社会科学文摘》1984 年第 2 期。

十国集团中央银行研究小组：《国际金融与业务创新》，上海译文出版社，2003。

束庆年：《对次贷危机爆发后中国房地产金融创新的思考》，《南方金融》2008 年第 9 期。

孙超：《新形势下银行房地产信贷风险控制问题分析》，《商业时代》2013 年第 14 期。

孙令军：《德国住房保障和住房金融的借鉴与启示》，《中国房地产》2006 年第 9 期。

唐平：《中国房地产金融风险分析》，《经济体制改革》2007 年第 2 期。

陶恒喜：《金融深化与房地产金融的完善和发展》，《中国房地产金融》1999 年第 11 期。

田金信、胡乃鹏、杨英杰：《基于优势分析原理的房地产金融深化研究》，载中国管理科学学会《第九届中国管理科学学术年会论文集》，2007。

万容：《构建中国房地产业的新型融资方式——房地产投资信托基金探析》，《经济问题》2010 年第 3 期。

汪春燕：《浅析我国房地产金融创新》，《当代经济》2011 年第 18 期。

王东亮、曹龙、戴必晶：《房地产金融步入资产配置时代》，《21 世纪经济报道》2015 年 3 月 9 日。

王洪卫：《中国住房金融：资金筹措与风险防范机制》，上海财经大学出版社，2001。

王晋斌：《金融控制、风险化解与经济增长》，《经济研究》2000 年第 4 期。

王苗苗：《完善我国政策性房地产金融机构建设的思考》，《长江大学学报》（社会科学版）2012 年第 3 期。

王明国、王春梅：《基于金融发展理论的我国房地产金融体系的改革与完善》，《北京工商大学学报》（社会科学版）2009 年第 4 期。

王重润：《房地产融资结构与金融风险研究》，《中国房地产金融》2006 年第 9 期。

吴霞：《住房金融的国际比较与我国的发展对策》，河北大学硕士学位论文，2005。

徐建斌、林观彪：《房地产信贷风险形成的微观机制》，《浙江金融》2003 年第 7 期。

薛建改：《谈房地产金融风险防范与制度创新》，《商业时代》2011 年第 27 期。

杨巧：《住房金融深化中的住房再生产分析》，《湖北大学成人教育学院学报》2005 年第 1 期。

殷燕、吴洪：《新加坡公共住房金融对我国的启示》，《中国证券期货》2012 年第 12 期。

尹朝华：《我国房地产金融制度存在的问题》，《西南金融》2011 年第 3 期。

于德良、肖怀洋：《万亿元热钱魅影闪现，五专家解读四谜团》，《证券日报》2013 年 5 月 10 日。

喻建齐：《中国房地产金融风险分析及防范》，武汉理工大学硕士学位论文，2007。

〔美〕约翰·G. 格利、爱德华·S. 肖：《金融理论中的货币》，贝多广译，上海人民出版社，2006。

曾龙：《中国住房金融风险分析及防范机制研究》，武汉大学博士学位论文，2010。

张长全、罗莉：《我国房地产金融创新的路径探讨——基于次贷危机爆发后的思考》，《区域金融研究》2009 年第 1 期。

张建斌、张楠楠：《房地产金融工具创新问题的探讨》，《中国房地产金融》2001 年第 2 期。

张明艳、孙晓飞：《金融发展影响收入分配的理论争论》，《商业时代》2013 年第 6 期。

张培丽、姜伟：《国外关于金融自由化对经济增长影响研究的新进展》，《经济研究参考》2013 年第 59 期。

张伟、安启雷：《应关注我国房地产业发展中的金融风险》，《中国税务》2009 年第 11 期。

张笑寒：《我国房地产金融机构的现状和发展设想》，《中国房地产金融》2000 年第 4 期。

张影强：《建立多层次房地产金融风险分担体系》，《中国证券报》2014 年 6 月 4 日。

张宇、刘洪玉：《美国住房金融体系及其经验借鉴——兼谈美国次贷危机》，《国际金融研究》2008 年第 4 期。

郑印霞、邵四华：《我国房地产金融发展趋势与创新研究》，《中国房地产金融》2011 年第 2 期。

中国工商银行上海市分行管理信息部课题组：《房地产金融风险影响宏观经济安全的相关研究——兼论我国房地产金融潜在风险及政策建议》，《金融论坛》2010 年第 3 期。

中国银监会：《商业银行金融创新指引》，http://www.cbrc.gov.cn/chinese/home/docView/2893.html。

朱启文：《新加坡中央公积金制度与我国住房公积金制度的比较与启示》，《中国房地产金融》2011 年第 4 期。

朱雨可、李蕴：《美国房地产金融机制的启示》，《中国房地产金融》2003 年第 2 期。

左婷、郑春荣：《德国住房政策的转变及其原因分析》，《中外企业家》2011 年第 10 期。

Abdul Abiad, Enrica Detragiache, Thierry Tressel, "A New Database of Financial Reforms" IMF Working Paper (2008).

Amir E. Khandani, Andrew W. Lo, Robert C. Merton, "Systemic

risk and the refinancing ratchet effect," *Journal of Financial Economics* 108 (2013).

BIS, "Recent Innovation in International Banking", BIS Report (1986).

Diamond D. W. , "Rajan R. The credit crisis: Conjectures about causes and remedies," *National Bureau of Economic Research* (2009).

Douglas W. Elmendorf, "Financial Innovation and Housing: Implications for Monetary Policy," The Brookings Institution, (2008).

Edward Kane, "Accelerating inflation, technological innovation, and the decreasing effectiveness of banking regulation," *The Journal of Finance* 2 (1981).

Eichengreen B. , Portes R. , "The anatomy of financial crises" NBER Working Paper, (1987).

James B. Ang, Warwick J. Mckibbin, "Financial liberalization, financial sector developmentand growth: Evidencefrom Malaysia," *Journalof Development Economics* 84 (2007).

JAMES C. Van Horne, "Financial Innovations and Excesses," *Journal of Finance* 3 (1985).

Jazmin Carballo – Huerta, Juan Pedro González – Ibarra, "Financial innovations and developments in housing finance in Mexico," *IFC Bulletin* 31 (2008).

Jenkinson N. , Penalver A. , Vause N. , "Financial innovation – what have we learnt," *Bank of England Quarterly Bulletin* 3 (2008).

John C. Topuz and Ihsan Isik, "Structural Changes, Market Growth and Productivity Gains of the US Real Estate Investment Trusts in the 1990s," *Journal of Economics and Finance* 3 (2008).

Keys B. J. , Mukherjee T. , Seru A. , et al, "Did securitization lead to lax screening? Evidence from subprime loans," *The Quarterly Journal of Economics* 1 （2010 1）.

Kim Hiang Liow, Kim Hin David Ho, Muhammad Faishal Ibrahim, etal, "Correlation and Volatility Dynamics in International Real Estate Securities Markets," *The Journal of Real Estate Finance and Economics* 5 （2008）.

Kim Hiang Liow, Kwame Addae – Dapaah, "Idiosyncratic risk, market risk and correlation dynamics in the US real estate investment trusts," *Journal of Housing Economics*, 19 （2010）.

Matthew S. Chambers, Carlos Garriga, Don Schlagenhauf, "The loan structure and housing tenure decisions in an equilibrium model of mortgage choice," *Review of Economic Dynamics* 12 （2009）.

Mian A. , Sufi A. , "The consequences of mortgage credit expansion: Evidence from the US mortgage default crisis," *The Quarterly Journal of Economics* 4 （2009）.

M. Shahid Ebrahim, Mark B. Shackleton, Rafal M. Wojakowski, "Participating mortgages and the efficiency of financial intermediation," *Journal of Banking & Finance* 35 （2011）.

Niehans J. , "Financial innovation, multinational banking, and monetary policy," *Journal of banking & Finance* 4 （1983）.

Olivia S. Mitchell, John Piggott, "Unlocking housing equity in Japan," *Journal of the Japanese and International Economies* 18 （2004）.

Reinhart, Carmen M. and Kenneth S. Rogoff, "This Time is Different: A Panoramic View of Eight Centuries of Financial Crises," NATIONAL BUREAU OF ECONOMIC RESEARCH1050, （2008）.

Robert C. Merton, "Financial innovation and the management and regulation of financial institutions," *Journal of Banking & Finance* 19 （1995）.

Roberto Cardarelli, Selim Elekdag, Subir Lall, "Financialstress and economic contractions," *Journal of Financial Stability* 7 （2011）.

Ross S. A. , "Presidential Address: Institutional Markets, Financial Marketing and Financial Innovation," *Journal of Finance* 3 （1989）.

Saktinil Roy, David M. Kemme," Causes of banking crises: Deregulation, credit booms and asset bubbles, thenand now," *International Review of Economics and Finance* 24 （2012）.

Souphala Chomsisengphet, Timothy Murphy, "Product Innovation & Mortgage Selection in the Subprime Era," SSRN, （2008）.

Sumit Agarwal, Gene Amronmin, Itzhak Ben – David, et al, "The role of securitization in mortgage renegotiation," *Journal of Financial Economics* 102 （2011）.

S. Nuri Erbas, Frank E. Nothaft, "Mortgage markets in Middle East and North African countries: Market development, poverty reduction, and growth," *Journalof Housing Economics* 3 （2005）.

Takashi Yamashita, "House price appreciation, liquidity constraints, and second mortgages," *Journal of Urban Economics* 3 （2007）.

Teakdong Kim, Bonwoo Koo, Minsoo Park, "Role of financial regulation and innovation in the financial crisis," *Journal of Financial Stability* 4 （2013）.

Teakdong Kim, Bonwoo Koo, Minsoo Park. , "Role of financial regulation and innovation in the financial crisis," *Journal of Financial Stability* 4 （2013）.

Veronica Cacdac Warnock, Francis E. Warnock, "Markets and housing finance," *Journal of Housing Economics* 17 （2008）.

W. Scott Frame, Lawrence J. White, "Empirical Studies of Financial Innovation: Lots of Talk, Little Action?" *Journal of Economic Literature* 1 （2004）.

附　录

附表 1　协整实证数据

年份	不良贷款率（y）（%）	金融创新比重（x₁）	房地产开发国内贷款占比（x₂）	银行资本充足率（x₃）（%）	残差项（e）
1999	19.55	0.491097887	0.24	10.88	- 8.072534364
2000	22.40	0.487856294	0.230937887	12.65	- 2.832413716
2001	29.80	0.499920802	0.219869315	12.25	7.344621992
2002	26.00	0.496366478	0.227728347	11.50	1.496719071
2003	20.40	0.491403546	0.237803215	11.30	- 6.630350923
2004	13.20	0.476471783	0.183962509	61.00	5.749283718
2005	8.60	0.512726305	0.183106332	58.00	1.414311419
2006	7.10	0.486572219	0.197415567	51.00	- 4.832663338
2007	6.20	0.571779197	0.187193753	88.30	2.900967419
2008	2.40	0.574029093	0.191969027	73.00	- 4.103532258
2009	1.60	0.527386393	0.196621086	46.10	- 10.28213749
2010	1.10	0.559495197	0.172237512	55.10	- 3.250930608
2011	1.10	0.55603169	0.152374764	50.30	0.855377721
2012	0.90	0.566976544	0.153085543	50.90	0.705580985
2013	1.00	0.554770664	0.152	53.60	1.278151371
2014	1.60	0.412562172	0.1742	13.18	- 10.37986541
2015	1.90	0.446883007	0.1615	13.45	1.953820874

　　数据来源：银行不良贷款率来自中国银监局网站，金融创新比重数据来自 2000 ～ 2016 年《中国房地产统计年鉴》，房地产开发国内贷款占比数据来自 2000 ～ 2016 年《中国房地产统计年鉴》，1999 ～ 2005 年的银行资本充足率数据来自 2000 ～ 2006 年《中国金融年鉴》，2006 ～ 2015 年的银行资本充足率数据来自银监会年报。

附表 2　面板实证数据

单位：%

银行	年份	不良贷款率	房地产贷款占比	个人住房贷款（对数）	贷款规模（对数）	净资产收益率	股东权益比
中国工商银行	2014	21.16	5.60	11.1542	61.67	0.63	-10.56
	2005	4.69	5.90	13.5977	49.66	0.66	4.03
	2006	3.79	8.90	11.2974	47.07	0.71	6.27
	2007	2.74	10.30	13.1672	45.57	1.02	6.26
	2008	2.29	10.60	13.0659	45.46	1.21	6.22
	2009	1.54	11.00	15.2610	47.38	1.20	5.76
	2010	1.08	11.20	16.0532	49.21	1.32	6.11
	2011	0.94	9.60	15.2709	49.07	1.44	6.19
	2012	0.85	8.20	15.2310	50.19	1.36	6.43
	2013	0.94	7.30	17.3400	51.176	1.39	6.76
中国建设银行	2014	3.92	6.80	15.7846	55.59	1.31	5.00
	2005	3.84	11.80	14.5375	52.23	1.11	6.27
	2006	3.29	10.52	15.3096	51.32	0.92	6.06
	2007	2.6	9.71	16.5834	48.24	1.15	6.4
	2008	2.21	8.68	16.3740	48.75	1.31	6.19
	2009	1.5	7.44	17.6882	48.77	1.24	5.81
	2010	1.14	7.11	19.2466	51.12	1.32	6.48
	2011	1.09	6.66	20.2108	51.50	1.47	6.65
	2012	0.99	6.08	20.3500	53.76	1.39	6.8
	2013	0.99	5.83	21.8883	55.91	1.40	6.99
中国农业银行	2014	26.73	—	9.1724	64.53	0.05	1.94
	2005	26.17	—	8.9989	59.30	0.02	1.67
	2006	23.47	—	8.7006	58.94	0.11	1.57
	2007	23.57	—	9.9763	51.06	0.83	-13.71
	2008	4.32	11.10	10.5970	42.98	0.84	4.14
	2009	2.91	10.70	12.4130	45.16	0.82	3.86

续表

银行	年份	不良贷款率	房地产贷款占比	个人住房贷款（对数）	贷款规模（对数）	净资产收益率	股东权益比
中国农业银行	2010	2.03	11.40	15.1335	46.32	0.99	5.25
	2011	1.55	9.00	16.0923	46.23	1.11	5.56
	2012	1.33	8.50	19.3433	48.57	1.10	5.67
	2013	1.22	7.40	17.8832	49.61	1.14	5.80
中国银行	2014	5.12	9.00	17.4058	48.60	0.66	5.34
	2005	4.62	8.80	19.1908	45.40	0.70	5.39
	2006	4.04	9.30	19.5459	43.88	0.96	7.75
	2007	3.12	9.00	20.9714	45.98	1.10	7.50
	2008	2.65	8.50	19.9081	45.88	1.02	7.05
	2009	1.52	7.60	18.9251	54.82	1.09	6.23
	2010	1.10	6.00	16.9784	52.94	1.14	6.46
	2011	1.00	5.90	16.5549	52.44	1.17	6.39
	2012	0.95	8.10	19.6419	54.14	1.15	6.50
	2013	0.96	8.20	19.7998	54.83	1.18	6.93
中国民生银行	2014	1.31	13.80	—	63.25	0.46	2.9
	2005	1.28	13.00	—	67.86	0.49	2.77
	2006	1.25	14.00	14.5519	63.88	0.53	2.66
	2007	1.22	13.0	17.9155	60.33	0.69	5.46
	2008	1.20	14.00	14.7846	62.44	0.75	5.19
	2009	0.84	11.75	11.2821	61.9	0.98	6.23
	2010	0.69	12.23	9.2187	57.99	1.09	5.77
	2011	0.63	10.76	6.9147	54.07	1.40	6.02
	2012	0.76	10.69	5.1652	43.11	1.17	5.25
	2013	0.85	10.52	3.9445	48.8	1.31	6.33
浦东发展银行	2014	2.45	11.95	—	68.22	0.43	2.99
	2005	1.97	9.95	—	65.77	0.45	2.78
	2006	1.83	10.63	—	66.86	0.49	3.58

续表

银行	年份	不良贷款率	房地产贷款占比	个人住房贷款（对数）	贷款规模（对数）	净资产收益率	股东权益比
浦东发展银行	2007	1.46	10.66	14.8488	60.22	0.60	3.10
	2008	1.21	9.71	13.6058	52.03	0.96	3.19
	2009	0.80	8.71	14.9625	56.11	0.90	4.2
	2010	0.51	10.14	16.6849	51.30	1.01	5.63
	2011	0.44	8.65	16.9509	49.59	1.12	5.57
	2012	0.58	7.49	10.1962	49.10	1.09	5.71
	2013	0.74	8.56	10.5559	48.04	1.12	5.63
兴业银行	2014	2.50	—	—	59.70	0.52	2.97
	2005	2.33	10.59	12.6049	51.06	0.52	2.69
	2006	1.53	16.30	33.8077	52.54	0.62	2.62
	2007	1.15	14.00	27.5416	47.00	1.01	4.57
	2008	0.83	11.81	22.4592	48.92	1.11	4.80
	2009	0.54	9.39	21.2502	52.66	0.997	4.47
	2010	0.42	9.39	20.8661	45.55	1.00	4.97
	2011	0.38	9.30	17.7960	40.78	1.06	4.82
	2012	0.43	9.00	14.0700	37.82	1.07	5.25
	2013	0.76	9.67	13.6369	36.9	1.13	5.47
平安银行	2014	10.07	11.60	—	63.78	0.17	2.17
	2005	10.21	6.82	7.35011	70.1	0.14	2.27
	2006	7.99	6.99	13.3246	69.92	0.54	2.53
	2007	5.64	6.50	18.8892	62.92	0.75	3.69
	2008	0.68	5.60	15.6590	59.80	0.13	3.46
	2009	0.68	6.47	16.5219	61.16	0.86	3.48
	2010	0.58	5.53	15.9250	55.99	0.86	4.57
	2011	0.53	5.90	12.1444	49.33	1.05	5.99
	2012	0.74	5.86	9.7680	44.87	0.84	5.28
	2013	0.97	9.55	7.6663	44.79	0.81	5.92

续表

银行	年份	不良贷款率	房地产贷款占比	个人住房贷款（对数）	贷款规模（对数）	净资产收益率	股东权益比
南京银行	2014	3.98	—	—	40.89	0.57	4.35
	2005	3.33	—	—	41.30	0.76	4.33
	2006	2.63	8.44	9.2856	43.99	1.03	4.51
	2007	1.79	7.4	11.3716	40.27	1.20	13.07
	2008	1.64	8.47	7.7651	42.87	1.55	12.11
	2009	1.22	9.54	8.0683	44.00	1.03	8.14
	2010	0.97	7.01	11.8748	37.00	1.05	8.56
	2011	0.78	5.74	11.3701	36.48	1.15	7.74
	2012	0.83	5.56	10.0751	36.44	1.18	7.22
	2013	0.89	6.14	11.1043	33.86	1.04	6.19
宁波银行	2014	0.53	13.10	12.0324	50.52	1.28	5.09
	2005	0.61	8.40	13.5142	45.469	1.11	5.155
	2006	0.59	6.40	21.2760	49.097	1.12	5.652
	2007	0.36	4.50	24.8096	47.721	1.26	10.624
	2008	0.92	5.70	19.2896	46.900	1.29	8.53
	2009	0.79	8.90	25.2712	49.00	0.89	5.96
	2010	0.69	9.60	17.1026	38.00	0.88	6.03
	2011	0.68	5.00	15.2593	47.12	1.25	7.18
	2012	0.76	5.60	12.5418	38.98	1.09	5.92
	2013	0.91	5.30	9.7210	36.6	1.04	5.46
中信银行	2014	—	—	—	58.92	0.49	2.17
	2005	4.41	—	—	60.21	0.57	3.91
	2006	2.50	6.20	7.8523	64.15	0.59	4.49
	2007	1.48	7.30	10.6390	55.96	0.97	8.32
	2008	1.03	10.70	10.6953	54.29	1.14	9.8
	2009	0.74	5.63	10.7123	59.18	0.94	6.03
	2010	0.60	7.3	12.6676	59.87	1.13	5.98

续表

银行	年份	不良贷款率	房地产贷款占比	个人住房贷款（对数）	贷款规模（对数）	净资产收益率	股东权益比
中信银行	2011	0.67	7.98	12.4745	51.01	1.27	6.46
	2012	0.95	10.70	11.7033	56.18	1.06	6.03
	2013	1.03	8.98	11.3524	53.31	1.09	5.98
中国光大银行	2014	—	—	—	64.38	3.31	1.32
	2005	—	13.00	—	58.89	0.49	− 0.54
	2006	—	16.63	—	59.07	0.45	− 0.03
	2007	4.49	6.83	11.2739	56.48	0.68	3.34
	2008	2.00	6.83	12.4554	54.54	0.86	3.9
	2009	1.25	13.80	14.4916	52.78	0.64	4.02
	2010	0.75	14.20	15.1735	51.25	0.95	5.49
	2011	0.64	9.40	14.6249	50.12	1.12	5.55
	2012	0.47	12.23	15.1048	44.89	1.04	5.02
	2013	0.86	12.38	15.1743	48.29	1.11	6.34
北京银行	2014	5.91	—	—	53.72	0.68	1.71
	2005	4.22		—	47.97	0.72	3.36
	2006	3.58		—	47.46	0.78	3.61
	2007	2.06	—	7.3552	44.38	0.95	7.53
	2008	1.55	10.60	7.2905	46.30	1.30	8.11
	2009	1.02	11.56	7.6272	50.00	1.06	7.04
	2010	0.69	13.60	11.2149	45	0.93	5.81
	2011	0.53	13.70	20.5264	42.41	0.94	5.27
	2012	0.59	11.30	12.7965	44.35	1.04	6.4
	2013	0.65	11.80	8.5025	43.75	1.01	5.86
华夏银行	2014	3.89	13.90		59.51	0.33	3.16
	2005	3.34	12.78		64.17	0.424	3.033
	2006	2.73	14.03	7.6573	56.998	0.48	2.667
	2007	2.25	12.75	8.4348	50.00	0.35	2.2

续表

银行	年份	不良贷款率	房地产贷款占比	个人住房贷款（对数）	贷款规模（对数）	净资产收益率	股东权益比
华夏银行	2008	1.82	6.50	6.7504	48.59	0.42	3.75
	2009	1.50	7.80	5.1475	50.00	0.45	3.58
	2010	1.18	8.99	7.8377	49.00	0.58	3.41
	2011	0.92	10.24	9.1049	49.15	0.74	5.14
	2012	0.88	9.45	10.1078	48.37	0.86	5.02
	2013	0.90	8.74	11.8321	49.22	0.93	5.14
交通银行	2014	2.91	10.00	14.0599	55.21	0.16	4.55
	2005	2.37	8.00	12.1426	53.18	0.72	5.84
	2006	2.06	7.64	12.8418	52.79	0.78	5.26
	2007	1.92	7.03	12.6177	51.31	1.07	6.32
	2008	1.36	6.70	11.4399	48.49	1.2	5.44
	2009	1.36	5.77	12.2308	54.44	1.01	4.97
	2010	1.12	6.39	13.2993	55.43	1.08	5.66
	2011	0.86	6.19	13.6665	54.33	1.19	5.92
	2012	0.92	6.10	13.5456	55.89	1.11	7.23
	2013	1.05	6.16	15.4207	54.80	1.05	7.07
招商银行	2014	2.01	5.00	—	61.89	0.61	3.74
	2005	2.64	4.00	1.2864	62.44	0.57	4.25
	2006	2.29	4.70	14.3860	58.82	0.81	5.91
	2007	1.18	7.50	22.7274	49.92	1.36	5.19
	2008	1.14	6.70	22.5008	54.25	1.45	5.08
	2009	1.00	6.00	25.2984	56.18	1.00	4.49
	2010	0.60	6.00	22.1315	58.36	1.15	5.58
	2011	0.56	7.00	19.7212	57.4	1.39	5.90
	2012	0.61	5.00	17.6294	55.88	1.33	5.88
	2013	0.83	5.97	12.2255	54.70	1.29	6.62

数据来源：16家银行上市公司年度报告。

图书在版编目（CIP）数据

中国房地产金融创新与风险防范研究／郭连强著
. - - 北京：社会科学文献出版社，2017.12
ISBN 978 - 7 - 5201 - 2029 - 6

Ⅰ.①中…　Ⅱ.①郭…　Ⅲ.①房地产金融 - 金融风险
防范 - 研究 - 中国　Ⅳ.①F832.45

中国版本图书馆 CIP 数据核字（2017）第 314605 号

中国房地产金融创新与风险防范研究

著　　者／郭连强

出　版　人／谢寿光
项目统筹／任文武
责任编辑／高　启　高振华

出　　　版／社会科学文献出版社·区域与发展出版中心（010）59367143
　　　　　　地址：北京市北三环中路甲 29 号院华龙大厦　邮编：100029
　　　　　　网址：www.ssap.com.cn
发　　　行／市场营销中心（010）59367081　59367018
印　　　装／三河市尚艺印装有限公司

规　　　格／开本：787mm × 1092mm　1/16
　　　　　　印张：18　字数：233 千字
版　　　次／2017 年 12 月第 1 版　2017 年 12 月第 1 次印刷
书　　　号／ISBN 978 - 7 - 5201 - 2029 - 6
定　　　价／68.00 元

本书如有印装质量问题，请与读者服务中心（010 - 59367028）联系